本书为全国教育科学"十三五"规划2019年度教育部重点课题"3~6岁幼儿优秀传统文化浸润式教育体系构建及实证研究"（课题批准号：DHA190388）的研究成果

幼儿优秀传统文化浸润式教育的实践研究

曹 静 著

郑州大学出版社

图书在版编目(CIP)数据

幼儿优秀传统文化浸润式教育的实践研究／曹静著．—郑州：郑州大学出版社，2022.9(2025.3 重印)
ISBN 978-7-5645-8926-4

Ⅰ.①幼… Ⅱ.①曹… Ⅲ.①中华文化-教学研究-学前教育 Ⅳ.①G613.2

中国版本图书馆 CIP 数据核字(2022)第 132593 号

幼儿优秀传统文化浸润式教育的实践研究
YOU'ER YOUXIU CHUANTONG WENHUA JINRUN SHI JIAOYU DE SHIJIAN YANJIU

选题策划	王卫疆　宋妍妍	封面设计	曾耀东
责任编辑	吴　静	版式设计	曾耀东
责任校对	宋妍妍	责任监制	朱亚君

出版发行	郑州大学出版社	地　　址	河南省郑州市高新技术开发区
出 版 人	卢纪富		长椿路 11 号(450001)
经　　销	全国新华书店	网　　址	http://www.zzup.cn
印　　制	广东虎彩云印刷有限公司	发行电话	0371-66966070
开　　本	710 mm×1 010 mm　1/16		
印　　张	16.5	字　　数	289 千字
版　　次	2022 年 9 月第 1 版	印　　次	2025 年 3 月第 2 次印刷
书　　号	ISBN 978-7-5645-8926-4	定　　价	65.00 元

本书如有印装质量问题,请与本社调换

前 言

近年来,随着国际多元文化的不断交融、渗透,对西方文化的盲目追随成为较为凸显的社会现象,为此,加强中华民族的文化传承、增强民族自信被人们日益关注。2014年1月中共中央政治局第十二次集体学习时首次提出"在去粗存精、去伪存真的基础上,坚持古为今用、推陈出新,努力实现中华传统美德的创造性转化、创新性发展"。自2017年1月以来,伴随着中共中央办公厅、国务院办公厅《关于实施中华优秀传统文化传承发展工程的意见》等相关文件的印发推行,中华传统文化贯穿基础教育的研究进入高潮阶段。各领域学者们开始对传统文化融入基础教育问题给予关注,近几年也步入研究的白热化阶段,研究内容集中于对中小学传统文化传承路径探索及经验总结。但是,针对幼儿文化传承的研究及探索相对较少,特别是如何构建以浸润式教育为线索的传统文化传承大格局,实现社会、幼儿园等全员、全过程参与,仍处于研究的浅表层次。于是,在2019年,本人申报了全国教育科学规划教育部重点课题,开展对3~6岁幼儿优秀传统文化浸润式教育体系构建进行实证研究。基于此,本书为2019年度全国教育科学规划教育部重点课题资助项目。

项目研究历经三年,项目组从对幼儿传统文化教育文献梳理到幼儿园实施现状调查研究,不断地质询和反思:幼儿园传统文化教育如何开展?当前传统文化资源是否符合幼儿教育需求?幼儿园"浸染熏陶、逐渐渗透"的教育理念是否能够有效提高幼儿传统文化教育效果?作为学前教育专业的研究者,必然要以幼儿为中心,从幼儿出发去解答上述问题。学前教育是基础教育的重要组成部分,是教育的起始阶段,运用浸润式教育理念将"优秀传统文化"融入幼儿教育,力求使幼儿在"陶冶""熏染"的物质环境及精神环境下,对传统文化有初步感知,形成家国情怀、民族认同等良好道德品质和道德行为,这将有利于构建发展符合社会价值规律及身心发展规律的幼儿教育创新体系。同时,可以为相关教育部门及大中小学校教育工作提供方法借鉴和实践参考。

曹　静

2022 年 5 月 28 日

目 录

第一章 优秀传统文化浸润式教育概述 ……………………… 1
　　第一节　优秀传统文化基本概念 …………………………… 1
　　第二节　优秀传统文化教育的概念 ………………………… 9
　　第三节　传统文化浸润式教育的概念 ……………………… 17

第二章 传统文化与幼儿园活动的融合 ……………………… 21
　　第一节　传统文化在幼儿园的表征形式 …………………… 21
　　第二节　传统文化的群体动力 ……………………………… 27
　　第三节　传统文化的资源整合 ……………………………… 34

第三章 幼儿园传统思想文化浸润式教育 …………………… 38
　　第一节　幼儿园哲学思想浸润式教育 ……………………… 38
　　第二节　幼儿园成语典故浸润式教育 ……………………… 54
　　第三节　幼儿园蒙学读物浸润式教育 ……………………… 66

第四章 幼儿园传统礼仪文化浸润式教育 …………………… 86
　　第一节　幼儿园家风礼仪浸润式教育 ……………………… 86
　　第二节　幼儿园公共场所礼仪浸润式教育 ………………… 101
　　第三节　幼儿园节日礼仪浸润式教育 ……………………… 110

第五章 幼儿园地域民俗文化浸润式教育 …………………… 127
　　第一节　不同地域传统民族服饰浸润式教育 ……………… 127
　　第二节　不同地域传统饮食文化浸润式教育 ……………… 143
　　第三节　不同地域传统建筑文化浸润式教育 ……………… 156

第六章　幼儿园传统艺术文化浸润式教育 …… 170
第一节　幼儿园民间艺术剪纸浸润式教育 …… 170
第二节　幼儿园陶瓷文化浸润式教育 …… 184
第三节　幼儿园戏曲文化浸润式教育 …… 196

第七章　幼儿园传统体育文化浸润式教育 …… 209
第一节　幼儿园传统民间体育游戏浸润式教育 …… 209
第二节　幼儿园太极文化浸润式教育 …… 234

后记 …… 257

第一章
优秀传统文化浸润式教育概述

第一节 优秀传统文化的基本概念

一、优秀传统文化的内涵

对传统文化的讨论,离不开挖掘其"文化"二字的本义,厘清文化的概念及历史发展脉络,对传统文化,特别是优秀传统文化的研究把握住准确方向。但是到目前为止,国内外学者仍然没有对文化有一个公认的概念界定。

(一)文化

泰勒在《原始文化》中提道:"如果人类要了解自己,就必须研究文化,必须研究他自己为自我培养而作的努力。"[①]文化是人类自古以来重要活动的体现。对"文化"的界定,可将其分离,从"文"和"化"二字的本义,挖掘其根源。"文,在甲骨文中写作纹理交错的形状,《说文解字》解释为'文,错划也,象交文'。由此衍生,又有文字、文章、条文、条理、装饰等意义。化,在甲骨文中写作一正一倒的两人之形状,指人的姿态的变动。由此衍生,又有变化、感化、教化等意义,因此《说文解字》将其解释为'教行也'。"[②]中国封建社会历史时期,对文化的理解主要体现在两个方面:文治教化和礼乐典章。当今,我们通用的"文化"一词,是从日本舶来传入的。

西方对"文化"一词的记载,最早源于拉丁语"cultura",译为"栽种、照料"。英文、法文、德文对"文化"词语的表达,虽有不同,但仍保留了拉丁文的些许含义。例如在18世纪之前,法语对文化的解释就是"正在被栽培或培养的事物"。

"文化"一词的发轫有其历史发展的局限性,而对"文化"的定义,则各家

[①] 戴平:《中国民族服饰文化研究》,上海人民出版社2000年3月版,题记。
[②] 张义明,易宏军:《中国传统文化概论》,西北大学出版社2019年8月版,第2页。

持有不同观点。据学者统计,目前世界上对文化的定义达一万多种,使用较多的定义可大致分为四种:"第一,知书识礼,指读书以及懂得道理的多少,如人事档案中的'文化水平'等,即同此类;第二,文化部门,如主管文学艺术、图书文博、群众游艺等工作的文化部、文化馆等;第三,观念形态的文化,指除了经济、政治以外的社会生活领域,如毛泽东在《新民主主义论》中所讲的'新民主主义的文化'这是所谓狭义的文化;第四,人类创造的一切物质财富和精神财富的总和,这是广义的文化。"①钱穆先生认为:"文化也就是一个国家民族的生命,如果一个国家民族没有了文化,那就等于没有了生命。因此凡所谓文化,必定有一段时间上的绵延精神。"②

"文化是一个本身具有层次结构的体系。任何文化都至少包含着精神的和物质的层面,细究之,还应有一个社会物质活动的层面,即制度文化或行为文化。文化的第一个层面即文化的精神层面,主要指一种文化的价值观念或价值取向、基本信仰、思维方式(主要是指哲学)及审美情趣;文化的第二个层面即制度层面,主要是指其政治、法律思想、社会制度(政治、经济、教育、婚姻家庭、艺术组织等)及行为方式与生活习俗等;文化的第三个层面即器物层面,是指一种文化所产生出来的物质文明成果,包括科学技术、艺术风格(雕塑、书法、绘画、戏曲、音乐等)、建筑风貌(宫殿、园囿、庙宇、陵墓等)。"③

(二) 传统文化

梳理传统文化研究文献,前人对传统文化的研究具有时间久远、空间广袤的特点。

关于中国传统文化的界定在学术界有不同的意见。张义明、易宏军对中国传统文化的解释为:"中国传统文化是指中华民族在进入现代社会以前的、长期历史发展中形成传统的文化,对人们的思想行为起着规范作用的观念、价值和知识体系。"④

还有学者认为,中国传统文化是从古至今历朝历代人民所创造的文化成果,这里的文化成果是指各个历史时期所形成的制度、风俗等,并且这些文化成果具有传承性,是可以让后人继承下去的物质财富和精神财富。⑤

---

① 张义明,易宏军:《中国传统文化概论》,西北大学出版社2019年8月版,第3页。
② 钱穆:《中国文化史导论》,商务印书馆1994年版,第231页。
③ 段联合,陈敏直,丁珊:《中国传统文化》,西北大学出版社2005年8月版,第25页。
④ 张义明,易宏军:《中国传统文化概论》,西北大学出版社2019年8月版,第4页。
⑤ 李道湘,王志功,沈桂萍,孙瑞华:《选择与构建:中国传统文化与中国特色社会主义文化建设》,开明出版社2000年9月版,第13页。

总的来说,中国传统文化是在长期历史发展中所提炼出来的有关思想意识、风俗传统等,对现代以至未来的人们具有指导和规范作用。

(三)优秀传统文化

中华民族五千年文明史,是中华民族的独特标识。中华文化源远流长,博大精深,表现形态多样,积淀着中华民族最深层的精神追求,代表着中华民族独特的精神标识,哺育着勤劳善良、果敢勇毅的中华儿女,是中华文明不可或缺的部分。中华优秀传统文化是具有凝聚力的文化,这种文化的基本精神是注重和谐,兼容并蓄,和而不同,积淀着中华民族最深层的精神追求,代表着中华民族独特的精神标识,对推动中国社会发展进步、促进中国社会利益和社会关系平衡等,都发挥了十分重要的作用。

中华优秀传统文化对中华文明形成并延续发展几千年而从未中断,对形成和巩固中国多民族和合一体的大家庭,对形成和丰富中华民族精神,对激励中华儿女维护民族独立、反抗外来侵略,对推动中国社会发展进步、促进中国社会利益和社会平衡,等等,都发挥了十分重要的作用。

二、传统文化的基本特点

传统文化是具有鲜明民族特色、历史悠久、内涵博大精深、传统优良的文化。关于研究传统文化的特点,前贤时俊曾多角度、多维度撰文阐释,我们在这里不赘述前贤的研究成果,而是选择文化产生的物质条件(地理环境、生产方式、社会制度)这一角度进行考察,从中体悟中国传统文化的特征。

(一)继承性

中华优秀传统文化是历代前贤智慧的凝结,可以通过后天努力习得。因此,其具有可继承性的特点。博大精深的中华优秀传统文化是我们在世界文化激荡中站稳脚跟的根基。中华文化博大精深,积淀着中华民族最深层的精神追求。习近平在中共中央政治局进行的第十三次集体学习中指出:"要讲清楚中华优秀传统文化的历史渊源、发展脉络、基本走向,讲清楚中华文化的独特创造、价值理念、鲜明特色,增强文化自信和价值观自信。要认真汲取中华优秀传统文化的思想精华和道德精髓,大力弘扬以爱国主义为核心的民族精神和以改革创新为核心的时代精神,深入挖掘和阐发中华优秀传统文化讲仁爱、重民本、守诚信、崇正义、尚和合、求大同的时代价值,使中华优秀传统文化成为涵养社会主义核心价值观的重要源泉。要处理好继承和创造性发展的关系,重点做好创造性转化和创造性发展。"

中华优秀传统文化教育，是构建中华优秀传统文化传承体系，推动文化传承创新的重要途径。当今世界，文化在综合国力竞争中的地位和作用更加凸显，越来越成为民族凝聚力和创造力的重要源泉。因此，我们必须继承中华优秀传统文化，但继承不能仅仅局限于口头上，还必须将其落实到实际的行动中，必须去伪存真，切实继承优秀的传统文化。

（二）创造性

文化不是一成不变的，而是紧跟时代潮流，具有鲜明的时代特征。自2012年以来，习近平总书记多次指出，在当前形势下，我们应坚持文化发展，推动文化创新。所谓文化创新就是指文化的可创造性，是在文化守正的基础上推动文化创新，也是培育和践行社会主义核心价值观，落实立德树人根本任务的重要基础。世界多极化、经济全球化深入发展，国内经济社会转轨转型、深刻变革，现代传播技术迅猛发展，世界范围内各种思想文化的交流交融交锋更加频繁，社会思想观念日益活跃。青少年学生思想意识更加自主，价值追求更加多样，个性特点更加鲜明，社会上一些不良思想倾向和道德行为，对青少年学生健康成长产生了不容忽视的影响。加强中华优秀传统文化教育，对于引导青少年学生增强民族文化自信和价值观自信，自觉践行社会主义核心价值观具有重要作用，对于文化创新和提升文化软实力具有重要的意义。

（三）包容性

中华优秀传统文化的包容性体现出了中华优秀传统文化强大的融合力和同化力。这种融合力、同化力使中华优秀传统文化的延续更加稳固。这种顽强的延续力就在于它的兼容并蓄的品质，在对于不同地区、不同民族文化的交汇与融合中，求得顽强的生存和发展。中华优秀传统文化这种顽强的生命延续力产生的原因是多方面的。中国境内的区域文化有黄河流域的中原文化，长江流域的巴蜀文化、楚文化和吴越文化等。早在秦朝统一之前，不同的区域文化之间就有着密切的交流，民族间的文化在双向传播中互采各家之长。中华优秀传统文化以其包容性对待外来文化并且加以采撷、消化和吸纳，使之成为中华优秀传统文化的有机组成部分，也使中华优秀传统文化内容更加丰富。[1]

---

[1] 王新婷：《中国传统文化概论》，中国林业出版社2004年8月版，第349~352页。

（四）伦理性

中华优秀传统文化具有鲜明的伦理道德倾向，偏重的价值取向在中国传统文化中处于亘古不变的核心地位。在封建社会，崇尚伦理道德可以更好地调和人际关系，并能进一步维持整个社会，以人为本的伦理道德受到统治者以及人民的重视。相对于其他民族和国家，伦理道德对中国封建社会的发展具有积极的意义。维护尊卑秩序是传统道德的重要功能之一，以家族为本位的宗法集体主义文化是由家族走向国家，以血缘纽带维系封建制度，最终形成一种"家国同构""家国一体"的局面。①

三、优秀传统文化的主要内容

不同的学者对传统文化教育的内容有不同的界定，本书采纳张义明、易宏军的观点。张义明、易宏军认为传统文化应该从"中国古代哲学、中国传统史学、中国古代文学、中国传统伦理道德、中国古代宗教、中国古代教育、中国传统艺术、中国传统礼仪、中国传统节日及风俗、中国服饰、饮食文化、中国传统医学、中国古代建筑文化、中国古代科学技术"着手研究，并针对每一类内容进行详细的阐述。研究透彻传统文化的内容，有所选择地进行以教育为目的的活动，显得尤为重要。

（一）传统思想文化

这里的传统思想包含哲学思想以及各家思想流派的影响。本书采纳张岂之的观点，诠释古代思想文化包含四方面内容：天人之学、天道自然、天人相分和天人交相胜。

1."天人之学"的观点

汉代著名的思想家司马迁曾说："究天人之际，通古今之变，成一家之言。"这里所说的"际"就是关系。在他看来，只有研究天人之间的关系，阐明"天"的性质，以及人在其中的地位和作用，才能在学术上有所建树，"成一家之言"。天人关系的中心问题，是把"天"看作有意志的至上神，还是把"天"看作是无意志、无目的的大自然。……上述这两种对"天"的不同态度，既是人类主体意识的产物，同时又反映出人类主体意识的发展水平。对上天的认识，是古代人类思想文明嬗变的根源与见证，从以天为主宰、天大于人，到天人合一的和谐思想，是在一个漫长的历史发展中逐渐建立起来的。

---

① 王新婷：《中国传统文化概论》，中国林业出版社2004年8月版，第362～368页。

2. "天道自然"的观点

最早提出"天道自然"的是道家创始人老子。他认为天的性质是自然,"自然"就是对各种自然现象的理论概括。后来庄子继承老子的思想并进行深化,进一步将天和气相联系,认为天就是自然,人们应该顺其自然。当然,这个观点是过于绝对的,后期带有宿命论意味。

3. "天人相分"的观点

战国末年的荀子在天人关系上总结了先秦各家各派的学说,吸取了他们的长处,摈弃了他们的短处,在中国思想史学上第一次建立了"天人相分"的思想体系……他讲的"天人相分"主要说明人除了具有自然物的一般属性以外,还有不同于"物"的属性。究其根源,其本质是表达一种"人定胜天"的思想源泉。

4. "天人交相胜"的观点

唐代的一些思想家和文学家提出"天人交相胜,还相用"的天人关系新观点。所谓"天人交相胜",即天与人虽然都是物质存在,但是各有所长,不能相互取代,即天是天,人是人,不要把它们等同起来①。同时,唐代文学家、哲学家刘禹锡认为,天人不能等同,不要把人的意志强加到自然身上去,同时天人也不能分割,他们可以相互作用,人能够根据自然法则办事,利用自然规律来生活和生产,以减少自然界对人类所造成的伤害②。可以说,刘禹锡的"天人交相胜"观点相对全面地探讨了人与自然的关系,认识到人在认识自然和改造自然中的主导地位,为人与自然在哲学上的关系做出卓越贡献。

(二) 传统服饰

古代的服饰与传播,与经济结构、社会组织体系、政治制度、思想文化观念等的发展一样,形成于商周,发展于春汉唐,沿袭至明清。周春秋时期,服装首饰制作技术工艺已逐渐发展,麻葛丝毛皮革及玉金银铜等传统社会数千年里所能具有的服装首饰制作技艺已基本开发出来,形成了袍、裙等衣服类,履、屐、靴等鞋类及金玉银铜铁佩物等首饰类传统服饰系列,人们的衣着打扮已丰富多彩。之后几千年里,时代变迁,技术发展,中原周边民族交融等因素影响,历朝服饰有时尚因革变化,汉服、胡服交织变化,但基本的传统服饰习惯已养成,变化不是很大。例如衣服类,周春秋人们穿的右开襟加边式上衣和袍子,明清时人穿的,基本上仍是这种样式,有变化的只是领口开

---

① 张岂之:《中国传统文化》,高等教育出版社1995年9月版,第42~43页。
② 同上。

口方式,衣袖长短宽窄,衣幅尺寸长短,衣纹图案内容,衣料是以麻丝为主还是以棉布为主而已。周春秋时服饰制作发展,服装首饰穿戴种类丰富多彩,人们对服饰传播"语言"的认识,服饰在人们社会生活中的种种信息传播功能及作用,也从这时开始变得丰富起来。①

(三) 中医药学

中国中医药学绵延数千年,至今仍有顽强的生命力,并且影响越来越显著。近代,在西方科技的冲击下,在中国古代科学的各分支中,至今仍有顽强生命力的,唯有中医药学。中医药学是一个伟大的宝库,在世界医学史上独树一帜,是中国传统文化中最珍贵的遗产之一。它建立在严密的理论体系之上,形成了一整套系统化的诊治经验和疗法体系,中国古代科学的其他分支与中医药学相比较,都不如它那么完整和完善。春秋战国之际,著名医生扁鹊能在诊治中采用"望、闻、问、切"四法,形成了中医的传统方法;医学著作《黄帝内经》,一部医学理论和临床实践相结合的著作,书中强调整体观念,以人体为一个完整系统的整体诊治方法成为传统医学的指导思想,奠定了中医学的理论基础;秦汉时期的《神农本草经》是我国现存最早的医药学专著,收录了365种药物;东汉张仲景的《伤寒杂病论》用传统的四诊法,总结出了汗、吐、下、和、温、清、补、消八法;东汉末年华佗在进行外科手术时已经开始使用麻醉药物;隋唐时期的《新修本草》是中国历史上第一部国家颁布的药典,收录了844种药物,详细记载了对中药的选择、炮制、熬制、服用等内容;明清时期,药物学巨著《本草纲目》问世,收录了药物1892种,并附有1109幅图画。书中对药物的名称、性能、用途、制作过程有详细的说明,还纠正了前代的一些错误。②

四、传统文化传播的主要形式

(一) 文化传播的形式

从文化传播的角度,我们知道传播的形式是多样的,按照传播中的信息转换成的信号类型以及通过感受器官作用于大脑的途径,大致可以分为:声音传播(或称为口头传播)、形象传播(或称为直观传播)、文字传播和综合传播四类。

声音传播(口头传播)是将传播内容转换成声音信号,通过受传者的听

---

① 张旭培:《华夏传播论:中国传统文化中的传播》,人民出版社1997年10月版,第153~160页。
② 王新婷:《中国传统文化概论》,中国林业出版社2004年8月版,第285~290页。

觉器官作用其大脑传播。

形象传播(直观传播)是将传播内容转换成光信号,通过受传者的视觉器官作用其大脑的传播。

综合传播是将传播内容同时转换成声音的、光的或其他信号(如盲文),通过受传者的听觉、视觉或其他感觉器官(如触觉)作用其大脑的传播。①

(二) 文化传播形式的差异比较

"文字传播与其他几种传播比较起来,在作用于受传者的心理方面有它的优势和弱点:由无生命的抽象的文字转换成的光信号,就不如发自肺腑的声音信号富于抑扬与顿挫、高昂与低沉、铿锵与轻柔、急促与缓慢的多变化的表现力。因此,反映同一传播内容的文字传播就不如声音传播(或口头传播)传情、传神、感人,特别是直接口头传播(如谈心、座谈、对话、演讲、答记者问等),不仅可以给受传者提供更多实事材料以增强受传者对传播内容的印象,而且,还可根据受传者的反馈(提问、要求或面部表情等等)及时调节传播的速度、次数、内容、方式和时间,使直接声音传播更具针对性、更能满足受传者的心理需求,更能解决受传者具体的活的思想认识和情感态度问题;另一方面,传播者在进行文字传播时比进行口头传播时考虑得更周密,思维更有条理,用词更准确,因而,文字传播比口头传播更能准确地表达传播内容的精神、减少传播的歧义和受传者的误解。由于声音转瞬即逝,文字固定难变,所以,文字传播比起口头传播,更能使受传者自由地控制接受传播的速度、次数和时间,受传者对传播内容中的某一部分、某一句话不清楚,还可反复阅读加深理解。"②

由此可见,文化的保存、传播方式是多种多样的,最为多见的就是文字的使用,此外还有口语、绘画、雕塑、舞蹈、饮食、服饰、建筑和信仰等。不同形式各有其优势与不足,我们在进行传统文化教育时,应结合不同特点的文化素材及其表征形式,采取不同传播形式和表达方式。

---

① 林之达:《古文字中传统文化精华的解放》,载《中华文化论坛》2005年第1期,第77页。
② 同上。

第二节 优秀传统文化教育的概念

一、优秀传统文化教育的内涵

优秀传统文化教育可以说伴随着传统文化教育的出现而产生,学者们关于传统文化教育的内涵做出了很多研究,如张媛磊在《中学生传统文化教育问题研究》中将传统文化教育定义为根据社会需要,使受教育者获得知识技能,陶冶思想品德、健全人格、发展智力的一种活动;廖庭婷在《幼儿园优秀传统文化教育课程的个案研究》提到传统文化教育是根据社会发展需求,教育者或教育机构以中华传统文化为依托,促进受教育者身心发展并引导其传承优秀传统文化的教育[①]。皮蓝汐在《小学古诗词教学中传统文化教育的研究》提到,传统文化教育是将不同时空中的文化相联系,由学校和教师传授给学生,此过程应该是扬弃的,符合学生身心发展规律的,使过去之精髓为当代所了解,使之得以保存与发展的一个横向发散、纵向发展的过程[②]。

根据前文提到的传统文化教育的内涵,我们将优秀传统文化教育定义为:按照社会需要,结合受教育者身心年龄特点,教育者和教育机构以我国传统文化的物质和精神内容为依托,对受教育者施加影响,旨在促进受教育者理解优秀传统文化,丰富优秀传统文化的知识,并促进我国优秀传统文化的传承与发展。

二、传统文化教育的价值

雷明强认为:"从文化来看,文化的本质是人类的生活方式,继承性是其固有的特征,其最为根本的传承途径是广义上的教育;从教育来看,教育本身就是一种文化活动,其本质是主体间的文化传承。"[③]传统文化的传承价值就在于后人不会忘记在漫漫历史长河中曾有过贡献的人们的功绩。当然,这仅是管中窥豹。

[①]廖庭婷:《幼儿园优秀传统文化教育课程的个案研究》,福建师范大学 2018 年学前教育专业硕士论文。

[②]皮蓝汐:《小学古诗词教学中传统文化教育的研究》,湖南科技大学 2020 年小学教育专业硕士论文。

[③]雷明强:《教育功效观:一个教育原理的新视角》,湖南师范大学出版社 1999 年 4 月版,第 89 页。

（一）传统文化教育开展的紧迫性

1. 异域文化对本国文化的冲击和挑战

纵览国内外发展，文化教育受国家历史发展、意识形态等种种因素的影响。"异域文化参照系的确立及适度渗入，具有推动本国文化发展和转型、加速现代化进程的积极价值。但是，这种'迟发展效应'并非都是积极的，它也有严重的、消极影响的一面。"①相应地，因为"有些时候精华和糟粕并存，很难做到泾渭分明"，使得"个人主义至上、自由主义盛行、拜金主义严重、消费主义流行等外来文化"②对我国本土文化带来了冲击、侵蚀和挑战，降低了民众对中华民族文化的认同和自信。

2. 社会不良思想倾向和道德行为影响青少年健康成长

面对世界范围内各种思想文化的交流交融交锋更加频繁，社会思想观念日益活跃，拜金主义、享乐主义、个人主义、诚信缺失等社会上一些不良思想倾向和道德行为对青少年健全的人格、价值观的塑造产生偏差，造成不良影响。然而，中华优秀传统文化讲仁爱、重民本、守诚信、崇正义、尚和合、求大同的宝贵美德，正能潜移默化地影响和塑造青少年的思想观念和行为方式。因此，引导青少年学生增强民族文化自信和价值观自信十分迫切。

3. 加强中华优秀传统文化教育，必须正视面临的一系列困难和挑战

改革开放以来特别是新世纪以来，中华优秀传统文化教育不断加强，取得了显著成效，对于培养学生良好思想品德和行为习惯，培育和弘扬爱国主义精神，增强文化自觉自信等方面发挥了积极作用。但是，面对新形势、新要求，中华优秀传统文化教育还存在不少突出问题，对中华优秀传统文化教育重要性的认识有待进一步提高，教育内容的系统性、整体性还明显不足，重知识讲授、轻精神内涵阐释的现象还比较普遍，课程和教材体系有待完善，教师队伍整体素质有待提升，全社会共同参与的教育合力有待加强，等等，有效解决这些问题，迫切需要进一步完善中华优秀传统文化教育。

（二）传统文化教育开展的必然性

1. 中华传统文化蕴含丰厚的思想内涵，是落实立德树人根本任务的重要基础

中华传统文化源远流长、博大精深，蕴含丰厚的思想内涵。党的十九大

---

① 叶澜：《世纪之交中国学校教育文化使命之思考》，载《教育改革》1996年第5期，第1页。
② 代水平：《地名失范的管理偏误与法治矫正》，载《西北大学学报》（哲学社会科学版）2022年第52卷第3期，第129～138页。

报告指出,"文化是一个国家、一个民族的灵魂。文化兴国运兴,文化强民族强。没有高度的文化自信,没有文化的繁荣兴盛,就没有中华民族伟大复兴"。同时提出要"深入挖掘中华优秀传统文化蕴含的思想观念、人文精神、道德规范,结合时代要求继承创新,让中华文化展现出永久魅力和时代风采"。教育部于2014年3月就推进中华优秀传统文化教育发布的《完善中华优秀传统文化教育指导纲要》指出:"加强中华优秀传统文化教育,是培育和践行社会主义核心价值观,落实立德树人根本任务的重要基础。"

2.加强中华优秀传统文化教育,是构建中华优秀传统文化传承体系,推动文化传承创新的重要途径

当今世界,文化在综合国力竞争中的地位和作用更加凸显,越来越成为民族凝聚力和创造力的重要源泉。中华优秀传统文化是中华民族语言习惯、文化传统、思想观念、情感认同的集中体现,凝聚着中华民族普遍认同和广泛接受的道德规范、思想品格和价值取向,具有极为丰富的思想内涵。博大精深的中华优秀传统文化是我们在世界文化激荡中站稳脚跟的根基。青少年学生是祖国的未来,民族的希望,加强对青少年学生的中华优秀传统文化教育,分学段有序推进中华优秀传统文化教育,对于培养中华优秀传统文化的继承者和弘扬者,推动文化传承创新,建设社会主义先进文化具有基础作用。

(三)传统文化教育开展的传承性

1.传统文化教育有助于培养学生正确的世界观

(1)中国古代自然观是朴素的唯物主义一元论的自然观。正是这种唯物主义传统杜绝了一元化的、凌驾于社会之上的宗教神学和极端化的哲学唯心主义,对古代科技进步和文化繁荣曾发挥过积极的作用。在今天,对于马克思主义的中国化,对于青年学生树立科学的世界观有积极的帮助作用。

(2)中国古代自然观是有机的、整体的自然观。这种有机自然观与当代生态文明思想相一致,有助于克服西方"主客二分"思维方式所导致的"天—人"对立观念,有助于培养当代大学生的可持续发展意识。

(3)中国古代自然观是发展的自然观。中国的"气"或"道"既是万物的始基,又是普遍的实在,同时又是万物运动的始因,也就是说把万物的相互作用看作运动的终极性原因。这种自然观与马克思主义唯物辩证法完全吻合,即"我们不能追溯到比相互作用更远的地方去"(恩格斯语)。无疑,这种大化流行的观点对于当代大学生正确认识自然界具有积极的方法论意义。

2.传统文化教育有助于培养学生健全人格

"中国传统文化是人本主义文化,是人伦人本主义和道德人本主义的文

化,在人类进入信息文明和市场经济高度发展的今天,中国传统文化的建设性功能日益彰显。西方的"逻辑中心主义"文化在今天把我们带入物质繁荣的同时,又造成了人与人、人与自然的尖锐对立,这使得西方智慧在"真"与"善"的抉择中陷入极度的困惑。从叔本华、尼采到后现代主义,逐步把目光移向东方,最终认定中国文化应是人类的必然归宿。中国传统文化在大学生素质教育中的最主要功能在于能弥补西方文化造成的"主客二分"的思维局限;能培养以"善"为核心的价值观念;能培养学生的健全人格;能培养学生适应社会主义市场经济的道德品质。具体体现在:

(1)"仁爱与和平"已成为21世纪人类社会的共同价值目标。

(2)重"整体和谐"的观念是克服"极端个人主义"、建立群体和谐关系的道德准则。

(3)"刚健有为"的民族精神是激励大学生人格独立、艰苦奋斗的有力武器。

(4)"重义轻利"的观念是确立社会主义市场经济条件下"义利并重"道德规范的文化基础。

3. 传统文化教育有助于培养学生的理论思维能力

(1)有助于培养学生意象性思维能力。中国传统文化以意象思维著称,意象思维现已被确认为是与逻辑思维具有同等重要性的思维方式。

(2)有助于培养学生辩证思维能力。中国传统文化蕴含着丰富的辩证法。学习中国传统文化,不仅能帮助学生完整地理解世界与人生,完善理解各种问题,正确处理生活中各种矛盾,而且能培养学生辩证地理解科学对象和创造性地解决各类科技问题的能力。

(3)有助于培养学生对人生之"道"、创造之"道"的体悟能力。中国哲学是统觉性(apprehension)思维;强调对事物、对人生的整体性体悟。统觉思维是与分析性思维相对的重要思维形式,是实现科学创造的重要手段。

需要指出,中国传统文化毕竟是农业社会及宗法制度条件下的文化,混杂着许多糟粕和非科学的因素。例如过分强调"重义轻利"和"安贫乐道""与世无争",这与社会主义市场经济原则明显相冲突;顽固的"主客不二"思维方式也有碍于科学研究……这些都要求我们用先进的社会主义文化,用当代的科学文化对之进行有效整合,将之转换为积极的价值观念和科学的思维方式,为造就既有高度的社会主义觉悟,又有高度创造性的社会主义接班人服务。①

---

①段联合,陈敏直,丁珊:《中国传统文化》,西北大学出版社2005年8月版,第45~48页。

三、传统文化教育的内容

有的学者根据自身教育环境，选择传统文化的部分内容着手教育工作，例如一部名为《传统文化在校园建设中的应用与研究》的著作，就根据其校园特征、校园层次选择部分内容开展教育实践活动。作者从"民族传统体育""少数民族音乐""民族民间美术""民族舞蹈"这几个元素中提炼精华，与本土教育需求融合。

本书谈及的传统文化教育，其学习主体主要是3～6岁幼儿，开展的传统文化教育是立足于幼儿园的教育。对传统文化教育内容的整合，主要是结合前人的研究成果，依据学习者身心发展特征而制定的。具体内容如下。

（一）幼儿园传统思想文化

任何传统文化都有自己的核心思想，传统文化的中心就是传统思想。中国传统思想文化有利于更新和发展幼儿园的教育理念和管理理念，对构建中国特色幼儿园，提高幼儿的道德素养起着重要作用。传统思想文化并非都是抽象的和理论性的东西，它寄托于一种精神文明中，也可以在很多文学典故中体现，结合3～6岁儿童的学习特点，我们最终选择中国传统哲学思想、成语典故、蒙学读物这三方面与幼儿园教育相融合。因为3～6岁儿童以直接经验学习为主，我们这里的传统思想，尤其是哲学思想，并不是让幼儿死记硬背四书五经，熟记哲学道理，而是融入幼儿园的环境和幼儿园课程中，让幼儿潜移默化地理解优秀的中国传统思想，提升道德素养，修正道德行为。

（二）幼儿园道德礼仪文化

中国向来以"礼仪之邦"著称，形成了完整和系统的礼仪文化。在我国的礼仪文化典籍中，《周礼》《仪礼》《礼记》等都记载了中国从上至下的礼仪文化，如生活礼仪、婚嫁礼仪、丧葬礼仪、家庭礼仪、社交礼仪等。结合3～6岁幼儿年龄特点和生活经验，依据《礼记》《诗经》《童蒙须知》《童子礼》等礼仪文化典籍和中国历史故事，最终选择我国的家风礼仪、公共礼仪、节日礼仪详细展开论述，旨在让幼儿了解传统道德礼仪文化，在体验礼仪中修养身心，感受文明礼仪的价值和意义。

（三）幼儿园地域民俗文化

我国地大物博，不同地域经过历史的沉淀，都衍生了各式各样的民俗文化，被民众所传承和共享。地域民俗文化既是社会意识形态之一，也是具有悠久历史的文化遗产，丰富多彩地展现了我国独有的传统文化。民俗文化的多样性和色彩性丰富了幼儿园课程,能够吸引幼儿的兴趣,适合幼儿理解和学习,激发幼儿尊重和热爱少数民族同胞的情感。我国地域辽阔,拥有五十六个民族,本书分地域、分民族对民俗文化进行梳理,最终选取适合3~6岁幼儿学习的三方面内容:传统民族服饰、传统饮食文化和传统建筑文化。通过传统地域民俗文化与幼儿园教育的融合,使幼儿体验各地风俗民情,丰富民俗文化知识,激发热爱本民族文化的情感。

(四)幼儿园传统艺术文化

中国传统艺术,最早起源于新石器时代,主要的形式分为书法、音乐、剪纸、戏曲和绘画等,彰显着五千年文明古国深厚的文化底蕴。中国传统艺术文化和幼儿园教育的融合,有利于培养幼儿审美体验,让幼儿在艺术体验中,锻炼自己的精细动作,提升观察力、想象力、创造力和动手操作能力。结合我国当下特色的传统艺术文化,根据3~6岁幼儿动作能力发展和艺术表达能力现状,我们最终选取民间艺术剪纸文化、陶瓷文化和戏曲文化,重在让幼儿欣赏和体验,感受中华民族传统艺术精华,认同我国艺术文化精髓,更好地传承中国传统艺术文化。

(五)幼儿园传统体育文化

中国传统体育,主要以"武"称之。广义上来讲,武包含了所有形式的体育。几千年的传承,中国传统体育在武术的基础上逐渐发扬光大,出现了太极拳、气功、中国式摔跤等多种传统体育项目,孕育了丰富的传统体育文化。结合当下广为流传的传统体育文化,根据幼儿的身体发展机能和学习特点,我们选取民间体育游戏和太极拳文化两个体育文化主题。其中民间体育游戏包含各个地区特色,符合幼儿年龄特点和身心规律的游戏,在保障幼儿安全的前提下,提高幼儿的运动能力,增强幼儿体质,满足幼儿游戏的快乐,并使幼儿从中感受民族团结和民族精神。

四、传统文化教育的发展历程

传统文化教育与传统文化相伴而生,在传统文化积淀中不断发展和完善。早在中国古代,我国的传统文化教育已经有了自己的主题内容和精神核心,即将儒家文化作为主体,其教育目标内容和方法等都体现着儒家精神,也为古代传统文化教育连续而稳定发展奠定了基础。在时代背景的催促下,我国开始正视传统文化教育的存在,当下传统文化教育的热潮极大地推动了现代传统文化教育的发展。我们将分为古代传统文化教育、近代传统文化教育和现代传统文化教育三个阶段来阐述传统文化教育的发展历程。

（一）古代传统文化教育

我国传统文化教育是伴随教育和传统文化而出现的。春秋战国时期，中国教育形成以儒家思想为首，以理想人格为培养目标的教育传统，也形成了以伦理道德为核心，经学为主要教育内容的传统文化教育①。魏晋南北朝后，文化交流的地域和内容逐渐扩大和丰富，传统文化教育内容呈现儒家、玄学、道教、佛教和"胡"等多元文化开放包容模式，同时也兼容了东南亚、欧洲以及阿拉伯等区域的文化②。宋明以后，传统文化教育受到理学的影响，更加注重道德伦理和自我修养，"明人伦"的教化指向达到前所未有的高度③。直至清朝，由于专制主义中央集权达到顶峰，教育逐渐僵化，传统文化教育更是走向衰落④。

（二）近代传统文化教育

19世纪下半叶，鸦片战争的炮火轰开了国门，同时也崩离了延续千年的文化根基。辛亥革命爆发后，南京临时政府颁布的《临时约法》，从政治、法律上确定了民主主义替代儒学成为民国国家社会的指导思想。1912年，在蔡元培的推动下，民国教育部"废止小学读经"，大学中也取消了经学学科，经学典籍被分解到哲学、史学、文学等学科中。

（三）现代传统文化教育

新中国成立初期，在"科学与民主"的教育旗帜下，我国教育强调反对旧有的教育制度和教育内容，提倡剔除含有封建思想的传统文化。1949年政协会议通过的《共同纲领》明确指出"人民政府的文化教育工作，应以提高人民文化水平，培养国家建设人才，肃清封建的、买办的、法西斯主义思想，发展为人民服务的思想为主要任务"，表明此时的传统文化教育旨在弘扬中华文化，注重文化教育的民族性，培养国家建设人才⑤。

1963年教育部颁布《全日制（十二年制）中学语文教学大纲（草案）》，对学生提出阅读古籍、学习文言文、接受传统文化遗产的要求。

1978年改革开放初期，面对十年"文化大革命"带来的教育和文化衰退，

---

① 杜霞，魏思雨：《新中国传统文化教育的发展历程与未来展望》，载《当代教育与文化》2020年第12卷第6期，第7~16页。
② 同上。
③ 同上。
④ 同上。
⑤ 庞伊璇：《建国以来中华传统文化教育的沿革与变迁研究》，江西师范大学2016年思想政治教育专业硕士论文。

中国人民开始反思文化的力量和重要性,出现"文化热"热潮。这一背景下,人们开始重新审视儒家思想对中国的影响,也将儒家思想推向全世界。1979年邓小平在中国文学艺术工作者第四次代表大会上提倡要学习和发扬中国文艺作品、表演艺术作品等一切优秀的传统文化。1986年9月,中共十二届六中全会发布《中共中央关于社会主义精神文明建设指导方针的决议》,明确提出要加强青少年传统文化教育。

20世纪90年代,随着中国经济改革的深入进行,多元价值观涌入中国,"国学热"开始出现。1992年北京大学成立"中国传统文化研究中心",致力于发掘和发扬中华民族传统优秀文化,引发了一系列传统文化教育热潮,带动大学生以及青少年学习优秀传统文化。1995年第八届全国政协会议上,文化名家发出《建立幼年古典学校的紧急呼吁》,提倡中国学生应从小学习古典文集,为传承中华优秀传统文化打下基础,并且推动了经典诵读工程与书院的创办,将传统文化大力普及到农村贫困地区①。此时期,政府出台了多项政策文件推动中华传统文化教育的落实,如1993年中共中央发布的《中国教育改革和发展纲要》,1995年3月18日第八届全国人民代表大会通过的《中华人民共和国教育法》,1999年,中共中央、国务院发布的《关于深化教育改革,全面推进素质教育的决定》,都认可了中华民族优秀传统文化在教育中的重要地位,提出要加强学生的传统文化教育。

21世纪以来,传统文化教育迎来发展的关键时期,2004年中宣部和教育部出台《中小学开展弘扬和培育民族精神教育实施纲要》,将"中华传统美德和革命传统教育"作为中小学民族精神教育的重点;2006年《国家"十一五"时期文化发展规划纲要》明确提到重视传统文化教育的发展,并且提出具体可实施建议;2014年教育部通过《完善中华优秀传统文化教育指导纲要》,确定了高校以及中小学各阶段的优秀传统文化教育的核心精神和宗旨;2017年中共中央办公厅、国务院印发《关于实施中华优秀传统文化传承发展工程的意见》,第一次以中央文件形式督促开展部署中华优秀传统文化教育工作;2018年9月教育部印发《中华经典诵读工程实施方案》,着眼于中华经典传承中华美德、弘扬中华人文精神的重要价值,明确提出要在2021年形成贯穿大、中、小、幼的中华经典教育体系②。在多项政策的引领下,不同阶段的教育机构开始展开优秀传统文化教学,一些私立国学机构也发展壮大。教

---

①杜霞,魏思雨:《新中国传统文化教育的发展历程与未来展望》,载《当代教育与文化》2020年第12卷第6期,第7~16页。
②同上。

育界也开始利用社会媒体宣传中华文化,如《百家论坛》《国家宝藏》《中国诗词大会》等,优秀传统文化教育形成了多主体、多路径、全方位的育人模式。

第三节 传统文化浸润式教育的概念

一、传统文化浸润式教育的内涵

文化的传承不同于一般知识的习得,不仅需要理解和记忆,更加强调认同和内化。因此我们近年来探讨一种优秀文化的"浸润式"培养模式,通过全方位的"传统文化浸润"环境的构建,在潜移默化中实现"文化自觉"和"文化亲近"的目标。在发挥第一课堂主渠道作用之外,面向中国学生设计以传播、传承和弘扬中华传统文化为主要目的的形式多样的文化素质教育实践活动,构建浓郁的中华文化氛围,以中华优秀传统文化滋养学生的心灵,陶冶学生的道德情操,培养学生成为弘扬与传承中华文化的主体,以达到以文化人、以文育人的教育目的;面向国际学生,则设计多种文化体验方式,创造更多体验和亲近传统文化的机会,让学生在亲身体验中感受中国文化的魅力。

浸润式教育是在教学过程中营造相应情境而使教学内容潜移默化地渗透到学生学习过程中的教学方式。将中华优秀传统文化以浸润式融入教学过程中,不仅使之得以延续和发展,无形中让学生运用传统文化内涵提升专业素养和人文素养。[1]

弘扬优秀传统文化理应先"浸",让学生"浸"在活动中,让学生"浸"在课堂中,让学生"浸"在各式各样的社会实践中。深刻挖掘中华优秀传统文化中的思想文化资源,创新性思考学生易于接受的方法和手段,在潜移默化中实现中华传统优秀文化的"润"物无声。[2]

---

[1] 顾燕燕:《传统文化浸润式融入高职院校职业素养培育路径研究——以园林艺术教育为例》,载《绿色科技》2021年第23卷第7期,第247~249页。

[2] 许步亮:《谈谈高职院校中的中华优秀传统文化浸润式育人》,载《传播力研究》2018年第2卷第31期,第23~24页。

二、传统文化浸润式教育的原则

习近平总书记早在2013年就指出:"要使中华民族最基本的文化基因与当代文化相应、与现代社会相协调,以人们喜闻乐见、具有广泛参与性的方式推广开来。"中国传统文化"浸润式"教育的实施就是践行习近平总书记文化基因传承理念,以丰富多样的方式充分发挥优秀文化的育人作用,把优秀传统文化融入学校立德树人的实践。传统文化教育中注重以学生为中心,结合课堂教学,有目的地创建教学实践场景,在课堂外创造更多体验和亲近传统文化的机会,构建"传统文化浸润"的环境,积极引导学生的主体参与性,在潜移默化中实现"文化自觉"和"文化亲近",是我们的目标。

以浸润式方法让教育和传统文化相结合,其实是将传统文化作为一种具有价值引领和意识塑造特点的教学资源,将教育作为文化载体,将浸润式作为隐性教育教学手段,我们在开展传统文化浸润式教育时应灵活处理课程目标、课程内容和课程手段等关系,注意以下基本原则:

第一,注重传统文化浸润式教育课程设计的系统性和结构性。根据上文所述,传统文化内涵丰富,涉及思想、礼仪、民俗等多种方面,即使根据不同阶段的学生特点,最终教育内容有所删减,但是要避免文化内容过于松散而不成系统。传统文化浸润式教育的设计要遵循由浅到难,由表面到深入,由文化核心到文化具象展开,在学生所理解的范围内尽可能全方位呈现中华优秀传统文化。

第二,注重传统文化浸润式教育实施手段的潜移默化性。浸润式教育强调的就是隐性手段,在潜移默化中推进教育对象对中华传统文化的认同,因此在教学手段方面要尽可能与学生的生活和学习相结合,利用课程环境等要素,让学生在赖以生存的学习和生活环境中接受和发扬传统文化。

三、传统文化浸润式教育的要素

文明礼仪是中华民族的优良传统,"孔融让梨""程门立雪"等文明礼仪故事在民间广为流传。对于低龄段的孩子而言,理解起来可能会有些困难,家长需要在具体的情景中进行教育和引导,进一步促进孩子的认知,从而引导孩子养成良好的文明礼仪习惯。在家庭教育中,也要注重对孩子常识知识的教育。我国传统文化中有着丰富的读物,诸如《千字文》《三字经》等。学习背诵这些传统文化经典的同时,不仅能够丰富自身认知,了解一些常识,而且也能从中感悟做人做事的道理,这对个人的成长大有裨益。在历史的长河中,先辈们形成、发展了许多优秀的传统文化,历经时间的洗礼,在不断的探索、繁衍中积淀成为中华民族最为宝贵的精神财富。将儒家经典浸润在家庭教育之中,不仅能够培养孩子的道德品行,提高其人文素养,而且还能够使其从中汲取力量,立德励智。[1]

(一)发挥教师作用,采用先进教学方法

在改革后的教学模式下可见,教师是作为引导者来开展工作的,因此教师在教学中必须发挥自身的引导作用,这一作用必须贯穿所有教学时使用的教学方法,从而让传统文化的教学作用充分发挥。[2] 如在教学中把传统文化渗透到美术教学中,这对于教师的要求比较高,需要不断地去翻阅资料,补充知识,在课堂上才能有底气。不光教给幼儿知识,培养他们的能力,还要教会他们做人,塑造他们良好的人格,让幼儿主动地发表自己的看法。[3]

(二)扭转师幼地位,改革教学模式

其要点就是让幼儿占据课堂主导地位,而教师则作为引导者开展教学工作,这样使得幼儿在教学中会有良好的主观能动性表现,保障传统文化浸润教育作用能充分发挥。[4]

(三)活动浸润,筑牢文化认同

格物致知,方能笃行致远。幼儿园主张将中华优秀传统文化教育置于主题教育活动中,与中国传统节日和主题教育活动相融合,让幼儿用最直接的形式体悟传统文化,从而筑牢内心对中华优秀传统文化的认同,坚定文化自信。[5] 中华民族的每一个节日都有它的渊源,传说和习俗。可以在这些传统节日前夕,利用主题活动对幼儿进行系统的传统节日教育,同时,我们可以根据不同节日组织不同主题的体验活动,如春节开展春节习俗知多少和"金鸡送盛世,新春奏欢歌"等实践活动,让传统游戏在幼儿的生活中落户。传统游戏会让幼儿充分体验活动的乐趣,感受丰富多彩的传统文化,同时也促进幼儿的习惯养成,素养提升。

---

[1] 李胜芝:《传统文化浸润家庭教育的方式分析》,载《当代家庭教育》2020 年第 13 期,第 11 页。
[2] 刘文慧:《关于小学美术教学中传统文化浸润教育探讨》,载《学周刊》2021 年第 27 期,第 165～166 页。
[3] 章芳芝:《小学美术教学中传统文化浸润教育探索》,载《文化创新比较研究》2017 年第 1 卷第 26 期,第 124～125 页。
[4] 刘文慧:《关于小学美术教学中传统文化浸润教育探讨》,载《学周刊》2021 年第 27 期,第 165～166 页。
[5] 彭胜勇,林园秀:《浸润式教育:让优秀传统文化在学生心底扎根》,载《福建教育》2021 年第 22 期,第 14～15 页。

（四）环境熏陶，涵养诗书气质

一草一木暗香浮动，一字一画育德无声。有书墨香气的高品位文化环境能彰显中华优秀传统文化之魅力，是涵养学生精神气质的无声课程，也是最好的教育资源。① 让校园的每一面墙壁都会"说话"，要让幼儿目之所及的地方，都带有教育功能。可以在幼儿园的长廊里张贴幼儿的书画作品，剪纸、拓印作品，如"墨香""画韵"等；切合励志主题，悬挂"凿壁偷光""悬梁刺股""铁杵磨针"等故事梗概和书法历史及书法家的故事；契合文化遗产主题，贴万里长城、秦兵马俑、剪纸、竹刻、绵竹木版画、高跷、皮影戏、灯会等我国非物质文化遗产简介。同时，让经典诵读常常萦绕在幼儿的耳畔，将诵读《唐诗宋词》《三字经》《弟子规》等经典作品与传承传统文化相结合。在经典中挖掘传统文化资源，再现传统文化画面，加强经典中的传统文化实践，力争营造浓厚的传统文化氛围，让经典诵读成为传承传统文化的有效途径。

（五）课程是文化育人的主径

课程是文化育人的主径。将中华优秀传统文化要素融入课堂，向幼儿渗透历代圣贤的求学之方、修身之法、处世之道，并将其内化为求知做人的基本态度和品格，对塑造幼儿良好的性格、健全的人格和高尚的品格具有重要的作用。② 挖掘教材与文化关系，浸润教育内容。从而有计划、有目标地进行教学，让教材中绽放传统文化的元素，让传统文化教育真正落到实处。③

（六）方言与普通话双语共学，共促孩子智力发展

方言是地方文化中的一颗璀璨明珠，"乡音无改鬓毛衰"方言是一个人独特的"文化基因"，世界因多样方言、多元文化而绚丽多彩。其实，方言与普通话的双语共学，更能促进孩子智力开发。杨晓岚教授说"0~6岁是孩子语言发展的敏感期，不同语言的发音部位方法，可让孩子的发音器官得到良好的锻炼。两种语言的转换，可使孩子大脑语言转换机制得到更好的发展。"所以在家庭中可以提倡方言和普通话"双语并用"，让方言和普通话和谐共生，促进孩子智力发育，并传承本土方言，守护独特的"地方文化基因"。④

---

① 彭胜勇，林园秀：《浸润式教育：让优秀传统文化在学生心底扎根》，载《福建教育》2021年第22期，第14~15页。

② 同上。

③ 刘文慧：《关于小学美术教学中传统文化浸润教育探讨》，载《学周刊》2021年第27期，第165~166页。

④ 蓝燕燕：《让传统文化浸润家庭教育》，载《幼儿教育》2013年第Z5期，第6~7页。

第二章

传统文化与幼儿园活动的融合

第一节 传统文化在幼儿园的表征形式

一、传统文化的表征

（一）文化表征

1. 表征的内涵

按照《牛津英语词典》的解释，表征是指"通过一种特殊的方式来对某人或某物进行描述或描绘"，简单地说，就是"再次呈现"之意。"斯图亚特·霍尔在其编著的《表征——文化表象与意指实践》一书中对表征的内涵作了如下界定：'表征是通过语言产生意义。它有两个相关的意义，其一是指表征某物即描述或摹状它，通过描绘或想象而在头脑中想起它；在我们头脑和感官中将此物的一个相似物品摆在我们的面前；其二是指象征、代表、做什么的标本或替代。'"①霍尔的这种界定是一种描述性的阐释，揭示了表征具有的外延和内涵。表征是在我们头脑中通过语言产生各种概念的意义。它就是诸概念与语言之间的联系，这种联系使我们既能指称"真实"的物、人、事的世界，又确实能想象虚构的物、人、事的世界。② 可以说，表征作为一种再现，其要旨就是通过语言、象征等形式再次呈现经验世界中的人、物与事件，它是特定语境中的某种"表意实践"，关乎着视觉意义的生产方式、传播方式和接受方式③。

---

① 斯图亚特·霍尔：《表征：文化表象与意指实践》，徐亮、陆兴华译，商务印书馆2003年6月版，第16页。

② 邹威华：《后殖民语境中的文化表征：斯图亚特·霍尔的族裔散居文化认同理论透视》，载《当代外国文学》2007年第3期，第40~46页。

③ 周宪：《当代中国的视觉文化研究》，译林出版社2017年10月版，第24页。

2.表征的溯源与发展

追溯表征产生、发展的历史脉络,我们发现,其实表征早在柏拉图和亚里士多德两人的论述中就有提及。亚里士多德曾将所有的艺术——语言、视觉和音乐都界定为再现,即表现的形式,而且将其视为确定的人类行为。人类最清晰的特征之一就是对符号的不断创造和再创造。在美学和语言学中,表征始终是中心问题;自启蒙时期开始,表征也是政治理论的主要概念;在当代论述中,美学或语言与政治的关系成为关键性的命题。① 随着人们对表征理论的深入理解,"表征"已然成为文学文本、文学理论和文化研究的聚焦点。因为表征具有对语言、文化和符号进行编码、解码的功能,通过符号语言的能指及所指对思想、经验世界加以再现。霍尔在论述文化表征、意义与语言时特别强调指出:"意义、语言和表征在文学、文化研究中尤为重要,因为人们归属一种文化就是大致上归属同一个概念和语言的世界,就是去了解各种概念和观念是如何被转换成不同的语言的,以及语言何以能被理解为涉及或指称世界的。共享这些事物就是从同一概念图里面看世界,并通过同一系统理解世界。"②

(二) 文化的多元表征

文化具有规范特征,它给人的行为、情感及价值判断提供一种预设;文化具有艺术特征,它给人的审美追求和伦理表现提供一个方向;文化具有认知特征,它是人们对自然之物、历史之事和人事变迁的体悟;文化又具有器用特征,它是人们生活和求知的工具。文化的上述特征,既有内在的质的规定性,又有外部的量的表现性。根据文化传承的静态取向,将文化表征分为文化结构、文化层次和文化模式。③

1. 文化结构

文化结构是指文化的组成或要素的结合方式,它包括实物体系和价值体系,前者是人们创造的具有实体特征的客观东西,后者是人们创造的具有精神特征的主观内容。这两个方面可以进一步分为由物化的知识形成的物态文化、由社会规范构成的制度文化、由约定俗成的思维定式构成的惯俗文

---

①Joseph Childersand Gary Hentzi, eds. The Co/umb/a Dictionary of Modern Literary and Cultural Criticism, New York: Columbia Vnicersity Press. 1995.

②邹威华:《后殖民语境中的文化表征:斯图亚特·霍尔的族裔散居文化认同理论透视》,载《当代外国文学》2007年第3期,第40~46页。

③王长伟,孟宪平:《文化表征的概说形式及研究理路分析:兼论马克思主义文化研究方法》,载《湖北社会科学》2017年第9期,第107~115+149页。

化、由价值观等心理因素结合成的心态文化。① 物态文化的表征是外在的、显而易见的,但也存在着缺陷,如不易保存、传承的人需具备相关技术背景且要求相对较高;制度文化与历史、政治、经济有密切联系,在一定历史时期发挥重要作用;惯俗文化侧重于"小文化圈"的一种话语表述,关注民间的风俗习惯的文化传递,是乡土坊间文化的表征形式;心态文化是精神信仰归宿的体现,受时代主流文化的影响。

2. 文化层次

"文化层次包括物质内容、心理内容和心物结合而成的内容。物质层面是对象化的劳动产物,文化的物质层是最活跃的因素,它变动不居,交流方便;而理论、制度层,是最权威的因素,它规定着文化的整体性质;心理层次,则最保守,它是文化成为类型的灵魂。"②这种形式的细分结果是将精神产品和思想意识归入文化的深层结构中并将此部分称为"精神文化"或"观念文化",如果对精神文化层面和制度文化层面进行再分割,可以把精神文化分为社会的心理文化和意识文化,把心理文化内容分为表层、中层、深层结构。文化可以表现为外显模式和内隐模式,前者是各种意识形态文化和制度文化,"它们各自都是给定的外显模式总系中的小系统,都有明确的外壳形式,并以文字等符号系统或人的具体行为作为其载体";后者主要表现为价值、情感和思维,通常依附于外壳而存在,"只表现为一种意向性力量或趋向性力量,或者是某种自成体系的密码系统"。③

3. 文化模式

文化模式是多样性的。在国家层面上,它与民族心理、民族习性、民族活动等因素有关。在个人层面上,它与人的交往方式、生存状态等因素有关。文化型构与文化形貌很接近,但前者偏重于内在结构,是指文化发展中形成相对固定的内在关系以及各部分结合状况;后者偏重于文化的外部形态,是文化发展中内在联系的状况。不同文化的结构会有很大差别,这与不同时期的经济、政治、文化发展状况有关。文化型构与文化形貌反映了文化变迁的经历和机制,是理解文化内涵的重要方面。④

---

① 周宪:《当代中国的视觉文化研究》,译林出版社 2017 年 10 版,第 24 页。
② 虎朴:《文化的民族性与时代性》,中国和平出版社 1998 年 8 月版,第 37~38 页。
③ 黄正平:《文化的外显模式与内隐模式相互关系概观》,载《上海大学学报》(社会科学版)1989 年第 5 期,第 32~40 页。
④ 王长伟,孟宪平:《文化表征的概说形式及研究理路分析:兼论马克思主义文化研究方法》,载《湖北社会科学》2017 年第 9 期,第 107~115+149 页。

二、传统文化在幼儿园的表征形式

传统文化在幼儿园阶段该如何科学合理、适宜地开展是一个值得理论研究与实践探索的话题。如何站在幼儿视角设计、组织适宜的文化教育活动，创设互动生成的文化环境，支持幼儿从自然人转化为社会人、文化人，培养他们的文化认同感和民族归属感。这是需要一系列深刻的教育实践探索来实现的教育使命。

（一）幼儿园传统文化教育的目标定位

在教育部出台的《3~6岁儿童学习与发展指南》（以下简称《指南》）中，"社会性发展"领域列出了"归属感"的目标，其中就包括文化上的归属感，这与当前弘扬传统文化的价值取向是一致的。

《指南》根据不同年龄段确定的"具有初步归属感"目标，包括了解自己的家庭成员与自己的关系、感受家庭和班级的温暖、了解家乡民族和国家代表性的事物及成就、为自己是中国人感到自豪等，在传统文化教育中是值得参照的，因为它使认知层面的目标与归属、认同这些情感层面的目标紧密联系，目标定位更加着眼于长远的可持续发展。

幼儿园传统文化教育的逻辑起点是立德树人，即，以中华优秀文化及其内在精神"化育"幼儿，以培养认同中华文化、适应未来社会不确定性的"现代中国公民"。以广府文化课程为例。本课程的目标分为行为习惯性目标、知识技能性目标与情感态度性目标。行为习惯性目标上，重点是让幼儿通过参加各种文化活动，了解文化适宜的行为规范，培养相应的行为习惯。知识技能性目标上，了解广府文化的历史发展及现实表征，初步掌握广府文化在建筑、饮食、服饰、语言、文学、画作、手工艺、习俗与革命传统等方面的独特知识与技能，积累丰富的广府文化经验，提高表现广府文化的能力。情感态度性目标则聚焦于形成喜爱与认同广府文化的情感态度，萌发家乡认同感、民族自豪感与国家认同感，提高感受广府文化的能力。具体到各个幼儿园，既承载着传承中国优秀传统文化的使命，又承载着并不完全一致的社区文化发展使命。比如，广州市的三元里幼儿园有着丰富的革命传统文化——三元里抗英，以及独特的节庆风俗，比如，正月十六闹元宵。对于三元里幼儿园而言，中华文化课程的目标首先指向的是培养"三元里人"，在此基础上培养"广州人""中国人"。这一目标逻辑体现的是儿童逻辑，即儿童对世界的认知始于身边具体的人、事、物，进而辐射到更远的人、事、物，呈现出以儿童为中心的辐射状发展态势。①

（二）幼儿园传统文化的内容表征

幼儿园进行传统文化教育需要根据幼儿的生理特点和认知能力筛选易于他们接受的内容和形式。考虑到幼儿对文化的最初理解始于身边可接触的实物、可观察的行为,幼儿园在选择传统文化时需要遵循两个标准：

标准一是由近至远：从至今仍"活"在本地日常生活中的传统文化,慢慢延伸到保存在博物馆中的古代文化；

标准二是由具象到抽象：体现在可接触器物、直观的待人接物行为方式中的传统文化,优先于用文字符号表达的传统文化。

按照这样的标准,很多幼儿园开展的传统民间艺术和游戏活动、本民族节日庆典、日常共同生活中的习俗和行为规范教育、讲历史故事和图画书等,都是合适的"传统文化教育"。

2014年语言出版社发行《中华优秀传统文化教育全国幼儿园实验教材》,第一次提出在幼儿园进行幼儿民族文化识别系统的教育目标。幼儿园中华文化课程应依据并廓清学界对中华文化的界定,精选中华优秀文化,并依据幼儿文化学习与文化传播的规律,以适宜的方式表征中华文化。具体而言,民间故事、神话传说、民间游戏、衣食住行、节日庆典、风俗人情和民间工艺等民间文化,以及四书五经、唐诗宋词等古典文化,均可考虑对其进行生活化、游戏化和情境化的课程改造,以绘本、游戏、电视、电影等方式加以恰当的表征,使其适合幼儿文化学习的需要。②

（三）幼儿园传统文化的形式表征

本书所指的表征形式主要是以传统文化与幼儿园健康、科学、社会、语言、艺术五大领域相融合的模式。

1. 与健康领域相融合的传统体育游戏

传统体育游戏蕴含着丰富的民族文化,常见的传统体育游戏有投壶、斗鸡、拔河、跳绳、花毽、放风筝等,还有具有鲜明地域特色的民族传统体育游戏,如：赛龙舟、赛马、爬花杆、抢花炮等。不仅促进幼儿获得愉悦的体验,提高幼儿的身体素质,对于幼儿坚强勇敢性格的养成、耐力的培养、大肌肉动作的发展、语言表达能力的发展也大有裨益。

---

① 彭茜,杨宁：《论文化认同启蒙取向的幼儿园中华文化课程建设》,载《当代教育与文化》2020年第12卷第5期,第58~65页。

② 同上。

2. 与科学、艺术领域相融合的传统技艺活动

从埃里克森的心理社会发展阶段理论来看,幼儿正值主动探索外部世界的成长阶段,由此幼儿园可选择适合幼儿年龄特点的木刻、竹编、剪纸、织布、泥塑、刺绣等探索类的工艺活动,让幼儿通过动手操作传统手工技艺活动来获得探索满足感和自我效能感。比如,组织幼儿开展"创意剪纸"活动,使其在教师的指导下折纸并自由裁剪,制作创意剪纸图案,感受剪纸的乐趣及其对称、镂空等特征,既能锻炼幼儿手部的灵活性,又能让幼儿感受体验传统文化的魅力。

3. 与社会领域相融合的传统德育活动

幼儿园要通过对传统文化的追溯,让幼儿了解传统节日节气的习俗与饮食,感受传统文明的魅力,如年的传说、春节的由来、中秋节的习俗、孝礼的学习、重阳节敬老、节气美食品尝等,增强幼儿对传统文化的兴趣,培养幼儿敬老、友爱、善良、勤劳、勇敢等健康的情感与品德,促进幼儿德、智、体、美全面发展。

4. 与语言领域相融合的经典阅读活动

我国有许多传统文化教育资源,如戏曲、皮影戏、童谣、成语故事等,尤其是成语故事绘本通过色彩丰富、绘声绘色的图画与有趣的故事内容,深深吸引着幼儿,将抽象的道理具体化,十分符合幼儿认知的特点。[1] 教师可以组织幼儿看经典绘本,吟诵唐诗宋词,讲述传统美德故事,等等,感受传统中国文化中尊重自然、勇敢坚强、敬畏生命、含蓄谦虚等优良品质,了解粗浅的传统文化知识,培育初步的文化认同感和自信心。

5. 与艺术领域相融合的传统美育活动

传统美育崇尚自然与艺术的交融,最能怡情养性。教师可培养幼儿学习传统书画艺术,欣赏民族乐曲和戏剧,尝试民族乐器的演奏和民族服饰的设计,等等。以戏剧为例,戏服、唱腔、唱词是中国传统戏曲的独特资源,是幼儿感受和欣赏戏曲的素材,让幼儿在欣赏戏曲节目、体验戏曲唱腔和动作时,萌发对戏曲的热情,让他们从小就受到传统戏曲的熏陶,真正将中华传统文化进行传承与发扬。

---

[1] 王瑞:《幼儿园传统文化教育的意义与方法》,载《吉林省教育学院学报》第 2021 年第 37 卷第 1 期,第 61~66 页。

第二节 传统文化的群体动力

群体动力最早是德国心理学家勒温在20世纪30年代提出来的。勒温认为,群体是一个动力整体,对群体行为的分析,不能仅仅分析群体中个别的状况,必须抓住群体的整体特征。在群体中,人与人之间在交往、互动和外界环境因素的影响下逐渐形成一种复杂的互相关系,这种关系必然影响到他们的行为,由于归属、情感和交往的需要最终影响群体的行为。所以,群体行为的动力是由群体中个体活动相互影响和情绪情感的综合构成的。也就是说,群体中个体的行为,既与个体自身的"素质"有关,又与群体氛围有关[1]。然而,群体的每一个成员既受环境的影响,同时他们自己又构成环境的一部分,影响着其他成员。群体与其成员之间的这种相互影响,就构成了群体的行为动力,即群体动力。[2] 本书从幼儿园管理、社会资源、自然资源三方面着手阐述。

一、幼儿园管理与实施

(一)幼儿园管理

1. 幼儿园管理的内涵

"一般而言,幼儿园管理是指幼儿园管理人员和有关幼教行政人员遵照一定的教育方针和保教工作的客观规律,采用科学的工作方式和管理手段,将人、财、物等各因素合理组织起来,调动各方面的积极性,为实现国家规定的培养目标和完成幼儿园工作任务所进行的各种一般职能活动。"[3]

黄人颂主编的《学前教育学》中提到:幼儿园管理是包括多要素的全方位、整体性的管理。幼儿园管理的要素主要包括人、财、物、事、时空、信息、手段等。

2. 幼儿园管理的新理念

当前,我国幼儿园管理理念不断更新,"以人为本"的教育管理理念被确立,树立了管理向服务转变的观念。具体体现在以下两方面。

---

[1] 黄世席:《德国体育运动中的法律问题》,载《德国研究》2007年第3期,第48页。
[2] 张铁明,谭延敏,陈善平等:《农村非正式结构体育社团形成的群体动力效应研究》,载《体育与科学》2010年第31卷第4期,第51~58+17页。
[3] 黄人颂:《学前教育学》,人民教育出版社2015年8月版,第494页。

(1)变硬管理为软管理。以往,幼儿园的管理多属于制度型管理,主要依据严格的规章制度和职权来进行程式化的管理,它的侧重点是"事",是以服从和奖惩作为基础的管理。这种管理虽然在短时期内能产生效果,但是缺乏灵活性和创新精神。现在我国的幼儿园管理条例不仅突出了儿童权益保护和尊重、信任、平等的特点,还要求幼儿园管理能够简化管理上的操作程序,删除那些无法操作和束缚教师积极性、主动性、创造性发挥的制度,把幼儿园管理的重心,从制度约束转向职业自律和主动发展,这种管理属于软管理。目前,软管理成为时代主题,也是这个时代教育发展的需要。

(2)由强制型管理向民主型管理转变,下放管理重心。以往,我国大多数幼儿园实行层级管理制度,带有较浓重的等级色彩,领导"一管到底"的现象相当严重,加上领导喜欢服从型的教师,这样的长期管理使教师不会独立思考,不敢发表自己的建议与意见,极大地限制了教师主动性的发挥。

管理心理学的研究表明,让每一位教师都有机会参与学校各项工作决策与管理,对于树立教师的主人翁意识,产生集体凝聚力,完成学校的工作目标都有很大的好处。实行民主型的管理,体现了人既是发展的主体,又是发展的目标这一"以人为本"现代管理思想。因此,我们要树立教职工的参与意识和创新意识,激发其主人翁精神和工作责任感、归属感,鼓励他们积极向园里献计献策,发表自己的看法。现在一些幼儿园开始把管理重心下移给教师,为教师主动参与幼儿园管理提供空间。[①]

(二)幼儿园的建设

1. 改善办园条件,营造优良育人环境

在幼儿园的教育环境中,要确保环境尽可能优美,可以让幼儿培养出高尚的情操,使他们能够热爱环境,热爱大自然,在这个过程中,中华传统游戏作为中华传统文化的一部分,可以使幼儿充满参与的兴趣,在幼儿园环境中,积极踊跃地融入文化的氛围中,从喜欢和愿意参与幼儿园的小环境游戏开始,逐步发展成为热爱大的环境,热爱我们唯一的家园,注重保护地球,而这也是中华传统文化中家国思想、人与自然和谐相处的自然观以及天人合一思想观念的体现。

2. 充分利用园内设施,开发利用课程资源

利用园内比较规范的教室和游戏室等,有效融入中国传统文化中的民间游戏思想,在民间的游戏中得到启示,民间游戏往往更受儿童喜爱和欢

[①] 黄人颂:《学前教育学》,人民教育出版社2015年8月版,第496~497页。

迎,同时也能够更好地满足儿童的个体差异性需要。要充分利用幼儿园的相关资源,在中华民族传统文化的基础上,进行符合自身实际情况的加工,使中华文化的内容和形式得以有效传承,在幼儿园的课程资源中有效开发和引入民间传统游戏,可以让儿童更好地进行社会性成长,同时也可以通过民间传统游戏使儿童能够更好地了解中华传统文化的内涵。游戏资源妙趣横生,种类繁多,具有更强的生命力,在游戏中进行中华传统文化的教育往往更有说服力,同时也更有现实意义。由此,中华民间传统游戏也可以作为幼儿园重要的教育资源被逐步开发和利用。[①]

二、幼儿园的社会教育资源组合

一所优质的幼儿园是培养出具有社会适应能力的儿童,培养出优秀社会人才的摇篮。人与社会的适应性要求幼儿园的教育功能是培养对社会有用的人才。基于此,幼儿教育也应该与社会接轨,在教育方法与教育内容的安排上要充分开发与利用社会优质资源,对幼儿施加影响。幼儿园的社会教学资源一般是指幼儿园所在区域或者临近区域中的人、物、环境、设施以及社会组织等所有的自然空间的资源和社会空间的资源,也有与社会存在关系密切却摸不到的无形资源。社会教育资源包括社区教育资源与家庭教育资源。

(一)家庭教育资源

家庭教育资源非常丰富,既有人的因素,又有环境的因素,具体来说,家庭教育资源包括家庭文化、经济水平、学历水平、成员职业、成员性格与沟通能力等,成员对幼儿的指导方式更会对幼儿的成长产生重要影响。家庭资源可为儿童提供更多的生活、运动、学习、游戏等物质与精神资源,有的是可以看得见的物质资源,也有的是看不见但能对幼儿产生熏陶的精神资源。家庭是对幼儿实施教育的第一场所,很多幼儿的知识都是从家庭中来的,我们应该充分利用家庭教育资源,与家长取得联系,在某个主题的教育中得到家长的支持,从而促进幼儿园的课堂教学。例如,孩子对厨师这个行业并不是很熟悉,他们没有见过饭店里真正的厨师。大班幼儿在不断的学习、生活中已经积累了一定的经验,他们对技能方面的活动较为感兴趣,而且更善于模仿。幼儿在家里经常看大人做饭,并经常动手参与,尽管他们有时候会添乱,但是他们仍然兴致高昂,自得其乐。在吃着自己亲手做的饭菜时,幼儿

---

① 余少君,李培彩:《中华传统文化对幼儿园课程资源开发与建设的启示》,载《语文课内外》2019年第11期,第22页。

的自豪感与自信心油然而生。同时,大多数家长也喜欢让幼儿动手参与。那么,要让学生了解身边的厨师,就要从最基础的家庭生活做起。①

(二) 社区教育资源

社区的教育资源有有形和无形之分。有形教育资源,包括人力、物力、财力、信息、组织等;无形教育资源,包括社区意识、社区归属感、良好的社区氛围、社区互助的伦理规范。②

社区教育资源包括学生家庭乃至整个社会中各种可用于教育教学活动的设施和条件以及丰富的自然资源。其中社区图书馆、博物馆、科技馆、纪念馆、气象站、工厂等都是宝贵的教育资源。相对于学校狭小的空间而言,社区是一个广阔的资源中心,社区文化设施无疑是重要的教育资源——道路的线条美、雕塑的造型美、音乐的节奏美等均可成为陶冶孩子们情操的教育资源,人类的交往活动如政治活动、军事活动、外交活动、科技活动等也可成为教育资源,社区居民的生活价值观念、信仰与伦理、风俗习惯等也是不可或缺的教育资源。③

(三) 社会教育资源利用和开发的基本原则

1. 全面整合原则

在社会教育资源的开发与利用之前,教师要充分考虑其可利用性,考虑到学前儿童教育的特殊性,在幼儿的教育教学中不能存有疏漏。如教师在引用社会教学资源时,应考虑此资源是否涵盖着社会教育的性质,涵盖多少,是否有对其进行开发的价值,其资源的应用是否有利于幼儿的发育与发展。故教师在对社会资源进行开发时,注重对其独特性和教育意义的挖掘,并将其进行整合,使其具有明确的教育性和指向性,配合幼儿掌握的知识和社会学习经验,将社会资源在具体使用过程中的各方面考虑透彻,进行多元化的整合和处理,让幼儿能够获得直接的教学体验,并在体验中有所领悟,有所成长,在情感和技能上能够得到提升。④

2. 因地制宜原则

在对社会资源的实际应用,幼儿园教师应从实际生活入手,无论是将社

---

① 黄蓉:《幼儿园社会资源的开发与利用》,载《新智慧》2021年第17期,第103~104页。
② 冯淑娟:《幼儿园利用社区资源进行社会领域教育的研究》,华东师范大学2007年学前教育专业硕士论文。
③ 同上。
④ 刘娟娟:《利用社会资源拓宽教育途径——以"茶文化"资源融入幼儿园教育为例》,载《福建茶叶》2021年第43卷第5期,第136~137页。

会教育资源引进幼儿园中,还是组织儿童走出幼儿园大门去社会资源教育所在地进行文化学习,都应按照就近原则将儿童的安全放在首要位置,选择幼儿园周边的社会教育资源,从而确保幼儿的健康和安全。教师应对相关的教育资源进行整体考核,在组织外出时更要与家长进行沟通,组织家长从旁协助,从而确保幼儿的人身安全。例如在教育内容中选择将茶文化进行融合,就应该相对应地开展茶文化的资源教学规划,选择适合幼儿学习和发展的教育内容,增加幼儿平时接触不到的物品作为教学资源,引发孩童的学习兴趣,使其能直观地感受茶文化的博大精深,为其生活带来正面影响。[1]

3. 实践体验原则

在对社会教育资源进行筛选时,教师一定要根据幼儿的实际情况,根据幼儿的年龄特点和实际认知,选择适合幼儿发展需要和实际情况的社会教学资源,在此过程中要坚持能让幼儿在教学之中获得实践、获得感受、获得体验,最终在此过程中获得知识和文化修养。并帮助幼儿在实践中发现问题、解决问题,坚持以幼儿的发展需要为教育的根本,将幼儿的评价作为有效的教学反馈。在确定了社会教学资源后,教师应按照教学标准选择能够增进幼儿园内外联系的并且能够落实课程目标的教学内容,从而达到培养幼儿基本生活能力,促进幼儿产生积极情感体验的目的。[2]

三、自然资源组合

(一) 自然资源的内涵

《辞海》将自然资源界定为:"泛指天然存在的并有利用价值的自然物,如土地、矿藏、气候、水利、生物、海洋等资源。生产的原料来源和布局场所。"[3]王庆礼等指出:"自然资源是指在自然界中经过一系列化学、物理、生物过程而形成的具有一定的时空格局、对人类生活和生存直接或间接产生影响的所有自然因素的总和。"[4]可以说,这属于广义层面的自然资源概念。姜万明也对自然资源的概念进行了界定,类似狭义层面的解释:农村周围的在原始状态下就有可利用价值的各种天然的实物性资源,一般来说只需要

---

[1] 刘娟娟:《利用社会资源拓宽教育途径:以"茶文化"资源融入幼儿园教育为例》,载《福建茶叶》2021年第43卷第5期,第136~137页。
[2] 同上。
[3] 夏征农:《辞海》,上海辞书出版社1989年9月版,第2283页。
[4] 王庆礼,邓红兵,钱俊生:《略论自然资源的价值》,载《中国人口·资源与环境》2001年第2期,第25页。

经过人为的收集和纯化便可加以直接利用,不需经过人为的加工制造,主要包括农村周围的各种农作物、瓜果、蔬菜以及花草树木等。①

本书中幼儿园可利用的自然资源是广义上的概念:存在于大自然中,分布在幼儿园周围,或者能从大自然中携带进幼儿园的,或者能带领幼儿接触到的、能被幼儿感知的、具有学习价值的所有事物,包括天然存在的自然物和保持了自然物特质的原材料加工品。可分为:土地资源(如地形地貌、沙子泥土等)、矿产资源(如煤、铁、金、银、铜等)、动物资源(如家养以及野生的动物等)、植物资源(如花草树木、蔬菜水果等)、气候资源(如风、雨、雾、阳光等)、水资源(如江、河、湖、海等)以及原材料加工品(如一次性筷子、牙签、火柴棒等)。②

(二)自然资源的开发原则

党的十九大明确提出,人类只有遵循自然规律才能有效防止在开发利用自然上走弯路。中国传统文化思想更加尊崇"自然守道而行,万物皆得其所矣"的理念,抱守"自然成长,应时而动"的思想,认为大自然和万事万物都有其运行规律,应该顺应规律自然发展,不提倡人为的过度干预和粗暴改变。③

对于幼儿园主体而言,自然资源的开发不是为了开发而开发,而是为了自然资源的价值和生态建设,为了幼儿教育的整体发展,为了丰富幼儿感知和体验自然生命世界的多样。幼儿园自然资源的开发就不是形式上的自然物的使用,也不是浅表层次的课程开发,而应该是以滋养幼儿精神生命为目的,在自然生态开发可能性基础上的适度、适时的开发,应遵循以下原则。

第一,经济实用原则,即尽可能减少开支和精力,就地取材,一物多用,充分考虑资源的实用性。

第二,地域优势原则,即不能一味效仿,盲目照搬,应在形成本土特色的同时扬长避短,使自然物为我所用。

第三,生活趣味原则,即紧紧抓住幼儿认知特点和审美能力,把开发的

---

① 姜万明:《利用农村自然资源进行墙面环境创设的行动研究》,内蒙古师范大学2014年学前教育专业硕士论文。
② 罗竞,龙路英:《乡村幼儿园自然资源开发的原则、方式与策略》,载《教育导刊》(下半月)2018年第3期,第20~24页。
③ 范树合:《传承优秀传统文化的自然主义思想促进新时代自然资源保护》,载《求知》2018年第6期,第29~31页。

自然资源与幼儿的日常生活和感性经验相联系。①

（三）自然资源的开发思路

幼儿园在开发利用自然资源时要考虑幼儿园的实际情况和幼儿的年龄特点，立足当地，着眼幼儿，在"引进来""走出去"的方式中探索出一条科学的道路。每所幼儿园都有各自的特色，拥有的资源不一样，面对的孩子不一样，开发自然资源的种类、途径也可能不一样，很难找到一种通用的模式。人们大都能在环境创设、教学活动和游戏活动等诸多类型的活动中找到自然资源的"影子"，如在墙面环境创设中，运用植物粘贴与垂挂方式将一些表面相对平滑或者体量较小的植物置于墙面，如花瓣、树叶、种子、果壳、果皮、果实、棉花、玉米缨、木棍等，可粘贴成可爱的小动物、美丽的风景，做成一幅幅树叶画、花瓣画、种子画等；而一些较大的植物可以垂挂在墙壁上，形成一道道充满自然气息的美丽的风景线；树木枝丫或树叶还可以做成挂饰垂吊在墙边，既能了解到中华传统文化中的食物、节气、传统工艺，又能给活动室营造生机盎然的景象。同时植物印染与描画、植物编织与缝制都可作为自然资源开发的方式，既美观又具创意。②

又如在教学活动中，教师可通过对自然材料的直接利用和组合加工制作教具与学具，把自然资源引进来；采取渗透式的教育方法，使幼儿热爱大自然并愿意与大自然接触，这体现出中华传统文化中天人合一的思想。教师或家长还可带孩子走出去，多参加户外活动，感受自然和接触自然，使幼儿对自然有更好的感受和体验，增进幼儿热爱自然的情感。③ 在自然中体验自然环境的无穷魅力，同时也可以了解到中华传统文化中的节气，有针对性地在春游、秋游的过程中，去全方位感受大自然。

---

① 罗竞，龙路英：《乡村幼儿园自然资源开发的原则、方式与策略》，载《教育导刊》（下半月）2018年第3期，第20～24页。

② 同上。

③ 余少君，李培彩：《中华传统文化对幼儿园课程资源开发与建设的启示》，载《语文课内外》2019年第11期，第22页。

第三节　传统文化资源整合

一、传统文化资源及其整合

（一）传统文化资源

"资源",本指生产资料或生活资料的来源,中华传统文化资源通过两种形式延续至今:一是物质的、静态的;二是非物质的、流变的。物质的、静态的形式又有地上资源、地下资源之分,地上资源如古建筑、古遗址、传世文献等,地下资源如古墓葬及出土文献等,它们是中华传统文化的物化形态;而非物质的、流变的资源包括民风民俗、乡规民约、口头文学等,它们经过世世代代的口耳相传和行为习惯而传至今天,它们是中华传统文化的非物化形态。一般说来,前者被称为物质文化遗产,后者被称为非物质文化遗产。①

"文化资源是人们从事文化生活和生产所具备的前提准备,它是一种特殊资源,是特定时代、地域人群的文化资料的天然来源,包括历史资源、民俗资源、知识资源、信息资源等。它既以一种可感的物质化、符号化的形式存在,又以一种思想化、智力化、想象性的形式存在。"按照不同的标准,可以对文化资源进行不同的划分。

从历史性角度来看,文化资源包括传统文化资源和现代文化资源。传统文化资源是指由某个民族或群体在历史沿袭过程中形成的特有文化资源。与表现出较强的多元融合性和时代性的现代文化资源不同,传统文化资源具有群体性、地域性和相对稳定性,它会因不同群体、不同地域而存在差异,但会在群体内部被广泛认同和传承。作为特定民族的历史和智慧的象征,传统文化资源在文化资源中具有重要地位和价值,这种价值和意义不会因时代的变迁而消失,具有较强稳定性。②

（二）传统文化资源整合

不同的情境下"整合"的释义稍显差异,主要分为以下几种:"①哲学上的意义是指系统的完整性和系统的核心,整合成相关的零件数量或隐形的

---

① 王启涛:《中华优秀传统文化资源的保护与利用实践研究:基于四川省的考察分析》,载《西南民族大学学报》(人文社会科学版)2019年第40卷第10期,第1~9页。
② 郭雁南:《论中华传统文化资源开发与文化产业发展》,载《黑河学刊》2017年第3期,第35~36页。

建构一个新的统一的整体,序化流程,这个过程是由该系统的整体作用及系统核心的统摄、凝聚作用而导致的众多相关部分或因素集合。②组织行为学上的意义是把整合置于一个组织活动中,是组织内若干部门之间协调其活动而进行的行为和形成的结构。③经济学上的意义是对资源进行整合研究,即是将身边存在的稀缺资源配置成新的资源时,能否找出影响配置的主要力量形成最佳均衡机制来实现优化配置目标,保证稀缺资源的有效使用。"[1]

结合本书的实际,更倾向于"整合"哲学的理解。在本书中将整合理解成对学校中传统文化传承途径的各组成要素的相关整合,构建一个新的统一的整体,这个过程是由该系统的传承途径作用及学校的目标统摄、凝聚而使学校传统文化传承途径的目标和内容形成新的集合。[2]

"文化资源整合是以优化、分享、合作、共赢为宗旨,从地域、主题、价值等方面进行体系性组合和配置,以提供一个多价值角度利用的资源体系,实现文化资源的互补和利益共享。"[3]传统文化资源整合就是运用系统论的思维方式,从本地区幼儿园实际出发,对中华传统文化资源的优化配置进行总体决策,根据幼儿年龄特点和兴趣需要,对传统文化资源进行重新组合,寻求资源配置与幼儿教育的最佳结合点。

二、传统文化资源整合主题框架

本书探讨的3~6岁幼儿优秀传统文化浸润式教育主要是从教育意义、教育内容和教育途径切入,分为阐述传统思想文化、道德礼仪文化、地域民俗文化、传统艺术文化、传统体育文化五大资源在幼儿园中如何实施浸润式教育。

(一)传统思想文化资源主题框架

该部分文化资源包括哲学思想、成语典故和蒙学读物三个主题模块。本书主要结合幼儿园实际,集中就每一主题模块论述其浸入式的教育意义、教育内容和教育途径。

根据幼儿的年龄特点和思维发展规律,结合我国幼儿园的特点,从各主题模块中选取典型的内容融入幼儿园教育。具体来说,主题模块一:哲学思

---

[1] 黄宏伟:《整合概念及其哲学意蕴》,载《学术月刊》1995年第9期,第12~17页。
[2] 杨萌:《学校传统文化传承途径的整合研究》,四川师范大学2018年教育学专业硕士论文,2018年。
[3] 曹萌:《辽宁文化资源整合与文化品牌建设战略》,载《理论界》2008年第10期,第142~146页。

想,主要涉及"天人合一""顺应自然,尊重个性""直觉体验"的生命哲学和包括"仁""知行合一"的道德哲学。主题模块二:成语典故,主要涉及"符合幼儿年龄特点和生活经验的成语典故""神话故事成语""寓言故事成语""中国历史成语"等内容。主题模块三:蒙学读物,主要涉及《三字经》《百家姓》《千字文》《弟子规》《唐诗三百首》等内容。

（二）道德礼仪文化资源主题框架

该部分文化资源包括家风礼仪、公共场所礼仪和节日礼仪三个主题模块。具体来说,主题模块一:家风礼仪,主要涉及包括饭前用礼、就餐用礼、饭后用礼在内的饮食礼,包括站姿坐像、衣冠服饰在内的仪容礼,包括待父母、待他人在内的待人处事之礼。主题模块二:公共场所礼仪,结合幼儿的生活特点和习惯,主要就交通工具、图书馆、餐厅、商场、旅游景点五个常见的公共场所进行详细介绍,涉及乘车礼仪、图书馆礼仪、餐厅礼仪、商场礼仪、旅游观光礼仪。主题模块三:节日礼仪,主要选择适合在幼儿园开展的节日教育,包括春节、清明节、端午节、七夕节、中秋节、冬至节、重阳节等,涉及迎新、拜年的春节礼仪,涉及扫墓祭祖、插柳戴柳、踏青春游、吃冷食的清明节礼仪,涉及悬挂艾叶、饮雄黄酒、赛龙舟、吃粽子的端午节礼仪,涉及祭拜织女、观云乞巧、为牛庆生的七夕节礼仪,涉及祭月拜月、赏月、吃月饼的中秋节礼仪,涉及祭祖敬老、赏菊及饮菊花酒、登高望远、吃重阳糕的重阳节礼仪,涉及祭祖、吃饺子、履长与隆师的冬至节礼仪。

（三）地域民俗文化资源主题框架

该部分文化资源包括不同地域的传统民族服饰和传统饮食文化以及传统建筑文化三个模块。每一模块均从浸润式教育意义、教育内容和教育途径进行阐述。具体来说,主题模块一:传统民族服饰,主要从东北、西北地区、西南地区、中南东南地区选取典型的少数民族服饰进行梳理,了解包括赫哲族服饰、蒙古族服饰、土族服饰、维吾尔族服饰、彝族服饰、侗族服饰、瑶族服饰以及壮族服饰的特色、来历、功能,知道制作方法、样式、图案等内容。主题模块二:传统饮食文化,主要涉及山东菜系、广东菜系、浙江菜系、福建菜系、湖南菜系、徽州菜系、江苏菜系和四川菜系在内的"八大菜系"名称、菜系特色,品尝各地名菜,了解菜肴的不同食材及制作方法等内容。主题模块三:传统建筑文化,主要选取中国传统民居建筑中代表性的北京四合院、陕北窑洞、傣族竹楼、福建土楼,带领幼儿围绕建筑形式、构造、功用、色彩、图案及其蕴含的文化进行感知和探索。

（四）传统艺术文化资源主题框架

该部分文化资源包括民间艺术剪纸、陶瓷文化和戏剧文化三个主题模块。具体来说，主题模块一：民间艺术剪纸，主要涉及包括窗花、喜花在内的生活中常见的剪纸，折、剪、撕在内的剪纸制作技法，包括月牙纹、锯齿纹、柳叶纹、水滴纹、云纹、圆纹等在内的线条剪纸纹样。主题模块二：陶瓷文化，主要由认识陶瓷（陶瓷的起源、发展、历史故事）和制作陶瓷（包括陶瓷的制作过程、图案纹样）构成。主题模块三：戏剧文化，主要梳理典型的中国传统戏剧类型，即京剧、评剧、豫剧、越剧、黄梅戏五大剧种。

（五）传统体育文化资源主题框架

该部分文化资源包括传统民间体育游戏和太极文化两个主题模块。具体来说，主题模块一：传统民间体育游戏，主要涉及少数民族儿童民间体育游戏，如布依族体育游戏挤油渣、毛南族体育游戏猴鼓舞、荔波水族体育游戏捡子、苗族体育游戏"八人秋"、仡佬族体育游戏打篾鸡蛋、赫哲族体育游戏"插草球"。主题模块二：太极文化，包括太极拳、太极扇、太极武术操、太极成语操、太极亲子操等内容。

第三章

幼儿园传统思想文化浸润式教育

中国传统文化就是历史各个时期中国人民世代创造的物质的和精神的成果,这些成果以及形成的各种思想、观念流传至今。传统文化的中心是传统思想。我国的传统文化无论是从物质层面还是精神层面,无一不依托着鲜明的中国传统文化思想而形成,潜移默化地支配着中国的经济、政治、文化的产生与发展,影响着中国的伦理、价值观念、生活习俗、道德规范等。经过几千年的传承,中国传统思想文化对人们的生活和学习产生了重要作用。将中国传统思想文化内涵于幼儿园的建设,有利于丰富幼儿园的教育理论,建立有中国特点、有中国精神的中国特色幼儿园,有利于提高幼儿的文明水平和道德水平,为幼儿的发展开辟一条新道路。

第一节 幼儿园哲学思想浸润式教育

哲学是世界观的理论形式,是关于整个世界及其发展的最普遍最一般的规律的学问。"整个世界"包括宇宙自然、社会人生以及人类思维,哲学的任务就是探讨整个世界的规律和在生活中经常起作用的原则①。中国哲学与印度哲学、西方哲学共称为世界三大哲学系统。中国传统哲学主要关注当下的社会问题和人生问题,即所谓"人道",在此基础上思考世界本原问题、天人关系、动静常变的关系、知行关系、名实关系、人性善关系、义欲理之辩等问题②。中国哲学发端于春秋末年,先后产生了儒家思想、墨家思想、道家思想、法家思想等流派,经历华夏几千年的传承与发展,形成了独具民族特色的思维方式和价值取向,凝结成中华民族精神文化。中国古代哲学是中国传统思想文化的核心,在整个传统文化体系中起着主导和制约作用,中

---

①石云涛:《中国传统文化概论》,学苑出版社2009年6月版,第16页。
②同上书,第16~27页。

国传统文化诸形态无不受到中国传统哲学观念的引导和影响。因此,学习中国古代哲学,有助于深入理解和把握中国传统文化诸领域的内在本质和发展规律。将中国哲学思想渗透于幼儿教育思想中,是对中国传统文化的肯定,它可以作为改变幼儿教育现状的契机,同时对打造中国特色幼儿教育具有理论性的重要意义。

一、幼儿园哲学思想浸润式教育的意义

(一) 中国哲学思想有助于深入理解和把握幼儿发展的本质和规律

随着中国对科学儿童观的深入探讨,幼教工作者认识到"以儿童为本"的重要性,但是面对当下急功近利的社会,幼儿教育"小学化"愈演愈烈,对幼儿认知层面的追求以多种形式存在着。中国哲学思想所体现的教育原则、过程和方法在很多层面符合现代幼儿教育的发展趋势,顺应幼儿自身发展规律[①]。如我国哲学思想中的"顺应自然""天人合一""中庸之道"等,强调或启示教育要以幼儿为本,呵护幼儿本性并尊重幼儿个体差异,注重幼儿的全面发展,这都符合当代的幼儿教育观。

(二) 中国哲学思想为幼儿教育改革提供新思路

随着我国政治、经济和文化的改革,学前教育质量不断提高,但是仍然存在诸多问题,阻碍我国幼儿教育事业的发展。首先,我国幼儿教育缺乏中国本土教育的理论指导。我国幼儿教育起步较晚,幼儿教育理念和模式往往参照别国。在学习他国经验的同时忽视了中国教育和中国儿童自身的特点。其次,幼儿教师的专业素养和道德修养一直受到社会各界的质疑和争议。虐童事件使社会对幼儿教师的抨击不断,"保姆阿姨"仍是社会对幼教的"标签"。另外,幼儿园的管理也影响着幼儿和幼教事业的发展。当前我国幼儿园出现的安全事故和教师素质问题,很大一部分原因也是幼儿园管理不当所致,应成为幼教改革的重点方向。

哲学思想能够启发人的思考,可以完善当代幼教制度和管理的弊端,对幼教改革有一定的启示作用。如儒家哲学《中庸》提到的"庸""和"及"修道"为探索幼儿人本教育之道提供了新思路,即幼儿教师应常怀庸常之心,品味恒常之美,每日自我反省,保持积极的情感和心理支持;幼儿教育的目标应是让每个孩子的良好天性被发现和挖掘;幼儿园管理应遵从"道法自

[①] 王婷婷:《〈中庸〉人本教育哲学思想在幼儿教育中的应用研究》,石河子大学2019年教育学专业硕士论文。

然"的原则,从整体入手,提高办事效益,聆听每一个幼儿园工作者的意见,在所有幼儿园教师的共同讨论中找到幼儿园管理的办法,提高教师在工作中的积极性①。各家各派的哲学思想都包含了很多教育实施和管理的哲理。如果哲学思想成为幼教改革的新支撑,将打造属于中国特色的幼教理念,更好地为中国幼儿服务,使他们在本土的文化中更好地成长。

(三)中国哲学思想浸润式教育有利于训练儿童的哲学思维

幼儿天生是主动探究者,与哲学有着天然的紧密联系,是主动寻求智慧的积极冒险家,他们对生活充满着好奇和想尝试的冲动,常能以极其朴素和敏锐的观察力,提出许多具有哲学意味的问题②。哲学思想在幼儿园的浸润式教育,顺从幼儿的哲学天性,引导幼儿在生活中解决令他们纠结的问题,让幼儿对自己的生活进行深刻反思,发现和获得生活和事物的意义。"我们所说的浸润在幼儿园的哲学,不是哲学家们辩论和探讨的形而上学,而是由幼儿教师在认识幼儿的哲学思维发展特点和规律的基础上,服务于幼儿,又针对于幼儿的哲学。它能够引发幼儿的哲学思考,用辩证的态度看世界,开拓幼儿的思路,提高思维能力和掌握思维技巧,同时也兼顾培养幼儿对美的洞悉能力与欣赏能力以及对智慧的自由探求精神,"③以使他们在遇到问题的时候能够学会独立思考与独立判断,而不是被动接受其他人的思想与观念。

(四)中国哲学思想浸润式教育有利于培养幼儿良好的道德情操

幼儿是天生的哲学家,但他们却并非天生便具备与同龄人讨论问题的能力,不知如何与人相处,不知以何种情感认识这个世界,看待周围的事物。作为哲学的生命,群体探究中的对话不仅能够启发幼儿进行独立的思考,加强思维训练,还能让幼儿明白,对话的真谛并非在于击败对方,而在于明理,在于在对关系生活的哲学问题进行反思的过程中创造一种民主的气氛,并通过相互尊重与相互配合,激发合作、关怀、信任与共同目标的精神。④中国哲学思想讲究"和""善"及"道",即追求人与人之间的和谐,人要学会关心他人,尊重对方的观点,己所不欲勿施于人,并且能够坦然接受别人的建议和批评,善待亲近之人,以诚相待,具有同情心和宽容心。同时与他人对话交流,要能够良性

---

① 董香娣:《基于古典道德经思想的现代幼教管理探析》,载《中国校外教育》(理论)2012 年第 Z1 期,第 45 页。
② 王海英:《在幼儿教育中渗透哲学思想》,载《学前课程研究》2009 年第 2 期,第 53~54 页。
③ 张晓蕾:《以绘本为载体的大班幼儿哲学启蒙教育实践研究》,山东师范大学 2016 年学前教育专业硕士论文。
④ 同上

互动,积极发表自己的观点,维持对话的连续性,以理服人。这些哲学思想会潜移默化地影响幼儿的价值观念,培养幼儿形成良好的道德情操①。

二、幼儿园哲学思想浸润式教育内容

中国传统哲学早在殷商之际便已萌芽,其内容随着时代的变迁和人们对世界的新思考而逐渐丰富。真正有系统的中国传统哲学是春秋末年到战国时期出现的"先秦诸子学"。西汉司马谈《论六家要旨》将先秦学术分为六家,即儒、墨、道、法、阴阳、名。西汉班固《汉书·艺文志》中则把先秦诸子分为九流十家,其中有六家与司马谈所谓六家相同②。另外又有纵横、杂、农,称为九流,加上小说一家,共十家,其中以儒、墨、道、法四家影响最为深远③。秦国灭亡后,改朝换代下,先后出现了两汉哲学、魏晋玄学、隋唐佛学、宋明理学、明清之际早期启蒙主义思潮。中国传统哲学流派虽多,但是都着重探讨了几个问题,如世界本原问题、天人关系、动静常变关系、知行关系、名实关系、形神关系、人性善恶之争、义利欲理之辩等,都与政治、伦理密切联系,重视天人关系和人际关系④。根据幼儿的年龄特点和思维发展规律,结合我国幼儿园的特点,选取其中典型的哲学思想融入幼儿园教育中,推动幼儿教育的改革与发展,促进幼儿更好地全面发展。

(一)生命哲学

生命哲学兴起于19世纪末欧洲的非理性主义的哲学思潮,也可以追溯至以叔本华、尼采为代表的意志主义⑤。生命哲学以生命为核心,是对人的生命存在或者生存问题的反思,它把揭示人的生命的性质和意义作为全部哲学研究的出发点,探讨人与自然、人与社会和人与自身的关系。中国生命哲学,开始于我们的祖先在不断地同自然界做斗争的过程中,将自然界作为生命的整体,以对"天"是"自然","自然"是宇宙自然界生命存在的秩序和法则,是作为一切生命存在依据的认知形成的⑥。中国哲学对生命的探讨对我国幼儿教育有着重要启发,也对幼儿的发展有着重要意义。

---

① 张晓蕾:以《绘本为载体的大班幼儿哲学启蒙教育实践研究》,山东师范大学2016年学前教育专业硕士论文。
② 石云涛:《中国传统文化概论》,学苑出版社2009年6月版,第36页。
③ 同上。
④ 曹晓宏:《中国传统文化指要》,四川出版集团巴蜀书社2008年4月版,第111~121页。
⑤ 张基惠:《高考本体价值的遮蔽与回归:基于生命哲学的视域》,鲁东大学2020年教育学专业硕士论文。
⑥ 黄滨、王兴龙、高俊:《中国传统文化生命哲学探析》,载《南京体育学院学报》(社会科学版)2014年第28卷第5期,第1~5页。

1. 生命的根源——天人关系

天人关系一直是中国古代哲学争论最大的问题,不同学派或学者有不同的天人关系理论,如天人感应说、天道自然说、天人交相胜说、天人相分说和天人合一说等①。中国古代哲学追求的最高理想就是天人合一,即在自然变化未成之先加以引导,在自然变化即成之后注意适应,做到天不违人,人亦不违天②。在中国哲人看来,自然、宇宙与人是一个有机整体,人不能以一种功利的眼光认识和对待自然,人类必须顺应自然,并按照自然规律办事。

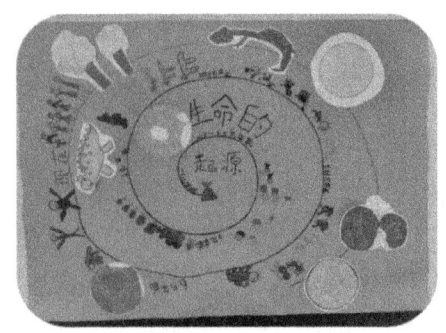

图 3-1　生命的起源
(来源:邯郸市委机关幼儿园)

(1) 人与自然和谐。古代哲人眼中"自然"或"宇宙"有道德的含义,有至善至美的价值,所以人生就应与自然相应,与自然和谐,如张载主张"天地之塞吾其体,天地之帅吾其性,民吾同胞、物吾与也"③(《张载集·乾称篇》)。人与自然的关系应该是共生的关系,不是割裂的关系,也不是服从的关系,认识大自然、保护大自然、与大自然和谐相处是人生重要的一课。

第一,幼儿园开展认识大自然和保护环境课程。当今我国面临着严重的环境污染问题,生态环境日益堪忧,人类的环境忧患意识需要给予警醒和提高,我们应该秉承"天人合一"的合理理念,不要肆意妄为地向大自然索取,而要让人与自然协调发展,保持生态平衡。保护环境,珍视环境是每个公民应尽的责任和义务,保护环境也应该从娃娃抓起。幼儿园教育应把保护环境划为重要内容,让幼儿充分认识大自然的资源,了解大自然的价值,理解大自然与人的共生关系,知道如何保护大自然,如何美化环境。

第二,幼儿园空间环境保证开放性与自然性。随着中国经济的迅猛发展,城市面积开始逐渐增多,高楼大厦成为城市的标签,城市中的很多幼儿园空间狭小,室外空间仅有橡胶跑道和大型玩具,自然空间几乎没有。甚至有的私立幼儿园建在写字楼上,没有开放的空间环境,幼儿只在封闭的空间活动,只能够和人工玩具游戏。为了科学活动的需要,很多幼儿园安排了班

---

① 曹晓宏:《中国传统文化指要》,四川出版集团巴蜀书社 2008 年 4 月版,第 122 页。
② 张义明、易宏军:《中国传统文化概论》,西北大学出版社 2019 年 8 月版,第 33~34 页。
③ 同上书,第 34 页。

级教室的自然角,摆放零零散散的绿植或养几条小金鱼,这造成孩子们对自然的认识只有矮小的绿植和被圈养的生物,无法认识和亲近自然。人与自然和谐共生启迪幼儿园要修复儿童与自然的联系,开放幼儿园的空间环境,将自然引进幼儿园,将自然还给孩子。现在很多城市的幼儿园开始扩建园区,建有沙池区、种植区、养殖区等供幼儿探索大自然,孩子们的学习环境由幼儿园扩大到大自然,幼儿园经常组织孩子们郊游、探险,到森林、植物园、动物园、公园等自然资源丰富的环境中去亲近自然,了解自然的神奇,体验自然的价值,更加明白为何珍惜大自然,在体验中明白如何保护大自然,真正实现幼儿与自然的和谐相处。

(2)恢复人的天然本性。"天人合一"认为天与人同心,天、人具有共同的意志,人的认识、道德修养以及社会政治的最高理想是与最高本体"天"合二为一①。由于人有私欲,现实的人性与天性不相符,因此人生理想就在于以自身修养去除私欲,恢复人的天然本性,以达到天人合一的理想境界②。儒家学派的"天人合一"思想更加强调的是人性。儒家的"天"有道德的含义,不仅把道德赋予天,而且还以道德之天作为人伦道德的根本依据。如孟子云,"尽心、养性、修身"以至"事天、立命者"。儒家还强调"仁"的观念,提出"己欲立而立人,己欲达而达人""己所不欲,勿施于人"的人际关系道理③。因此"天人合一"思想现代的意义除了尊重自然规律,也启示我们应该保持人与人之间的和谐,学会自我克制,求得人际关系和谐以至社会整体和谐。

幼儿园对幼儿社会交往等方面的德育培养可以以"天人合一"中人与人之间的和谐关系为基点。学前儿童德育是全面发展教育的重要组成内容,教育者在重视智力发展的同时,应提高对幼儿德育的认识,注重培养儿童的道德意识和道德行为,包括友好的交往行为、学会分享与合作等,发展儿童的同情心和责任心,保持和恢复人的本性。

2. 生命的修养——顺应自然,尊重个性

如何对待生命,用何种态度审视人的存在与发展,是肆意生长还是遏制控制,也是生命哲学探讨的重要话题。

道家代表人物老子和庄子提出的生命哲学思想肯定生命存在的价值,肯定人的基本欲求。道家的核心思想是无为,即顺应自然,主张人应该遵循

---

① 曹晓宏:《中国传统文化指要》,四川出版集团巴蜀书社2008年4月版,第123页。
② 同上。
③ 同上书,第124页。

无为准则,合乎自然、合乎道和本然之性①。"无"是生命最初的模样,以育人为主要目的的课程应注重的是"无为"而非"有为"。这启示我国的幼儿园课程实施应符合幼儿的身心发展特点,顺应儿童的天性和特点。当然"无为"并非"不为","无为"强调尊重客观规律,顺应人或物的自然发展。我国幼儿教育课程的实施对象是3~6岁的幼儿,他们思维水平较低,思维发展较慢,又具有强烈的好奇心和探究欲。幼儿行为习惯的养成、情感态度的改变、价值观念的形成都必须要依靠课程,因此学前教育课程在实施的过程中应以幼儿的生命为立足点,顺应幼儿的自然本性,依据幼儿的身心发展特点创设适宜的环境,促进幼儿身心的全面发展②。

儒家经典著作《中庸》所包含的许多思想也体现了对生命的反思。《中庸》的"率性"强调尊重人的个性,"明诚"强调自身成就自身,讲究"唯天下至诚,为能尽其性,则能尽人之性;能尽人之性,则能尽物之性;可以赞天地之化育,则可以与天地参矣"③。《中庸》"诚"和"率性"的哲学理念观照幼儿生命内涵、尊重幼儿生命风致、陶养幼儿生命活力作为教育前提,从培养认知角度切入幼儿世界,将"人"的生存与发展注入幼儿脑海中,开创幼儿教育的新境界④。幼儿教育应当尊重每个个体的差异,理解每个孩子的性格和兴趣,做到因材施教,尽可能地开发自我,寻找自我,完善自我。幼儿园教育应挖掘孩子的天性,再通过丰富的课程发展孩子的潜能,培养幼儿的自信心,尽最大可能让孩子认识自我并成就自我。无论是何种课程,何种教育,都应该遵循幼儿的认知、情感、意志、学习方式等多方面表现出的不同特征,充分考虑个体差异性,使幼儿成为更好的自己。

3. 生命的境遇——直觉体验

生命哲学的认识论基础就是感性的"体验"⑤。如何感知生命,如何把握和认识生命,一直是生命哲学的难题。直觉体验方法也是中国生命哲学的基本认识方法,尤其以老庄的生命哲学为主。老庄认为"道"即是"自然",自然是真、善、美的统一。真、善、美不是人们简简单单通过认识习得的,而是通过自身的直觉和体验得到的。中国传统的教育呈现"以教师为中心",课

---

① 经纶:《庄子生命哲学研究》,安徽大学2014年哲学专业博士论文。
② 任春茂,康华明:《老庄生命哲学思想对我国学前教育课程实施的启示》,载《基础教育研究》2018年第15期,第35~37页。
③ 王婷婷:《〈中庸〉人本教育哲学思想在幼儿教育中的应用研究》,石河子大学2019年教育学专业硕士论文。
④ 同上。
⑤ 朱玉芳:《生命哲学视阈中的中学教师专业化研究》,苏州大学2014年教师教育专业博士论文。

程的内容和课程的实施都是以教师为主而开展。传统的教学中,教师代表知识的权威,是知识的传授者,控制着课堂的走向,左右着学生的思维。这种现象在幼儿教育中也很普遍,例如当今的幼儿园"小学化"现象,它存在的问题不单单是提前教授小学知识,更值得反思的是盲目采用讲授式、作业式的教学和学习方式。幼儿的思维以直觉行动思维为主,幼儿的主要学习方式就是游戏,通过各种各样的活动认识社会和发展自我。所以只有通过感知和体验事物,才能使自己与认识对象达到物我同一、物我两忘的境界,实质也就是要把握逻辑思维所不能把握的①。只有体验与感受这个社会,才能真正体验生命的成长,促进生命的发展。

(二) 道德哲学

道德哲学可以说是关于规范人类行为和提升人类价值,关于是非善恶的观念,关于应该做什么不应该做什么的哲学研究②。道德讨论的主要问题就是何为善,如何善,而道德哲学便是对善的问题做哲学的探究,为它寻求一个形而上的抽象的解释与基础,并由此指导人们的思维和行为③。拥有善心,践行善行应成为中国人的特质,中国的传统文化也蕴含着丰富的道德哲学,它能够帮助幼儿找到行动的方向,从小树立良好的道德素养,解决个人的实际道德问题,更好地与人交往,适应社会。

1. 道德准则体系——仁

道德哲学的形成更多来源于人们对现实伦理生活的思考,关注现实的伦理生活又力求解决现实的伦理生活。"仁"是儒家最基本的社会伦理范畴,也逐渐成为当代我国道德哲学所遵循的根据和基础,形成以"仁"为核心的道德准则体系。儒家构建了以"礼"为规范的独特的结构体系,从礼的最主要、最基本的意义看,是指由"仁"贯穿的一个庞大的道德准则体系④。"仁"是人的天性、修养和调节人与人之间关系的原则。孔子认为仁是君子具有的先天的道德属性。同时在当代来讲,仁也是需要我们每个人,包括幼儿所慢慢培养的道德素养。

(1) 仁者爱人。仁者爱人的提出背景是春秋战国时期的战乱给百姓带来的灾难。孔子目睹百姓因为霸权之间的争斗而饱受苦难,提出了"仁"

---

① 任春茂,康华明:《老庄生命哲学思想对我国学前教育课程实施的启示》,载《基础教育研究》2018年第15期,第35~37页。
② 陈永豪:《〈易传〉的道德哲学研究》,湖南师范大学2015年哲学专业硕士论文。
③ 同上。
④ 曹晓宏:《中国传统文化指要》,四川出版集团巴蜀书社2008年4月版,第68页。

的原则。灾难的根源就是人的同情心太少,只为名和利,忽视对他人的关心。所谓爱人,要推己及人,由近及远,由亲而疏。爱人需要先从亲近的人开始爱起,爱父母,爱兄弟姐妹,然后爱朋友、爱老师等。当代的很多年轻人习惯把从外界受的气撒在父母身上,不懂得心疼和关爱自己的父母。再看年幼的稚子,更是把父母当作自己的生活自理机器。我们需要让孩子懂得爱父母,亲近父母,学会感恩父母。同时爱兄弟姐妹,爱朋友,爱身边的亲近之人,学会关心他们。最后也要对这个世界上的陌生人有同情心,比如打扫卫生的清洁工、街边做生意的小贩,甚至沿街乞讨的穷人。

(2)己所不欲,勿施于人。自己所不愿意接受的,不要强加到别人身上。幼儿园老师每天解决最多的事情就是幼儿之间的矛盾冲突。孩子们互相争抢玩具,你推我搡,每天都是在争执和告状。究其根源,就是幼儿习惯将自己不愿意的事情强加到别人身上。抢别人的玩具,是因为自己想要而自己却没有,抢自己喜欢的玩具是在剥夺其他幼儿玩玩具的权利。我们经常看到表演区的孩子们会因为角色的分配争论不休,例如《白雪公主》表演,女孩们都不想当老巫婆,所以互相推脱这个角色,其实就是将自己不愿意接受的强加到别人身上。所以在这么多双方都不愿意接受的情况下,我们需要去帮助幼儿解决问题,帮助幼儿去公平地选择,防止幼儿之间发生矛盾。

(3)克己复礼为仁。它出自《论语·颜渊》:"颜渊问仁。子曰:'克己复礼为仁。一日克己复礼,天下归仁焉!为仁由己,而由人乎哉?'"克己就是一个人能够克制自己,战胜自己,不为外物所诱,而不可以任性,为所欲为。礼字即是理字,复礼就是要恢复到合理化。克制自己的私欲,并改掉陋习缺点,从而做个内心有敬、外在有让的自己,才能真正为仁。

我们经常看到孩子守在商场的玩具前恋恋不舍,如若家长不答应买心爱的玩具,便躺在地上打滚、哭闹。玩具就是外界的诱惑,想买的迫切心情就是私欲。幼儿园的餐桌或者家庭聚会上,我们经常看见孩子会把喜欢的饭菜拉到自己面前,霸占着本该所有人享用的美食,这里美食就是诱惑,霸占的举动就是私欲。孩子们总是认为这个世界应该围着自己转,不懂得分享,不懂得谦让,不懂得体贴父母。中国的道德哲学告诉我们,这不是具有高尚品德的孩子应该表现的行为,这也不应该是宠溺孩子的表现,无论是教育者还是监护者都应该培养孩子们的道德情怀,教会他们学会分享和交流,学会适当地克己复礼。

2. 道德实施法则——"知行合一"

"知行合一"由明朝思想家王守仁提出,"知"是指良知,即人的道德意识和思想意念,"行"是指实践,即人的道德行为和实际行动。中国古代哲学家认为,人不仅要认识,也应当要实践,只有两者结合,才能"善"。这对当代的德育教育有重要影响。

(1)知中有行,行中有知。所谓"知行合一","知"和"行"不能脱节。道德的好与坏,不仅仅是看一个人知

图 3-2 区域活动
(来源:邯郸市委机关幼儿园)

道何为道,更重要的是看他是否履行了道义,可以说一切道德归于个体的自觉行动。因此当代的道德教育需传授道德认知,也要给予道德实践的机会。

我国幼儿园从健康、语言、社会、科学和艺术五大领域开展教育活动,其中社会领域主要涉及幼儿的道德教育。《3~6岁儿童学习与发展指南》提到"幼儿社会领域的学习与发展过程是其社会性不断完善并奠定健全人格基础的过程",人际交往和社会适应是幼儿社会学习的主要内容。幼儿园老师通过讲绘本、看视频、榜样示范等方式对幼儿进行民族精神教育、遵纪守法教育、心理健康教育、道德品质教育、文明行为教育等德育教育。但是不难发现,幼儿的问题行为只增不减,解决幼儿之间的矛盾也一直是幼儿园老师每天最棘手和最频繁的事情,例如幼儿爱争抢、爱打闹、爱说谎、爱偷东西,这些都是幼儿自私自利、缺乏道德素养的表现。

为什么幼儿园已经将道德教育的重要性逐渐上升,孩子们的道德行为却仍不尽如人意?根据"知行合一"的思想,仅仅是让幼儿有道德认知和道德意识是不能真正提高幼儿的道德素养的,需要借助道德实践的力量,因此幼儿园德育教育内容除了道德认识,还需要将道德实践贯彻其中。第一,幼儿园教师创设一定情境供幼儿体验道德行为,如情景表演、角色扮演等。让幼儿在活动中发现矛盾,再自我尝试解决矛盾,逐渐明辨是非直至减少矛盾。第二,幼儿园增加丰富的社会活动内容,从幼儿园走到社会,感知人与人之间的交往,人与社会之间的交往。真实社会中的人与人之间摩擦会更多,更真实,让孩子将所学的道德认知真正作用于真实的日常社交中,明白如何行动,意识和行动只有真正相统一时,才能真正提高自身的道德素养,从而提高整个社会的道德意识。

（2）以知为行，知决定行。王阳明提到，"知是行的主意，行是知的工夫；知是行之始，行是知之成"，即道德是人行为的指导思想，按照道德的要求行动是达到"良知"的途径。在道德指导下产生的意念和意识活动是行为的开始，符合道德规范要求的行为是"良知"的完成。① 总而言之，道德认知是道德行为的指导思想，道德行为又反作用于道德认知，对其进行进一步的完善和升华。我们需要在道德行为中思考，完善自己的道德认知，以便更好地完善自我。个人的道德品质由道德认知、道德情感、道德意志和道德行为构成，道德情感和道德意志可以将道德认知和道德行为相互牵连，只有拥有了良好的道德情感和道德意志才能努力实践道德认知，才能反思自己的行为，不断达到更好的自己。幼儿园应重视道德情感和道德意志的培养。

道德情感是人对道德原则、规范在情绪上的认同和共鸣，如道德自豪感和尊严感，利他行为后的愉悦感。个人对某种道德行为形成道德情感，就会积极地影响到自己的选择。儿童的道德情感内容是非常丰富的，如责任感、自尊心和荣誉感等，综合来讲，可以分为亲社会行为、同情和移情。儿童的道德情感在2岁左右开始发展，最初与行为的直接后果联系在一起，而后逐渐同一些成人评价为根据的道德标准相联系②。幼儿园教师应尽可能让幼儿体验社会交往中表现出的谦让、帮助、合作、分享等亲社会行为；体验人由于同情而产生情感的共鸣；体验、接受和分享他人的情感能力。道德意志是个人在道德情境中，自觉地调节行为，克服内外困难，实现道德目的的心理过程。

道德意志是道德意识的能动作用，帮助我们把道德动机贯彻于道德行动之中。"具体表现在：①使道德动机战胜不道德动机、利他动机战胜利己动机；②排除困难，将道德行为进行到底。道德意志尤其突出地表现在抗拒不良环境的诱惑，抑制不道德行为的过程中。"

幼儿的道德意志往往呈现自觉性低、自制力弱、坚持性不强的特点。幼儿园教师应培养幼儿做事情的决心、信心和恒心，让幼儿抵制心理和物质的诱惑，将道德认知和道德行为一致。

三、幼儿园哲学思想浸润式教育途径

自从中国有幼儿园教育以来，就先后学习和借鉴了美国、日本、苏联、意大利等多国的幼儿园教育模式，当代中国常见的幼儿园课程，如瑞吉欧、华

---

① 石丹丹：《儒家与中医认知疗法的思想与方法的研究》，广州中医药大学2009年医学专业硕士论文。

② 桑标：《当代儿童发展心理学》，上海教育出版社2005年1月版，第515～516页。

德福、高瞻等也都来自国外的幼儿园课程模式。教育需要一定的经济、政治和人文背景,盲目地借助外国教育课程显然是行不通的。基于中国哲学思想创建幼儿园课程是当下中国幼儿园教育窘境中的一条正确出路。

(一) 打造"天人合一"的幼儿园环境

基于"天人合一"思想的幼儿园环境设计应秉承安全和人与自然和谐的原则,模糊幼儿园活动室的边界,打破幼儿园室内室外的界限,扩宽幼儿园空间环境直至整个自然社会。

1. 模糊幼儿园各活动室的边界

任何事物和事件都是有共性的,相通的,幼儿园的活动室和区角亦是如此。幼儿园的每一个设计、每一个部分最后都应该是一个整体,共同致力于幼儿的健康成长。孩子们也只有在共生的环境中成长才能真正融入社会的发展。幼儿园的活动室不应该是割裂的,不应该将科学活动室、美术活动室、电脑活动室等,或者娃娃家、图书角、自然角、美工区等区角完全割裂开。就

图3-3 户外游戏
(来源:邯郸市委机关幼儿园)

像社会一样,多数人的一天不可能永远停留在某一个地方,他需要去各个地方,需要与各色人交往。孩子们的活动室和区角也应该自然连接在一起的,例如娃娃家的孩子们做完饭相约去表演区看场演出,美工区的孩子们设计完衣服拿去儿童商店推销自己的作品,自然角的孩子们好奇乌龟为什么总爱缩脑袋而跑去图书角查资料。孩子们的活动室或者区角应该是半开放的,除制定好规则、限制主体人数外,还要鼓励孩子们不要局限于一个地方,学会同这个社会、同各色人物交流合作。

2. 打破幼儿园室内室外的界限

中国的幼儿园似乎习以为常将教学活动分为室内活动,运动类游戏或项目分为户外活动。中国的幼儿向来在家长和老师的眼中是娇嫩的花苗,遇到刮风下雨的恶劣天气,一天的幼儿园活动就彻底变成了室内活动。中国哲学讲天人合一,人与自然共生,如果不亲近自然,甚至躲避大自然的喜怒无常,又如何去感知它,与它共生?幼儿园应打破室内室外的界限,尝试利用大自然,利用外界环境让幼儿得到学习与发展。在园内种植常见的果

树,例如柿子树、枣树、苹果树等,建立小型的养殖棚,培育鲜花和各种蔬菜。而这些借助大自然的土壤孕育出来的果实,可以用于观察植物的科学活动,可以用于画植被果实的美术活动,可以用于养成良好饮食习惯的健康活动,等等。从室内到室外,从书本到实物,真正让孩子们看到饭桌上的果蔬到底如何收获,体验农民伯伯的艰辛,学会珍惜粮食,感恩大自然馈赠。除此以外,大自然最天然的样子也应该让孩子去了解。例如通过不同程度的雨天,感受大自然的滋润和勇猛,小雨可帮助植物生长,大雨可摧毁植物生长,明白大自然的阴晴不定,体会大自然的力量。北方冬天雾霾严重,幼儿园老师可与幼儿一起做实验,看看空气污染的严重性,了解空气污染的原因,懂得保护大自然的重要性。只有打开孩子们的视野,真正走进大自然,才能亲近大自然和了解大自然,懂得如何利用和保护大自然,与其达到共生。

3. 走出幼儿园环境,走至大自然大社会

走出幼儿园,扩宽幼儿园环境直至整个大自然大社会。幼儿园教育的最直接目的就是让幼儿健康快乐成长,健康快乐成长的终极目的也就是认识大自然大社会,走进大自然大社会。幼儿园内部的空间环境毕竟有限,只能是真实自然的万分之一的缩写,真正让幼儿全面真实地了解大自然的途径就是走出幼儿园,走进大自然。当代幼儿园受

图3-4 周末营
(来源:邯郸市委机关幼儿园)

到各界因素的影响,已经有了各式各样的社会活动,如春游、夏令营、森林探险等。我们需要做的就是将社会活动常态化,建立每座城市的园社连接点,让幼儿园与城市的公园、植物园、动物园建立联系,让幼儿园与商场、医院、警察局、消防队等形成合作,让大自然和大社会中与幼儿息息相关的各类事物真正作用于幼儿的发展。让孩子在熟悉与应该熟悉的大自然中建立联系,营造归属感,真正懂得大自然的伟大,从心底敬佩大自然和社会的每一个地方,从而愿意学习和保护我们环境,实现和谐共生。

(二)确立"顺应自然"的幼儿园课程理念

"遵循幼儿发展规律,尊重幼儿的身心特点"是当下幼儿园教育理念最常用的话语,但其实早在春秋战国时期,道家提到的"顺应自然"的思想已经对教育提出了相似的价值取向。将道家"道法自然"的哲学思想作用于幼儿

园教育目的,是非常符合幼儿发展的,保持人出生就有的纯真无邪,在自然教育中生长,不要拔苗助长①。在幼儿园教育中,我们应顺应儿童发展的特点和规律,做到不主动干扰,维护幼儿天性。首先,家长和教师无论在生活还是在教育上,应该把主导权还给幼儿,让幼儿去选择,让幼儿以自我接受的方法活动和学习。其次,要允许幼儿在一定程度上"率性而为",充分发挥幼儿的自由天性。比如我们经常可以看到孩子们的手工作品与老师给的模板大相径庭,孩子们的故事表演总是与原著不相符合,此时作为教育者不是立即纠正,而是允许孩子们表达自己的看法,尊重孩子的意见,再给予适时指导。孩子们的想法总是天马行空的,孩子们的兴趣也是五花八门的,孩子们的心情也是阴晴不定的,这是他们自身发展中的特定环节,也是他们身心发展特殊性导致,我们应该尊重孩子们在一定范围内展现自己的个性,满足成长的需求。

(三) 丰富以"仁"为核心的幼儿园道德教育内容

"仁"是孔子德育思想内容的核心,与礼、忠恕、孝悌、信实等共同构成了孔子的德育教育体系的基本内容。儒家的德育教育思想在中国整个哲学思想中较为完备,对我国的道德理论的形成和发展产生了深远影响。《3~6岁儿童发展指南》中的"社会领域"内容已经从人际交往和社会适应两方面出发,较为详细地阐述了道德品质方面需要学习的主要内容。关于幼儿德育教育,我们可以借鉴以"仁"为核心的儒家道德体系的内容,构造幼儿园的道德教育内容。

1. 仁爱之心

仁爱之心应人皆有之。幼儿园将"献出爱心""关心他人""同情他人"作为德育教育的重要内容,如开展"雷锋活动日",让幼儿表达对他人的关心和爱护;开展"每日小红花"活动,将好人好事落实到每一天每一个人;经常组织社交活动,鼓励幼儿广泛交朋友,传达自己的友好情感。仁爱之心不是一本书和一件事就能培养出来的,德育内容应该体现在日常生活之中。

2. 以"礼"待人

"礼"是"仁"的基本规范。在道德规范方面,幼儿园应该强调以"礼"束人,即用规则约束幼儿的行为,维护秩序达到幼儿与幼儿之间的和谐,幼儿与老师之间的和谐。前边讲到让幼儿"率性而为",绝不是放纵,任何人在任何时候都有基本的规矩应该遵守,都需要用礼来维护做人的尊严。例如遵

---

① 郑刚:《探寻幼儿教育之"道":先秦道家哲学思想的启示》,载《教育研究与实验》2017年第1期,第37~41页。

守公共规则,不抢别人玩具,不占别人的座位,不随地吐痰,不偷不抢,不说谎骗人,等等。再如待人处事之道,见到老师要问好,受到帮助要说谢谢,班里来新同学要热情相待,等等,这些都是幼儿要学习的"礼"。教师通过自身示范和亲自指导规范儿童的道德行为,使其学会以礼待人。

3. 忠恕行事

忠恕是处理人际关系的原则,同关爱他人相关,是"仁"的体现,也是实施"仁"的主要途径。"忠"者即为积极为他人做事,做人做事尽心尽善,将心比心。"恕"者指的是以己度人,推己及人,宽容宽恕他人。幼儿仍是以自我为中心的思维方式,常常会把东西占为己有,会把自己的想法强加到别人身上,遇见矛盾第一时间是争执而不是解决,且会记仇,不懂得宽恕。我们应把"忠恕"落实到幼儿园教育中,让幼儿学会换位思考,体会受挫的心情,学会宽恕他人。比如,一个小男孩玩积木的时候不小心碰到了小女孩已经堆砌好的城堡,小女孩瞬间大哭,指责男孩的不小心。此时,作为教育工作者,应该让双方体验对方的行为,明白男孩的不小心和女孩的难过,换位思考自己搭积木的时候是不是也时常碰到其他积木,想象自己的积木被推倒会是什么心情。当孩子们明白对方的心情,女孩便会宽恕男孩的不小心,男孩也会理解女孩哭泣的心情,下次堆积木多加注意。

4. 孝悌明心

讲孝悌,是中华民族几千年的优良传统。"孝"指孝敬父母,"悌"指尊敬兄长,这是维护家庭和谐稳定的基础。孝敬父母、学会感恩父母应从娃娃抓起。幼儿园老师应将尊重父母、感恩父母放在幼儿教育的重要位置,因为爱应该先从爱家开始,只有爱家才能学会爱家乡、爱社会、爱国家。教小朋友爱父母不是通过简单的口头传授,也不是一两句名言、一两本绘本所能讲清楚和传达的。幼儿园可以重视父亲节、母亲节、三八妇女节,在重要的节假日邀请父母来园,与幼儿共同庆祝每一个属于父母的节日,懂得表达自己对父母的关心和感恩之情。同时,利用"娃娃家"让幼儿体验父母养育自己的不容易,从心底拥有最真切的孝心。尊敬兄长,疼爱姊妹应是中华民族的传统美德。如果连自己的亲兄弟都不爱,又何谈能真心对待自己的朋友呢?幼儿园老师和家长应该注重孩子尊敬兄长的教育,不能无视或者轻视兄弟姐妹之间的矛盾。首先,家长要让大宝有迎接新生命的参与感,同大宝一起购买婴儿用品、一起为新生儿进行胎教,用语言鼓励大宝即将要做很棒的哥哥或姐姐,让大宝产生归属感。其次,新生婴儿的到来,家长不能剥夺陪伴大宝的机会,为孩子们买的玩具或文具都要公平公正,满足孩子们的各自需要。最后,幼儿园老师要辅助家长培养兄弟姐妹之间的亲情。通过绘本和故事分享,增强幼儿的保护欲望和责任心,热情地接受弟弟或妹妹。

5. 诚实守信

信实,即诚实守信,是良好社会公德形成的基础。一个人如果不讲诚信,则不会有真正的朋友,遇到问题也不会有人帮助。我们经常对孩子们夸夸其谈,满口答应对父母、老师、小朋友的要求,最后却完全抛诸脑后,很多时候,我们把这些当作孩子们的童趣或者天性,其实不然。当承诺的条件越来越低,当违背诺言的后果越来越轻,孩子们就该轻视所有的要求,甚至对自己生活和学习的计划不重视。例如,信息技术时代下,孩子们对手机的痴迷不亚于成人,他们玩游戏、看动画片,近视眼越来越多。家长每次说再看十分钟,孩子们漫不经心答应,十分钟后却是家长向孩子的妥协,无数个十分钟,直到电量耗尽,这场手机的争夺才勉强结束。除此以外,孩子们在交往时,总喜欢向小朋友承诺赠送玩具,但到最后却哭喊着抱着玩具不肯撒手,在道德准则看来,这就是不讲诚信。作为教师和家长的我们就骄纵孩子们的出尔反尔,长此以往,孩子们步入社会,会不会出现胡搅蛮缠,信口雌黄,甚至撒下弥天大谎导致犯罪的可能,不得不令人深思。所以在孩子出现任何违背诺言、撒谎的行为时,家长和老师都应该及时制止,纠正孩子的错误行为,让孩子明白"信实"的必要性。

(四) 落实"直觉体验"幼儿园课程实施原则

教育的最终目的是让孩子学有所用,能真正实现良好的人际交往和更好地实现自我价值。儿童吸收和理解新事物的最佳途径就是"直觉体验",即亲眼见到现象、亲自感受物品、亲身经历事件。

幼儿园教师应该丰富教学活动形式,从讲授式教法扩充观察法、参观法、演示法、情景模拟法、游戏法等有利于儿童直接与知识接触的方法。例如数字的加减法,可以通过"搭火车""数鸭子"等数字游戏让幼儿清楚地感知数字加减法的含义和意义。再如了解花生的生长过程,可以在幼儿园亲自种植以便幼儿观察,将原本通过视频或绘本用一节课讲完的活动扩大为利用花生真正成长的周期来进行教学活动。

幼儿园教师要将主动权交给幼儿,所谓的观察法、参观法不是教师去做实验和参观,而是让每个幼儿都能看到、摸到、做到。为了让每个幼儿能认识事物,体验事情的对与错,我们在设计活动时要保证每一个幼儿都有机会参与。例如科学实验活动,材料要准备充分;社会领域活动,保证每个幼儿都能参演情景剧;等等。幼儿园教师也应该以幼儿的视角评价幼儿的说法、做法或者作品,肯定幼儿的想法,也要基于一定准则加以指导。

第二节 幼儿园成语典故浸润式教育

"成语"是语言经过长期使用、锤炼而形成的固定短语,有三字的、有四字的,其中四字成语偏多,是汉语中最精炼的语言,是中国传统文化宝库中独特的魅力存在[①]。成语典故是成语产生、形成和流传的故事传说,它承载着优秀的文化和丰富的思想,是文化信息传递和文化精神保存的载体,是幼儿接触和学习传统文化的良好媒介[②]。《幼儿园教育指导纲要》提到,"要引导幼儿接触优秀的儿童文学作品,使之感受语言的丰富和优美。"中国的成语典故不仅蕴含着丰富的文学故事,而且以四个字的形式出现,语言既短小精悍又包含着趣味性和节奏性,容易引起幼儿的兴趣,有利于促进幼儿语言思维能力的发展,也开阔了幼儿的视野,通过成语典故的学习懂得更多做人的道理,增长生活知识和常识。因此,在幼儿园中融入成语典故教育成为当今学前教育的重要课程。

图3-5 我爱我家——邯郸(来源:邯郸市委机关幼儿园)

一、幼儿园成语典故浸润式教育意义

(一)成语典故的学习有利于促进幼儿的语言发展

3~6岁是幼儿语言发展的关键时期。幼儿园语言教育主要有四方面的目标,即倾听、表述、欣赏文学作品和阅读[③]。成语作为中国汉语最精炼的语言,易读易记,能满足幼儿语言发展的需求。成语典故中丰富的故事内容,

---

① 黄立琼,李琼,侯振红:《成语儿歌:虎头蛇尾》,载《家教世界》2019年第33期,第30页。
② 王刚:《成语故事与幼儿园教育融合的策略研究》,载《贵州教育》2020年第19期,第19~21页。
③ 朱静:《成语故事教学中幼儿倾听习惯的培养》,载《生活教育》2011年第10期,第88~89页。

能促进幼儿语言表达能力的提升,提升幼儿阅读的兴趣,为今后的语言教育打好基础。

培养幼儿注意倾听的习惯是幼儿园语言教育的首要目标。幼儿语言学习初期主要是靠模仿,所以首先要学会听,能专注地听,能听得准确,并且能听懂,然后再正确地模仿,发展成自己的语言。中国的语言博大精深,有各种形近字和多义字,甚至说话的语调不一样,也能改变字面的意思。中国成语短小精悍,蕴含着丰富的知识和哲理,倘若听错一个字词的音,可能就会误解整个成语,所以必须认真听才能听得清,听得懂。中国的成语典故往往由经典的名著故事改编,如"亡羊补牢""悬梁刺股""草船借箭"等等,都有各自的故事主线,独特的人物个性,能够激发幼儿听故事的兴趣,培养幼儿倾听的专注力。

成语故事可以激发幼儿口语表达的愿望。处于幼儿期的孩子乐于表达,爱听故事,爱分享故事。幼儿期也是愿意接受新鲜事物,喜欢接受新鲜事物的阶段,成语对于幼儿来说就是简单有趣的新语言。一些生动有趣、贴近幼儿生活的成语故事,更能激发幼儿学习故事的兴趣,形式多样的成语学习活动也有利于孩子们敢于用成语的方法表达自己对成语的理解和感悟,也愿意用自己的方式分享成语故事,激发幼儿口语表达的兴趣和愿望。

成语典故的学习有利于提高幼儿语言表达技巧。幼儿园的成语故事活动通常有成语故事表演、成语故事大赛等,孩子们在成语故事活动中声情并茂地讲述故事内容,通过自己的声音传达对故事的理解,也会自己选择道具,借助道具和肢体语言表达对故事内容的理解,更懂得欣赏文学作品,体验文学作品的意境。除了有固定版本的经典成语故事,也有一些成语给予幼儿充分的想象空间,比如"一毛不拔",孩子们可以创编各种情景表达何为"一毛不拔";例如"哄堂大笑",幼儿可以通过各种表情和肢体语言表达对"哄堂大笑"的理解,发挥了自己的想象力和创造能力,会表达和敢于表达。

成语典故引入幼儿园也有利于提高幼儿的阅读兴趣。在成语学习的过程中,幼儿经常置身于一个良好的阅读环境,形成了良好的阅读习惯,激发着幼儿阅读的兴趣。中国的成语故事是多姿多彩的,短小精悍的内容常常蕴含着精彩的故事,满足着幼儿探寻世界的好奇心。幼儿的成语故事活动往往也会通过逼真的情境和生动形象的表演让幼儿爱上成语故事,激发幼儿了解故事发生的背景,急于找到故事的结果,探寻四字成语背后的真实意义,就像走迷宫一样有趣,因此成语故事可以让孩子们带着好奇心爱上阅读,提高幼儿的阅读兴趣。

(二)成语典故中的文化常识有助于丰富幼儿知识和经验

成语是中华民族文化的载体,成语故事表现着民族文化的基本内容、基本特点和思维方式等①,对幼儿认识我国民族文化、了解民族文化常识具有重要作用。例如根据书籍总结的有关成语"草船借箭""暗度陈仓"等,让幼儿通过成语故事了解古代某个时期的历史背景和中国英雄人物的历史事迹,激发对中华文化的兴趣,进一步了解文化常识。

成语也有很大一部分是人民群众长期生活实践的经验总结,是中国人民对自然界、人类社会客观规律的认识②,涉及政治、经济、军事、外交、民俗、艺术等多方面的科学知识和人文知识。例如有关天气的成语"春暖花开""赤日炎炎""春去秋来""秋高气爽""白雪皑皑"等,帮助幼儿认识季节的特点;再如"立竿见影""日影西斜""旭日东升"揭示了光学传播、光影移动、地球自转等地理常识,激发幼儿对地球探索的欲望。除此以外,一些与数字、动物、植物、自然现象等有关的成语,都能通过有趣的成语形式和成语故事内容帮助幼儿探索大自然,丰富生活经验。

图3-6 我爱我家——邯郸(来源:邯郸市委机关幼儿园)

(三)成语典故中的名人事迹有利于帮助幼儿养成良好的习惯

成语典故有利于培养幼儿养成良好的学习习惯。良好的学习习惯能够为今后繁忙复杂的学业打好基础,是幼儿学习质量高的关键。良好的学习习惯有按计划学习的习惯、专心坚持的习惯、自主学习的习惯、及时复习的习惯等,而我国的成语很大一部分都可以引导幼儿养成良好的学习习惯。比如现在很多孩子缺少毅力,完成任务的决心较差,做游戏时遇到困难就想

---

① 郑文娴:《成语教学渗透于幼儿体育活动的初探》,载《科技信息》2010年第20期,第309页。
② 王刚:《成语故事与幼儿园教育融合的策略研究》,载《贵州教育》2020年第19期,第19~21页。

退缩和逃避,中国的成语"半途而废""磨杵成针""持之以恒"等成语,就告诉幼儿要养成坚持努力战胜困难的学习习惯①。再如很多小朋友容易受到外界诱惑,在完成自己的任务时容易走神,中国的成语"废寝忘食""学而不厌""聚精会神"等成语告诉幼儿学习要勤奋和专心,不可三心二意。

成语故事也为幼儿生活习惯的教育提供了契机。良好的生活习惯影响幼儿长远的生活,包含着个人卫生习惯、饮食习惯、作息习惯等。在幼儿各个活动环节融入成语教育,可以保障幼儿一日活动顺利进行,培养幼儿养成良好的生活习惯。例如,随着当今社会经济的发展,家庭生活质量持续上升,孩子们的生活品质不断提升,过上了丰衣足食的日子,但是饮食习惯却逐渐下降,出现爱挑食、不珍惜粮食、不节约用水的不良习惯,教师用"惜水如金""勤俭节约""省吃俭用"等成语典故帮助幼儿明白我们的每一粒饭菜和每一滴水都来之不易,懂得珍惜我们的粮食和水资源。再如用"细嚼慢咽""狼吞虎咽"的近反义词有利于帮助儿童养成良好的进餐习惯。

成语典故有助于培养幼儿的社交习惯,培养幼儿良好的性格和品质。良好的人际交往能力是适应社会的必备技能,也是幼儿性格和品质的表现,对幼儿以后的发展有很大影响。处于幼儿期的孩子热爱交往,但又不善于交往,一些成语典故教学活动可以培养幼儿的交往能力。比如,幼儿期仍以自我思维为主,常以自我为中心,不会站在他人的角度思考问题,中国的成语"孔融让梨"可以帮助幼儿换位思考,培养幼儿移情能力,更好地与同伴相处,改善人与人之间的关系。再比如"诚实守信""拾金不昧""顺手牵羊""落井下石"等成语,也可以帮助孩子们树立正确的品质,对人要言而有信,心怀善意,有效地促进幼儿社会性的发展。

二、幼儿园成语典故浸润式教育内容

成语典故主要来源于历史事件和人民家喻户晓的故事,种类繁多,但是并不是所有的成语典故都适合幼儿学习,能为幼儿所接受。由于幼儿的思维和阅历的特殊性,可以选择的成语典故要根据他们的年龄特点有所删减,保证幼儿学习成语典故的兴趣性和有效性。幼儿园成语典故浸润式教育内容既要符合幼儿的年龄特点,也要满足幼儿学习成语典故的全面性和综合性,真正打开幼儿学习中华语言文化的大门。

---

① 马莹桦:《挖掘成语魅力,守护幼儿习惯:运用成语对大班幼儿进行行为习惯培养的初探》,载《启迪与智慧》(教育)2018年第7期,第81~82页。

（一）符合幼儿年龄特点和生活经验的成语典故

根据皮亚杰认知发展阶段理论，3~6岁幼儿主要以直觉思维和表象性思维为主，喜欢生动、形象、具体的事物。具体来讲，不同年龄阶段的幼儿思维水平不同，生活经验也不同，他们所感兴趣和所能接受的成语典故也不尽相同。

1. 符合3~4岁幼儿的成语典故

3~4岁幼儿受直觉行动思维限制，语言抽象概括能力差，主要掌握具体意义的词，不能理解词语之间的关系。此外，小班幼儿因生活经验较少，词汇贫乏，可以理解和掌握的词汇非常有限，所以，要选用比较直观的、能激发幼儿兴趣的、与日常生活密切相关的成语[①]。适合小班幼儿的成语可以从动物展开，例如"盲人摸象""猴子捞月""亡羊补牢"，故事内容也直白易懂，简单有趣，幼儿可以透过故事中的主人公直接理解故事的内涵。

2. 符合4~5岁幼儿的成语典故

4~5岁幼儿以具体形象思维为主，抽象概括思维萌芽，对语言具有初步概括能力，但还处于萌芽阶段[②]。此时的幼儿喜欢交往，又不善于交往，普遍好动，又缺乏目的性和规则意识，需正确引导，因此要选用反映人物动作和行为有关的成语典故[③]。中班的幼儿学到的口语也逐渐增多，有了一定的是非善恶的看法，但不能清楚地明辨是非，可以提供一些积极向上，能帮助幼儿明辨是非的成语[④]。例如"揠苗助长""愚公移山""井底之蛙""狐假虎威"等等，主题鲜明，能够引发幼儿的思考。

3. 符合5~6岁幼儿的成语典故

5~6岁幼儿的思维仍以具体形象思维为主，抽象概括能力比中班幼儿有明显提高，是学习和掌握词汇过程中质的飞跃[⑤]。处于幼小衔接阶段的大班幼儿，求知欲相比小中班更强，更愿意认识新鲜事物，学习习惯也逐渐养成，因此应选用与数字、学习有关的成语[⑥]。如"郑人买履""悬梁刺股""掩耳盗铃""一诺千金"，丰富幼儿知识经验，提高生活技能，帮助幼儿养成良好

---

① 周英姿：《园本课程背景下成语教学的思考与实践》，载《新课程》（小学）2014年第7期，第208页。
② 同上。
③ 同上。
④ 潘梦婷：《让成语故事伴随童心飞翔：浅析提高幼儿语言能力的有效策略》，载《读与写》（教育教学刊）2017年第14卷第8期，第264页。
⑤ 周英姿：《园本课程背景下成语教学的思考与实践》，载《新课程》（小学）2014年第7期，第208页。
⑥ 同上。

的学习习惯，更好地完善自我。

(二) 神话故事成语

神话是人类结合自己的思考和对大自然的探索，发挥自己的想象力，口头创作的非现实生活的奇异故事，表达了人类对超能力的崇拜，渴望且相信着现实世界之外存在着超自然的神秘力量或实体。神话故事成语就是这些神话故事的浓缩，背后都是一个个灵活神仙的鬼神趣事，被世人传承。

传承度较高，且能够被幼儿所理解和接受的神话故事成语主要有：女娲补天、女娲造人、后羿射日、愚公移山、夸父追日、精卫填海、嫦娥奔月、牛郎织女、八仙过海等。这些神话故事涉及创世、英雄、自然现象等主题，是孩子们感兴趣的话题，满足幼儿对世界的好奇心，满足男孩保卫世界的梦想，满足女孩成为公主和仙女的愿望，满足幼儿对神奇自然现象的想象。且这些神话故事中的主人公，人物形象非常鲜明，能够立起各自的个性，如博爱仁慈的女娲、力大神勇的后羿、勤劳勇敢的精卫、勇敢追爱的牛郎织女等，这些容易被幼儿通过表演演绎，能发挥自己的想象力和创造力。再者，这些神话故事的情节是曲折离奇、生动有趣的，故事架构有一定的逻辑性，能够抓住幼儿的兴趣，也能满足幼儿语言发展的需求，培养幼儿热爱阅读的好习惯。

(三) 寓言故事成语

寓言是文学作品的一种体裁，为民间口头创作，早在我国春秋战国时代就已经盛行。寓言故事是含有讽刺现实意味，并由明显教训意义的文学作品。每个故事篇幅较小，基本采用借喻手法，暗含一些深刻的做人做事道理，反映了劳动人民朴实和积极向上的思想，也展现着中华儿女无穷的智慧。寓言故事成语就来源于这些充满哲理的小故事。幼儿的价值体系尚未成熟，很多事情分不清正误，不能明辨是非，而这些篇幅短小，且能寓事说理的寓言故事能帮助幼儿在听故事读故事的时候就明白一些浅显的生活哲理和道理。

中国成语中的寓言故事有很多，其中有利于幼儿接受，且能引发幼儿思考的有亡羊补牢、掩耳盗铃、画蛇添足、刻舟求剑、坐井观天、守株待兔、拔苗助长、邯郸学步、杯弓蛇影、叶公好龙、狐假虎威、囫囵吞枣等。这些寓言故事的主人公有人，也有动物和植物，尤其是以动物和植物为主人公的寓言故事深受孩子们喜爱，用拟人化的情节将故事串联起来，有所裨益。例如，"刻舟求剑"教会幼儿用发展的眼光看待事物；"拔苗助长"教给幼儿尊重客观规律,不要急于求成的道理;"亡羊补牢"告诉幼儿出了问题要及时补救,可以防止继续受损失;"掩耳盗铃"告诉幼儿不要欺骗自己,不要想掩盖住自己的错误。

图3-7 成语图书(来源:邯郸市委机关幼儿园)

(四)中国历史成语

中国神话和寓言成语是老百姓凭借想象和经验口头相传的,但中国历史成语典故真真正正地来源于一段段真实的历史史实,承载着中华文明五千年来,各朝各代的政治、军事和文化。每个中国历史成语典故都含有当时的历史背景,都有著名的历史人物和令人深思或称赞的历史事件。历史对于很多孩子来说是枯燥乏味的,用今天的视角看待几千年前的人物和事件,确实难以达成共鸣,但是中国的历史发展脉络又是宝贵的,正是这样一个个鲜活的人物,一代代朝代的更替,才能成就今日中国,沉淀出如瑰宝似的中华民族传统文化。

中国历史成语用历久弥新的语言文字,简单有趣地向我们展示了中华民族的历史画面,将中国历史成语引进幼儿园,有利于培养幼儿探究和学习历史的愿望,初步了解中华民族的历史发展,从历史人物身上学习良好的行为习惯和做人做事的道理。按照朝代来分,有鲜明历史特色并适合于儿童学习的成语主要为:

春期时期：唇亡齿寒、甘拜下风、退避三舍、相敬如宾、病入膏肓、废寝忘食、卧薪尝胆、不耻下问、叶公好龙。

战国时期：南辕北辙、围魏救赵、安步当车、明察秋毫、滥竽充数、毛遂自荐、完璧归赵、负荆请罪。

秦汉时期：鸿鹄之志、指鹿为马、破釜沉舟、四面楚歌、一诺百金（唐代诗人李白把"一诺"和"千金"联系起来，于是有"一诺千金"的说法）、一丘之貉、励精图治。

东汉时期：投笔从戎、举案齐眉、饮鸩止渴。

三国时期：三顾茅庐、草船借箭、画饼充饥。

两晋时期：闻鸡起舞、洛阳纸贵、信口雌黄、入木三分、管中窥豹、草木皆兵。

隋唐时期：磨杵成针、鸡犬不宁、打草惊蛇。

三、幼儿园成语典故浸润式教育途径

成语典故虽然生动有趣，但毕竟多数故事远离幼儿真实的生活，体现的道理较为抽象，幼儿不能直接理解。普通的教授式学习并不能让幼儿真正理解成语、记忆成语和运用成语，我们可以利用幼儿园的环境、开放式的教学方法，将成语渗透在幼儿的一日生活中，帮助幼儿理解成语典故中蕴含的生活道理，了解中华民族发展的历史事件。

（一）创设丰富的成语典故学习环境

幼儿园成语典故浸润式的首要途径就是生活和学习环境上的浸润，无论是肉眼可见的物质环境还是心灵熏陶的精神环境，这种隐形课程都无形地帮助幼儿在轻松愉快的氛围中学习成语。

1. 优化幼儿园环境，营造学习成语典故的氛围

幼儿园的环境创设给幼儿最直接的视觉冲击，利用幼儿园墙面、走廊的装饰烘托学习成语典故的氛围。首先，幼儿园的外墙可以留出专门的成语典故墙，每周或每月展示1~3个成语典故，并用绘画的形式展示故事情节，吸引幼儿的兴趣，方便幼儿理解成语的意思。其次，利用幼儿园内部的走廊，可以装液晶小电视循环播放成语典故小视频，让幼儿在排队时观看，可以在走廊的墙上放置成语的拼图游戏，供幼儿学习。再次，在楼梯边挂上装有成语典故的展示画，随着楼梯的方向而蔓延。最后，教师可以在相应的位置贴上适宜的成语，如在水龙头旁贴"饮水思源"，在走廊贴"井然有序"，在

休息室贴"鸦雀无声",并配上相应的图画方便幼儿理解①,这都会潜移默化地被幼儿所吸收。

图3-8　我爱我家——邯郸(来源:邯郸市委机关幼儿园)

2.利用班级区角,创设区域中的成语典故乐园

幼儿园的班级区角是幼儿每日必去的地方,教师可以利用好班级的区域环境,抓住幼儿的区域游戏时间,创设幼儿学习成语典故的乐园。语言区,教师可以根据幼儿的年龄特点投放相关的成语典故书籍、卡片,并播放相对应的录音,方便幼儿理解成语典故的出处、背景和寓意。益智区可以通过投放有关成语典故的智力游戏,比如类似走迷宫的闯关游

图3-9　演员签名
(来源:邯郸市委机关幼儿园)

戏,通过答对成语完成游戏,还可以投放一些桌面拼图、字卡等,拼出成语的字词组合和图画,增加学习成语的趣味性。表演区可以设置"成语典故表演剧场",让幼儿结合成语典故的故事情节,结合自己的理解表演,有利于真正明白成语的意思,在今后的生活中活学活用。

3.教师提高讲成语典故技巧,营造良好倾听氛围

良好的倾听环境是培养幼儿倾听习惯的前提,也是抓住幼儿兴趣的关键。教师如果抓住讲成语典故的技巧,往往比多媒体讲成语更能吸引幼儿的注意力,因为面对面的讲述能有更多的互动性和参与性。

首先,教师讲述成语典故的语气和表情要生动形象。教师应熟知故事情节,了解故事发生的始末和整体感情基调,加入适当的表情和语气讲述故事,使故事变得形象和有趣。比如讲述"狐假虎威",用低沉怒吼的声音模仿

---

① 马莹桦:《挖掘成语魅力,守护幼儿习惯:运用成语对大班幼儿进行行为习惯培养的初探》,载《启迪与智慧》(教育)2018年第7期,第81~82页。

老虎,用尖细的声音表达狐狸的狡猾,用神态描述老虎从威风凛凛到心虚不已的情境。

其次,教师不能照搬原有文本一比一还原,而是应该结合幼儿年龄特点和思维能力,适当简化语言或变成儿童理解的语言。因为成语典故有很多涉及历史术语,比如一些朝代、战争技术词、文言文等,幼儿难以理解和分辨,教师可以转化成幼儿理解的词语。比如"西汉末年"等年代词语,可以用"古时候"或"很久以前"替代①。

最后,教师可以借助一定的视频和图片为自己的讲述增加特效,吸引孩子们的兴趣。幼儿的注意力不集中,尤其是小班幼儿,常常会因外界的诱惑分散自己的注意,或者不能长时间专注于一件事。成语典故中的故事都是有连贯性的,幼儿稍微走神就容易跟不上,听不懂,这失去了成语典故教学的意义。所以教师可以借助与成语典故相匹配的色彩鲜艳的图画吸引幼儿的注意力,也可以伴随适合故事情节的音乐,带着幼儿沉浸于故事情节中。

(二)运用多样化成语教学手法

1. 在故事表演中学习成语典故

故事表演需要运用一定的表演技能,即适当的语言、动作、手势和表情展现故事的内容。动作表演是指通过生动有趣的动作表演使幼儿理解成语的字面含义②,再加上恰当的手势和表情,打破原来静态的课堂模式,让成语教学活动变得生动起来。

幼儿很喜欢故事表演游戏,可以在表演中发展语言表达能力和发挥自己的想象力和创造力。拥有丰富内容的成语典故当然也可以拿到表演舞台上。教师可以营造表演的环境氛围,提供充足的道具和材料,激发幼儿对成语故事表演的兴趣,扩展幼儿对成语故事表演的空间。针对故事中幼儿不熟悉的角色名称,教师可以贴上相应的任务名牌帮助识记。针对理解有困难的剧情,教师可以先做好示范,帮助幼儿直观理解故事的含义和道理。例如表演"刻舟求剑",幼儿不能理解静止和运动的关系,教师可以制作小船流水的模型,在船上和模型边缘分别做记号,帮助幼儿理解在船上做标记的错误。教师应该鼓励孩子们大胆改编故事,用自己的方法理解成语故事的内容,品味成语故事的寓意。每一场表演,邀请其他幼儿作为观众参与其中,推广成语典故,每一场故事表演结束,邀请表演者和观众一起

---

① 朱静:《成语故事教学中幼儿倾听习惯的培养》,载《生活教育》2011年第10期,第88~89页。
② 周英姿:《园本课程背景下成语教学的思考与实践》,载《新课程》(小学)2014年第7期,第208页。

评价,讨论对表演的成语典故的看法和理解,加深对成语典故的理解,并尽量表扬幼儿的精彩表演,鼓励其他幼儿积极参与其中。故事表演能真正让幼儿身临其境,体会故事情节,也能最大化地让幼儿参与其中,扩大成语典故的影响力。

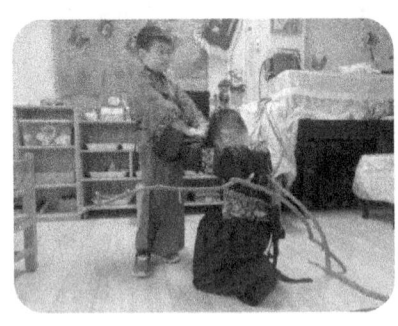 

图3-10　负荆请罪　　　　图3-11　龟兔赛跑

（来源：邯郸市委机关幼儿园）

2. 在游戏中学习成语典故

游戏是幼儿最基本的活动。对于幼儿园的小朋友来说,单拿成语来讲,是抽象的、枯燥的,有一定理解难度的。采用游戏的方法能够简化幼儿学习目的,在轻松的环境中学习成语。有竞争意味的游戏最受孩子们欢迎,尤其是大班的孩子,教师可以通过组织竞争类成语游戏,营造学习成语的氛围,例如成语接龙、画成语、看图猜成语、成语故事大比拼等游戏。

成语接龙适合中、大班小朋友,用来帮助幼儿及时复习巩固已经学会的成语,这时的幼儿已经有了一定的成语积累,且热衷于参与竞技游戏。教师在进行成语接龙比赛前,先带着孩子们一起整理之前学过的成语,再以最简单的成语为始开始接龙,在过程中适当引导接不上成语的幼儿,同时培养幼儿活动中的合作意识。教师可以根据幼儿的水平适时降低或提高游戏难度,比如简化成为汉字说成语,展示"一"字,让幼儿抢答说出第一个字为"一"的成语。

当孩子掌握了一定量的成语,并且熟知成语的含义后,教师可以组织画成语、看图猜成语游戏。让幼儿通过自主地画成语故事,提高自己的理解力和想象力。例如,教师将幼儿分成两组,每组选一名画画较好的幼儿,让其从教师手里抽取一组题目,每五个成语一组题目,在五分钟之内将成语绘画出来,让其他成员猜,哪组最先猜对五个成语,哪组获胜。或者增加画画的难度和连贯性,几个孩子共同创造成语画面,让另一个孩子猜。例如当幼儿学习了成语"画蛇添足"后,他们会将相关的故事内容分解成几个连续的画面表现出来,并在其中添加自己的想象:①几个人在画画,旁边有一壶酒;②一个人画了蛇,拿着酒壶;③这个人给蛇添画上脚;④酒壶被旁边的人拿走了;⑤这个人坐在地上哭了①。这样的"你画我猜"游戏既提高了孩子们的参与性,避免其他幼儿的无效等待,也提高了幼儿绘画能力和对成语故事的想象力。

成语故事大比拼或者成语故事大会也是帮助幼儿学习成语典故的重要途径。讲故事是孩子们在幼儿园学习的本领之一,幼儿总是愿意在小朋友、老师和家长面前,通过绘声绘色的语言展示自己的能力。教师可以借助幼儿这一爱好和特点,每个月或每周都举行讲故事大赛,让幼儿将自己喜欢的成语典故绘声绘色地讲述给大家听,并且让教师和幼儿一起投票选出故事大王,调动幼儿参与的积极性。

3.利用成语儿歌和音乐表演等学习成语典故

真正适合于儿童学习的语言应该是"儿童化语言",所谓"儿童化语言"是指符合儿童心理、儿童语言习惯、儿童易于接受的规范化口语②。儿歌、歌谣就是适合幼儿表达的语言,它相比成语故事来讲,篇幅较小,句式简单,读起来朗朗上口。所以,针对年龄较小的孩子,我们可以将成语典故改编成儿歌,使成语典故变得浅显易懂,便于幼儿理解和识记。例如某幼儿园将"虎头蛇尾"改编成一首简短有趣的儿歌。儿歌如下:

> 李小华,学画画,一心想当大画家。
> 山中老虎威风大,今天我就来画它。
> 先来画个老虎头,眼睛瞪得圆又大;
> 额头正中画个王,张开嘴巴尖尖牙。
> 哎呀呀,哎呀呀,老虎身子真难画;
> 不好画,算了吧,画条小蛇代替它。
> 刷刷两笔就完成,画好不知它是啥。
> 做事不能怕困难,虎头蛇尾惹笑话③。

"虎头蛇尾"出自《李逵负荆》,比喻开始时声势浩大,到后来劲头很小,有始无终,这个成语可以培养幼儿做事有始有终的良好的学习习惯。《虎头蛇尾》的儿歌通过"李小华"小朋友由刚开始想画老虎,到最后没有坚持下来

---

① 郑春华:《成语故事对幼儿表现力的影响》,载《好家长》2015年第41期,第74~75页。
② 黄立琼,李琼,侯振红:《成语儿歌:虎头蛇尾》,载《家教世界》2019年第33期,第30页。
③ 同上。

变成画一个小小的蛇,让幼儿理解做事不认真的后果。这首儿歌每句韵脚都谐音押韵,富有情趣,让幼儿既学会了儿歌,也体验了李小华画老虎的心情,明白了做事不能怕困难,要始终如一、坚持努力的道理。

图3-12　讲成语故事(来源:邯郸市委机关幼儿园)

第三节　幼儿园蒙学读物浸润式教育

蒙学一词最早出现于《周易·蒙卦》"蒙以养正,圣功也"①。我国古代蒙学最早起源于殷商时期贵族子弟就读的小学,直至春秋战国时期,开始出现专门针对儿童进行启蒙的教育机构,后来蒙学泛指我国古代对儿童进行的启蒙教育,大致相当于现在的幼儿园和小学低年级阶段②。蒙学读物实际上就是古代蒙学所使用的教材,可以说是中国传统文化教育的产物,是中国数千年传统文化以及学校教育、家庭教育、社会教育的缩影,是中国古代教育思想、教育内容、教育方法的物质载体③。蒙学读物以韵律行文,句式短小,包含着丰富的文化知识和人文思想。我国蒙学在中国几千年的发

图3-13　国学课堂
(来源:邯郸市委机关幼儿园)

---

①冯文全,刘菁菁:《论蒙学读物在幼儿早教中的合理运用》,载《重庆第二师范学院学报》2017年第30卷第5期,第77~81页。

②李经天:《肖雨洁."蒙学热"之冷思考》,载《湖北教育》(综合资讯)2017年第5期,第27~28页。

③何丽杰:《传统启蒙读物在幼儿园教育中的应用研究》,东北师范大学2013年学前教育专业硕士论文。

展历程中形成了完整的体系,蒙学读物为我国儿童教育留下了宝贵的教育资源,如《三字经》《百家姓》《千字文》等,这些中华文化经典蒙学读物都对幼儿人格的熏陶、习惯的养成、知识的理解、审美的提升有重大意义。

一、幼儿园蒙学读物浸润式教育意义

蒙学读物是专门为儿童编写的,整体行文结构多用韵律、篇幅短小,适合幼儿记忆,内容既浅显易懂,又蕴含着丰富的道德类内容和名物知识类内容,可以说兼用美感与使用感。将中国传统文化蒙学读物融入当代幼儿园教育,不仅可以传承中华传统文化,更可以促进幼儿道德修养的提高和人格的发展,开发儿童的潜能,无论对社会还是对幼儿个人而言都有重大意义。

(一)蒙学读物的教育有利于培养幼儿良好的道德品质

中国古代蒙学教育的最终目的就是培养幼儿养成正直的道德品格,形成良好的道德行为习惯,即"蒙以养正"。蒙学本身蕴含着丰富的文化魅力,它以儒家思想为主,所弘扬的人格修养、道德伦理、民本仁政、礼运大同等种种理念,无论是在古代还是现在,都有值得推崇和借鉴的地方[1]。蒙学读物在幼儿园的浸润式教育反映出社会期望利用传统文化中所蕴含的人文情怀,有利于塑造幼儿与人为善、尊师敬长、恭敬诚信、求知善学、忠君爱国的健全人格,促使幼儿在当今文化合流的社会,也能树立一种健全的价值观念和道德标尺,以便将来能够更好地应对生活中和社会上的种种挑战[2]。

1. 与人为善

塑造高尚的人格、打磨良好的品德是传统蒙学的核心。蒙学植根于儒家文化,认为"仁爱"应该是人们遵循的最基本价值观,强调人性教育,教育儿童要有一颗宽厚、仁爱之心。儒家推崇"君子尊贤而容众,嘉善而矜不能",道家也提倡"常宽容于物,不削于人",这些宽容待人的思想在蒙学读物中体现[3]。如《弟子规》提到"己有能,勿自私""恩欲扬,怨欲忘。抱怨短,报恩长",《千字文》中提到"仁慈隐恻,造次弗离,节义廉退,颠沛匪亏。性静情逸,心动神疲。守真志满,逐物意移",《神童诗》中提到"度量须宽大,将心好比心",都提倡待人要仁慈,不斤斤计较,学会与人合作分享。

---

[1] 李经天,肖雨洁:《"蒙学热"之冷思考》,载《湖北教育》(综合资讯)2017年第5期,第27~28页。

[2] 同上。

[3] 杜艳玲:《幼儿中华文化经典诵读教育价值与方法研究》,山东师范大学2009年学前教育专业硕士论文。

我国现在独生子女家庭较多,幼儿在独享宠爱的环境下,养成了自私和骄纵的性格。将蒙学读物融入幼儿园中,对幼儿进行宽容的教育,有利于幼儿养成与人为善、宽以待人的品格,能够帮助幼儿用仁爱之心对待生活,培养他们高尚的情操,更好地适应以后人际关系复杂的社会。

2. 孝悌友爱

古代讲究孝父忠君,尊师敬长,善待亲人,学会感恩。我国的蒙学读物有很多关于孝敬父母、尊师敬长的内容。

儒家强调修身最首要的就是"孝",孝顺是人的最大美德。做人最起码就要讲究孝,先爱自己的父母,感恩养育自己的亲人,才能学会感恩他人和社会。蒙学读物的道德教育内容,将"孝"放在首位。《弟子规》推崇"首孝悌,次谨信""父母呼,应勿缓;父母命,行勿懒。父母教,须敬听;父母责,须顺承",强调儿童懂得尊敬和感恩自己的父母,才能推己及人,爱护尊敬别人,乃至社会和国家[1]。当代的孩子往往把父母的无私疼爱当作理所应当,没有限制地向父母索取,不懂得感恩和疼爱。蒙学读物中关于"孝"的教育,让幼儿懂得何为孝,为何孝,如何孝。

尊重他人,关爱他人也是与人相处的根本准则,身为社会的一分子,我们应首先尊重长辈、尊重老师、尊重兄长。如《三字经》提到"香九龄,能温席,孝于亲,所当执。融四岁,能让梨。弟与长,宜先知",《弟子规》提到"称尊长,勿呼名。对尊长,勿现能。长者立,幼勿坐。长者坐,命乃坐",生动形象地强调了"尊重"教育[2]。现在的儿童被视为家里的掌上明珠,常常唯我独尊,以自我为中心,不尊重他人的想法和意见,倘若进入社会多数将屡屡受挫,经不起波澜。蒙学读物中"尊师敬长"的内容融进幼儿园,有利于让幼儿从小就体验尊重并学会尊重。

3. 恭谨诚信

蒙学读物的道德教育除了道德伦理的内容,还有良好的行为习惯教育,讲究恭谨诚信,强调儿童应学习生活礼仪、社交礼仪、公共礼仪等,遵循行为规范,养成举止文雅的道德行为习惯,提高道德修养。

首先,注重培养儿童养成良好的个人生活和卫生习惯,对仪容仪表、社交礼仪等提出了具体要求。如《弟子规》提到"置冠服,有定位,勿乱顿,致污

---

[1] 江艳丽:《〈弟子规〉在学前教育阶段的启蒙意义》,载《郧阳师范高等专科学校学报》2012年第32期,第125~127页。

[2] 冯文全,刘菁菁:《论蒙学读物在幼儿早教中的合理运用》,载《重庆第二师范学院学报》2017年第30卷第5期,第77~81页。

秽""房屋清,墙壁净,几案洁,笔砚正",要求儿童养成良好的个人习惯,讲究卫生,保持衣冠的整洁,物品要有自己的摆放位置①。在《童蒙须知》中大致分为衣着装扮、谈吐行为、卫生打扫、读书写字、细小杂事五部分,对儿童的日常生活和行为规范提出要求②。良好的生活习惯影响人一生的生活质量,对幼儿的身心健康发展奠定良好基础,蒙学读物的生活礼仪教育有利于教导幼儿养成良好的生活习惯和卫生习惯。

儒家为人之道的中心思想是言而有信,诚信为人。诚信待人也是与人相处的基本准则。《弟子规》中提出"凡出言,信为先""行高孝亲敬长、诚实,名自高,人所重,非貌高;才大者,望自大,人所服,非言大",教导青少年要做到言必信,行必果③。诚信品质需要从小养成,培养幼儿从小对自己的言行负责,将来才能对自己的家庭负责,对社会负责,对国家负责。

4. 求知善学

良好的学习态度和学习习惯也是蒙学读物的重要内容,包含了大量勤奋好学的例子,勉励幼儿勤学好问,发奋图强。《三字经》提到"头悬梁,锥刺股""昔仲尼,师项橐,古圣贤,尚勤学",讲述古人对知识的渴求,告诫儿童要勤学善问,克服困难,迎难而上。《三字经》提到"子不学,非所宜;幼不学,老何为""玉不琢,不成器;人不学,不知义",告诉儿童学习是成才的关键,要从小爱学习。当然除了知道学习,还要会学习,懂得如何学习。蒙学读物中包含了良好的学习习惯。如《弟子规》提到"读书法,有三到。心眼口,信皆要""方读此,勿慕彼。此未终,彼勿起""心有疑,随札记。就人问,求确义"等,强调读书要有方法,要会看,会说,会记,要不求甚解,搞懂意思。当今很多幼儿园搞一些形式主义,家长也过分地关注幼儿的智力水平和知识积累,留给幼儿的只有机械的记忆背诵,缺乏对知识的理解,蒙学读物涉及的读书方法告诉我们比学习数量更重要的是学习方法和质量。

(二)蒙学读物的教育有助于儿童语言能力的发展

古代的蒙学读物是当时儿童学习的主要教材,因此它给幼儿传递的不仅仅是文字载体承载的道德思想、情感品质、博学知识等,更主要的是文本载体本身,包含着丰富的文字、词汇、语句等语言材料,而这些语言材料自身所具有的韵律行文、篇幅短小、句式工整简洁、语言优美有趣等特点都符合

---

① 李欣星,冯建民:《浅析古代蒙学教材中的德育元素》,载《文教资料》2017年第18期,第144~145页。
② 同上。
③ 同上。

儿童语言学习的规律,深受儿童喜爱,有利于发展儿童语言能力,体验汉语的语言魅力。

1. 蒙学读物中的句式和内容有利于提高幼儿的词汇量

词汇量是幼儿语言发展的标志之一,词是语言的基本单位,词汇量的多少,直接影响幼儿语言表达能力的发展①。0~3岁幼儿的语言结构是由"单词句"到包含少量词汇的"电报句"发展的句式阶段,3岁之后再逐渐由简单句向复合句的语言结构发展②。蒙学读物中提供的语言词汇,韵律句式,幼儿在活学活用中增长词汇量,掌握中华文化的文字规律,提高语言表达能力。

蒙学读物句式简单,选用的都是笔画简单或者容易识记的字和幼儿生活中经常接触到的名词或形容词。蒙学读物中有《弟子规》《三字经》的三字一句、两句成韵的形式。也有《千字文》《百家姓》的四言短句,无论是三言还是四言短句,句子的结构都非常简短,节奏鲜明,有利于让幼儿初步感知母语发音的特点及规律,提高发音的准确性③。每个字词都浅显易懂,考虑到儿童的语句接受能力,丰富了幼儿的词汇量。例如《三字经》中出现的"喜怒""哀惧""恶欲"等,有利于幼儿学会有关情感和心情的表达词汇。再如"晨必盥""兼漱口""辄净手",让幼儿在掌握良好生活卫生习惯的同时,也让幼儿学会如何告诫其他幼儿养成良好的卫生习惯。

2. 蒙学读物的教育有利于培养幼儿做好书写准备和阅读准备

"蒙学"起初最重要的一项教育内容即为教育幼儿认字识词,且多采用诵读、识记等方式让幼儿掌握日常生活中常用的字词,从而促进幼儿的语言能力发展④。蒙学读物在古代就是教会幼儿会写会说的教材,培养幼儿对汉字的兴趣,辨认出中华特有的汉字形式,认识简单常见的汉字,逐渐有文字符号的意识。

《3~6岁儿童学习与发展指南》针对幼儿发展的语言领域的"阅读与书写准备"部分提到"具有书面表达的愿望和初步技能",强调5~6岁的儿童"会正确书写自己的名字"。蒙学读物中的《百家姓》最重要的作用就是帮助幼儿认识汉字,且是关于姓名的汉字,虽然内容毫无文理可言,但是文章押韵顺口、音调和谐优美,便于诵读记忆,有利于幼儿在轻松的氛围中

---

① 冯文全,刘菁菁:《论蒙学读物在幼儿早教中的合理运用》,载《重庆第二师范学院学报》2017年第30卷第5期,第77~81页。
② 同上。
③ 同上。
④ 同上。

快速学会几百个汉字,也会愿意书写自己的姓名。再如《千字文》被称为"天下第一字书",据说是由不重复的一千个字组成,编作韵书而成,整篇文字音韵和谐流畅,行文气势磅礴,辞藻华丽,内含自然、社会等知识,有利于体验文字符号的功能,在掌握有趣的知识过程中就能认识汉字和理解汉字的意思。

蒙学读物句式简短,韵律行文,但是又包罗万象,不仅传授人们名物常识、经史子集、朝代更替等知识,还蕴含着伦理道德规范,深受儿童喜爱。在阅读蒙学读物的过程中,儿童对阅读产生兴趣,建立对阅读的兴趣,掌握读书的技巧,明白读书应从左向右看,从上到下看,也会无形中养成良好的读书习惯,懂得书的整理与保护。

3. 蒙学读物的教育有助于提升幼儿的文学审美能力

蒙学读物独特的句式有利于幼儿感受作品的语言美。结合幼儿的语言学习特点,蒙学读物多以韵文的形式进行内容组织,每一句内容都具有画面感,引起儿童丰富的联想,每一句都斟酌精妙,有很高的文学欣赏价值[①]。不仅诗词歌赋类的蒙学读物讲究韵律优美、辞藻华丽,即使最简单的识字类蒙学读物也能达到押韵和谐,避免了枯燥乏味。例如最具文学美感的是《千字文》,从开篇"天地玄黄,宇宙洪荒。日月盈昃,晨宿列张"到"云腾致雨,露结为霜。金生丽水,玉出昆冈",再到篇尾"孤陋寡闻,愚蒙等诮",全篇句句押韵,行文气势磅礴,辞藻华丽,生动形象地描写了自然现象的壮观和人类的渺小,容易引起幼儿的联想,感受中国语言的优美。

蒙学读物中的诗词歌赋作品有利于幼儿体验作品的意境美。诗人用文字描绘了一幅幅清新动人的山水画,虚实结合,直抒胸臆,用文字表达或是清新明丽之美,或是唯美含蓄之美,或是气势磅礴之美,或是悲壮沉重之美。如孟浩然的"旷野天地树,江清月近人"将夜晚的清静和月光的皎洁描绘得淋漓尽致。王维的"人闲桂花落,月静春山空",仅用十个字就表达出夜晚山中的清幽闲静。幼儿园应选择与幼儿生活有联系,易于幼儿接受的蒙学读物,在教师的指导下,帮助幼儿体验作品中的意境之美,培养幼儿良好的文学鉴赏能力[②]。

[①] 段媛媛:《蒙学读物幼儿教育价值的理论分析与实践探索》,西南大学2011年学前教育专业硕士论文。

[②] 杜艳玲:《幼儿中华文化经典诵读教育价值与方法研究》,山东师范大学2009年学前教育专业硕士论文。

（三）蒙学读物的名物常识内容有利于提高幼儿的认知水平

蒙学读物综合性较强，不仅涉及识字和阅读，内容也扩展到了社会生活、自然现象、历史变迁等，为儿童提供了广博的知识储备。蒙学读物涉及的知识经验也符合幼儿认知发展特点，内容浅显易懂，接近生活，有一定逻辑性，有利于思维能力的发展。

1. 蒙学读物为幼儿提供了适宜的知识经验

蒙学读物涉及的内容有名物常识、历史发展、自然现象，基于中国的文化传统，又植根于中国文化语境。纵使蒙学读物为古代所编写，但是提供的知识经验在当今仍然可借鉴，仍是当代儿童所必须学习的实用性常识，有利于幼儿各个领域知识经验的积累[1]。

蒙学读物中的名物常识类知识包括农业类、艺术类、生活类和科技类知识，内容都是幼儿生活中常见的事物和现象。例如《三字经》涉及数字、四季、五行、山水、谷物、牲畜、颜色等常识，内容兼顾实用性，书中提到"一而十，十而百，百而千，千而万""曰春夏，曰秋冬，此四时，运不穷""曰水火、木金土，此五行，本乎数""曰岱华，嵩恒衡，此五岳，山之名""青赤黄，及黑白，此五色，目所识"等，篇幅小却承载着丰富的内容。《百家姓》更是直接用常见的姓氏编写成书，帮助幼儿不仅认识自己的姓氏，也认识了更多人的姓名，为以后追踪家族出处提供一定依据。《千字文》也涵盖了一些自然和社会之物，例如提到农作物的语句"治本于农，务兹稼穑。俶载南亩，我艺黍稷。税熟贡新，劝赏黜陟"，教给幼儿在向阳的土地种小米和黄米。我国城市化飞速发展，农耕生活逐渐退离儿童的视野，大部分幼儿仅仅依靠幼儿园或家长组织的郊游短暂地体验农耕生活，粗浅了解农业相关知识，很多儿童五谷不分，对基本的农作物生长条件无从知晓。蒙学读物通过简短精炼的语句，为儿童提供了有关自然和农业的知识，颇具实用价值。

蒙学读物除了包含最基础的名物常识，还涉及政治、军事、文艺等各方面的著名人物和事件，提高幼儿的历史修养。《龙文鞭影》涵盖了二十四史中的人物典故，涉及政治、军事、文艺、儒林、方术、怪异等方面的著名人物和事件，人物如周公、孔子、管仲、诸葛亮、华佗、海瑞等，事件如孟母三迁、毛遂自荐、红叶题诗、董永卖身等[2]。再如《千字文》同样涉及历史人物知识，如"孟

---

[1] 段媛媛：《蒙学读物幼儿教育价值的理论分析与实践探索》，西南大学2011年学前教育专业硕士论文。
[2] 同上。

轲敦素,史鱼秉直。庶几中庸,劳谦谨敕",讲孟子崇尚朴素,史鱼坚持正义,要想不偏不倚,持之以恒,必须勤劳谦逊,谨慎检点①。让幼儿在历史的海洋里重温历史人物的足迹,了解历史人物的丰功伟绩,明白做人做事的道理。

2. 蒙学读物的知识逻辑性有利于提高幼儿的思维水平

蒙学读物除了列出幼儿常见的和能够理解接受的名物常识和历史常识外,还对这些事物进行了分类讲解,为幼儿列举了事物的种属关系,有利于幼儿思考事物的属性和关系,提高幼儿的思维水平。

蒙学读物中提到的名物常识的讲解以种属分类的形式出现,有助于幼儿对事物概念的认知,不仅列举了事物的种属关系,还依据事物的特征或功能价值给出了分类的标准,如《三字经》中"八音"以乐器材质为基本属性分为"匏土革,木石金。丝与竹,乃八音","六谷"以人所食为标准分为"稻粱菽,麦黍稷。此六谷,人所食","六畜"以人所饲养分为"马牛羊,鸡犬豕",有助于幼儿以物对人的功用价值为标准形成概念②。《三字经》中的"述古"部分,从伏羲、神农和黄帝的三皇时期再到春秋战国时期,直至元明清,依据时间的顺序讲述朝代的更迭,讲述各个朝代赢得天下与最终衰败的因果关系,帮助幼儿以时间思维、因果关系思考事情的发展轨迹。

二、幼儿园蒙学读物浸润式教育内容

中国传统蒙学读物内含丰富的文化知识教育和伦理道德教育,以文字载体的方式彰显着中华传统文化,直到今日,很多蒙学读物在教育界广为流传。蒙学读物种类繁多,涉及面广泛,许多学者开始研究蒙学读物的分类。张方平在《我国古代蒙学教材研究》中将传统蒙学读物按其教育作用分成六类,即识字类、训诫类、故事和历史知识类、训练阅读作文打基础的教材类以及诗集类③。呼庆伟在《古代蒙学读本对现代少年儿童启蒙教育的借鉴价值》中将唐宋以来的蒙学读物大致分为六类,即以识字教育为主的综合性识字课本、进行封建思想教育的训诫类蒙书、介绍掌故和历史知识的读物、为训练阅读作文打基础的读物、诗集类和工具书类④。

---

①编委会:《国学经典》,云南人民出版社2017年1月版,第314页。
②段媛媛:《蒙学读物幼儿教育价值的理论分析与实践探索》,西南大学2011年学前教育专业硕士论文。
③张方平:《我国古代蒙学教材研究》,上海师范大学2009年学前教育专业硕士论文。
④呼庆伟:《古代蒙学读本对现代少年儿童启蒙教育的借鉴价值》,安徽大学2007年历史文献学专业说议论文。

结合儿童教育的特点和内容,我们按照蒙学读物的价值,将蒙学读物分为四大类,第一类为以识字和知识教育为主的综合性识字蒙学读物,主要著作有《三字经》《百家姓》《千字文》;第二类主要是以道德教育为主的伦理蒙学读物,主要著作有《小学》《童蒙须知》《弟子规》《小儿语》;第三类是以介绍人物和历史故事的蒙学读物,主要著作有《广蒙求》《龙文鞭影》《幼学故事琼林》;第四类是陶冶儿童性情的诗歌蒙学读物,如《神童诗》《无言千家诗》《唐诗三百首》等。再结合3~6岁幼儿的学习特点,以及当代幼儿园常用的蒙学读物,最终选取《三字经》《百家姓》《千字文》《弟子规》《唐诗三百首》为重点浸润于幼儿园教育的蒙学读物。其中《三字经》《百家姓》《千字文》简称为"三、百、千",在古代是幼儿识字的教材,选取常用字,用文字的方式记录了自然现象、历史故事和生活常识,语言简短押韵,适合幼儿语言学习的特点。《唐诗三百首》是中国传统文学诗歌中的最高代表,其中的五言古诗篇幅简易,含蓄深厚又浅显易懂,适合用于幼儿园帮助幼儿体验中华文学作品的意境美。

(一)《三字经》

《三字经》相传于南宋王应麟撰,是古代学塾教授儿童识字的教材,全书共356句,每三字为一句,韵律自然,言简意长。从形式上来讲,《三字经》首先文字浅显,语言精练[①]。《三字经》书籍当中的文字都是非常常用的文字,文字意思也容易被儿童理解,有些语句非常口语化,如"玉不琢,不成器,人不学,不知义",从字面就能理解含义,通俗易懂。而且,《三字经》三字一句,结构整齐,形式较活泼,带有歌谣的特点,读起来朗朗上口,便于儿童诵读和记忆。因此,《三字经》从问世以来就一直是幼儿教学的重要教材。

《三字经》从内容上看属于综合性教材,内容大致分为五部分,第一部分主要讨论"教"和"学"的重要性,第二部分主要讲"封建伦常"的一些道理,第三部分主要介绍书目、四季、五行、六谷、六畜等常识,第四部分主要讲从羲农时期到宋代的一些历史典籍,第五部分主要讲历史人物的勤奋好学故事。其中的教与学的关系、伦理道德、名物和历史常识、劝勉故事值得用于幼儿园教学。

1."教"与"学"的关系

《三字经》的作者开头就用孔孟的话,即"人之初,性本善,性相近,习相远",表达对人性的看法,进而引出"教"和"学"的相辅相成。探讨了人在成长过程中需要不断学习获得成长,要选择学习的对象,选择学习的内容,找

---

① 卢永芳:《古代蒙学教材〈三字经〉研究》,四川师范大学2010年课程与教学专业硕士论文。

到学习的方法。

《三字经》的"养不教,父之过;教不严,师之惰"肯定了家长和教师对儿童教育的重要性,借此告诉家长和教师自身参与教育的重要性,教育其履行职责,教育儿童要聆听父母和幼儿园教师的谆谆教诲。"玉不琢,不成器,人不学,不知义",用打比方的方法告诉幼儿学习知识要有耐心,要坚持,才能有所成就。幼儿有好学好动的特点,常常以自我为中心,听不进去家长和教师的警示和教育,学习新东西常常缺乏耐心。《三字经》开篇就开宗明义地告诉儿童教和学的重要性,对教师、家长和幼儿的教育和被教育都有重要启迪。

2. 伦理道德

《三字经》从孝敬父母、尊师敬长、友爱兄长几方面向幼儿传输基本伦理道德规范。告诉幼儿一个人首先最基本就是要学会孝敬父母和爱护兄弟,接下来才是学习知识。

"香九龄,能温席,孝于亲,所当执。融四岁,能让梨,弟于长,宜先知",通过汉代黄香孝敬父母和东汉末年孔融让梨给兄长的故事,向我们展现了古人的爱亲敬长[1]。黄香用自己的体温替父亲暖被窝虽然在现在来讲,不用大张旗鼓用来效仿,但却与当今孩子对父母的无视形成鲜明对比。当代儿童常常把父母的疼爱看作理所应当,不懂得感恩,不懂得回报,不懂得分担痛苦与担当责任,由此"孝"的教育意义在当今显得尤为重要。此外,三胎生育政策的到来,如何解决兄弟姐妹之间的矛盾,"孔融让梨"的故事成了很好的教育范本。《三字经》的这些孝亲敬长的内容浸润于幼儿园教育,长此以往,能够提升幼儿的伦理道德。

3. 名物常识

《三字经》用大篇幅内容介绍了生活中的常识,内容具有很强的现实意义,依次有数字、三才、三光、三纲、四季、四方、五行、十干、地球运转、河流山川、四民、五常、植物、农作物、动物、七情、五色、五八音、四声,这些与幼儿的生活息息相关,每一个内容只通过四句话让幼儿了解基本的名物常识。如"一而十,十而百,百而千,千而万",简单明了就让儿童对数目有了一个大致的了解,知道了数目的大小之分,激发幼儿学习数学的愿望。再如"有虫鱼,有鸟兽,此动物,能飞走",简单十二个字,就告诉幼儿虫、鱼、鸟、兽四类动物,且动物的出行方式不同,有天空飞行的、有地上爬行的、有水里游的,不仅让幼儿了解动物的种类,也了解动物的习性,从而对动物产生进一步探索

---

[1] 卢永芳:《古代蒙学教材〈三字经〉研究》,四川师范大学2010年课程与教学专业硕士论文。

的欲望。《三字经》的名物常识类内容可以和幼儿园的健康、社会、语言、科学、艺术五大领域相结合，可以作为导入环节，也可以作为巩固幼儿学习知识的复习环节，让幼儿在兴趣十足的情绪下增长知识经验。

4. 学习态度和方法

学习态度和学习方法往往比知识本身更重要。《三字经》也非常重视儿童学习习惯的培养。《三字经》通过大量的例子并用打比方的方式来告诉儿童，只是懂得要学哪些知识，如果不勤奋努力，也将一事无成，必须要向古圣先贤学习，学习他们勤奋好学的精神[1]，如仲尼师项橐、赵普读《论语》、路温舒与公孙弘抄书、孙敬悬梁、苏秦刺股、车胤囊萤、孙康映雪等故事。作者娓娓道来，既举例子，又讲道理，并且采用人称的变化，犹如一位长者用温和的话语和儿童亲切交谈，如"彼既老，犹悔迟，尔小生，宜早思""彼既成，众称异，尔小生，宜立志""彼颖悟，人称奇，尔幼学，当效之""彼虽幼，身已仕，尔幼学，勉而致""幼而学，壮而行"等等，最后以"勤有功，戏无益，戒之哉，宜勉力"结束，这样的内容能够让儿童掩卷深思，从而达到启人心智、劝人向学的目的[2]。

（二）《百家姓》

《百家姓》产生于宋代，比《三字经》要早些，选取民间姓氏作为书中内容，全书568个单字，通行本472个字，收录408个单姓，30个复姓[3]。《百家姓》四字一句，由没有意义联系的单字组成，为四字韵句，通篇语调和谐，读起来顺口，听起来悦耳，而且内容贴近生活，有利于人际交往中的实际应用[4]。因此，它专供识字之用，在社会上广为流传，"赵钱孙李，周吴郑王"早已成为家喻户晓的歌谣。幼儿园教育可融入《百家姓》蒙学读本，帮助幼儿认识简单的汉字，认识姓氏的不同，延伸了解姓氏的由来，对自己和对家族的历史和发展产生兴趣，更好地认知自我和认识炎黄子孙的根基。

（三）《千字文》

据唐·李绰《尚书故实》记载，梁武帝命令殷铁石在王羲之的书法中拓出一千个不重复的字，供给王临摹。当这一千字拓出以后，梁武帝又觉得"每字片纸，杂碎无序"，遂命令他的文学侍从周兴嗣，将这一千个字编缀成

---

[1] 卢永芳：《古代蒙学教材〈三字经〉研究》，四川师范大学2010年课程与教学专业硕士论文。
[2] 同上。
[3] 杜艳玲：《幼儿中华文化经典诵读教育价值与方法研究》，山东师范大学2009年学前教育专业硕士论文。
[4] 卢永芳：《古代蒙学教材〈三字经〉研究》，四川师范大学2010年课程与教学专业硕士论文。

合辙押韵并有意义的文句。此书四字一句,共 250 句,合计 1000 个字,故称之为《千字文》。全篇 1000 字不是单纯的字与字的叠加,而是进行了不同的分类,形式和内容对仗工整,条理清晰,涵盖了历史名物、饮食起居等丰富内容,自唐以后,历经宋、元、明、清,一直是古代学塾的蒙学教材①。

《千字文》的内容分类明确,有较强的逻辑性,总共分为五部分,第一部分讲自然的来源和物种,第二部分讲黄五帝恩泽四方典故,第三部分讲传统伦理道德,第四部分讲天下自然与世间英才,第五部分讲生活常识,基本内容可以说涉及了天文、地理、历史、博物、生活、教育等多个方面,适合儿童诵读以使其增长知识经验,感受中华文化的博大精深。《千字文》占篇幅最大的第三部分,重点讲述了传统的伦理道德和君子的自身修养,突出了"仁"和"礼"的道德教育,将此部分浸润于幼儿园教育中,对幼儿在蒙学学习环境的熏陶下,提升德行修养有重要的价值和意义。

1. 人与人之间的"仁"

"仁"是儒家思想的道德原则和道德标准,也是当今我国所传承中华文化思想的最高境界。《千字文》强调人与人之间的感情,讲究人与人之间应该相亲相爱,倡导君臣之仁、亲子之仁、社会之仁。

君臣之间的"仁"喻为国君爱护百姓,百姓拥护君主,即"坐朝问道,垂拱平章;爱育黎首,臣伏戎羌"。亲人之间的"仁"体现在子女的孝,不仅是对父母,也应善待叔父、姑母等亲人,并且应竭尽全力孝顺亲人,故有"资父事君,曰严与敬。孝当竭力,忠则尽命"。社会道义中的"仁"讲究人与人之间要有同情心和恻隐之心,帮助身边有困难之人,如"仁慈隐恻,造次弗离。节义廉退,颠沛匪亏"。"仁"的教育,告诉幼儿对任何人都要保持仁爱之心,任何地方不能丢掉气节、正义、廉洁和谦让这些品德。

2. 人与人之间的"礼"

礼是中国古代社会的规章制度和道德规范,是维护上层建筑以及与之相适应的人与人交往的礼节仪式,是社会行为规范的准则②。《千字文》中的"礼"体现在多方面,君臣父子之礼、夫妻之礼、兄弟之礼、朋友之礼、祭祀之礼。其中父子之礼、兄弟之礼和朋友之礼对幼儿的道德发展有很强的教育意义。

父子之礼,提到"临深履薄,夙兴温靖。似兰斯馨,如松之盛""盖此身

---

① 冯文全,范漾引:《论蒙学读物的德育思想在幼儿教育中的渗透:关于〈千字文〉与〈幼儿园教育指导纲要〉的比较分析》,载《乐山师范学院学报》2016 年第 31 卷第 11 期,第 124~131 页。

② 同上。

发,四大五常。恭维鞠养,岂敢毁伤",教育儿童要关心和照顾父母的饮食起居,懂得父母的养育之恩。兄弟之礼,提到"孔怀兄弟,同气连枝",教育儿童兄弟之间应该做到相亲相爱,因为兄弟同样受到来自父母的血脉传承,这种情意就像树枝一样紧紧相连,不可分离①。朋友之礼,提到"交友投分,切磨箴规;知过必改,得能莫忘;罔谈彼短,靡恃己长",告诫儿童朋友之间要做到意气相投,学习之间互相切磋,生活之间互相帮助,日常交往不要随意评论和议论别人。

(四)《弟子规》

《弟子规》原名为《训蒙文》,是清朝康熙年间秀才李毓秀所撰写,后被贾存仁修订改编,改名为《弟子规》,并成为儿童的启蒙教材,并广为流传,新中国成立后因内容含有一定的封建思想遭到批判②。随着当今"国学热"的兴起,《弟子规》重新被世人认知,不少学校鼓励学生诵读《弟子规》,幼儿园也将《弟子规》作为学前启蒙的重要读物。

《弟子规》的核心思想是"孝悌仁爱",以《论语·学而》中的"弟子入则孝,出则悌,谨而信,泛爱众,而亲仁③。行有余力,则以学文"开篇,并以这七部分为纲领,采用三字一句、两句成韵的形式,向儿童传授言谈、行动的规范以及待人处世的道理④。结合幼儿的年龄特点和接受能力,《弟子规》中孝顺父母、行为习惯、人际交往、学习习惯的内容可以浸润于幼儿园教育中,既体现了儒家思想,也有利于帮助幼儿修身养性、学习做人以及提高人的品格和德行。

1. 孝顺父母

《弟子规》的第一部分"入则孝"就着重对儿童进行孝道教育,提到"父母呼,应勿缓。父母命,行勿懒。父母教,须敬听""冬则温,夏则凊。晨则省,昏则定。出必告,返必面""事虽小,勿擅为。苟擅为,子道亏。物虽小,勿私藏。苟私藏,亲心伤。亲所好,力为具。亲所恶,谨为去。身有伤,贻亲忧。德有伤,贻亲羞。亲爱我,孝何难。亲憎我,孝方贤""亲有过,谏使更。怡吾色,柔吾声。谏不入,悦复谏。号泣随,挞无怨""亲有疾,药先尝。昼夜侍,不离床。丧三年,常悲咽。居处变,酒肉绝。丧尽礼,祭尽诚。事死者,

---

① 冯文全,范漾引:《论蒙学读物的德育思想在幼儿教育中的渗透:关于〈千字文〉与〈幼儿园教育指导纲要〉的比较分析》,载《乐山师范学院学报》2016 年第 31 卷第 11 期,第 124~131 页。
② 江艳丽:《〈弟子规〉在学前教育阶段的启蒙意义》,载《郧阳师范高等专科学校学报》2012 年第 32 期,第 125~127 页。
③ 编委会:《国学经典》,云南人民出版社 2017 年 1 月版,第 318 页。
④ 同上。

如事生"。详细阐述了儿童与父母在家中应该相处的模式,要听父母的教诲,听从父母的建议,牢记父母的喜怒哀乐,劝导父母要声音柔和,父母生病时要尽心服侍,父母的丧事要办理得体。虽然有一些内容在当代来讲不合时宜,如父母去世三年要守孝三年,禁绝酒肉,但有很多孝顺的建议值得提倡,对幼儿"爱父母"的品德教育是有价值和意义的。

2. 行为习惯

《弟子规》将培养儿童养成良好的行为习惯看作儿童教育最为重要的部分,从生活作息、卫生习惯、衣着打扮、仪容仪表、饮食习惯、交际语言几方面教育儿童行为习惯养成的重要性。

在儿童的生活作息方面要求其"朝起早,夜眠迟",希望儿童早起晚睡,珍惜时间,有效地利用起宝贵的时间来学习;在卫生习惯方面要求其"晨必盥,兼漱口,便溺回,辄净手",良好卫生习惯的养成可以使其免受因不良卫生习惯带来的病痛烦扰;在衣着打扮和仪容仪表上要求其"冠必正,纽必结,袜与履,俱紧切,置冠服,有定位,勿乱顿,致污秽",让儿童对自己的仪表有所重视,始终保持其整洁干净的仪表仪态,让儿童从小通过自己良好外在形象的塑造达到对别人礼仪的尊重;在饮食习惯上则要求其"对饮食,勿拣择,食适可,勿过则,年方少,勿饮酒,饮酒醉,最为丑",对于处于成长发育阶段的儿童来说,均衡的营养是必不可少的,而饮酒则是不利于儿童的身体发育的,所以在使儿童养成不要挑食,不要暴食保证均衡营养摄入的同时,还着重要求其勿养成喝酒的习惯;在交际语言上则要求其"凡出言,信为先""刻薄语,秽污词,市井气,切戒之""凡道字,重且舒,勿急疾,勿模糊",首先点明了与人交往言谈首先要诚实,切勿虚假,刻薄之词,污秽之词与人言谈中切忌不能说,同时在和人交谈中说话吐字要清楚,不急不缓,让人与之交谈如沐春风[①]。

3. 人际交往

《弟子规》也重视儿童为人处世、人际交往的指导和教育,以"信"和"泛爱众"为核心,提到"凡出言,信为先。诈与妄,奚可焉。话说多,不如少。惟其是,勿佞巧。奸巧语,秽污词。市井气,切戒之""见未真,勿轻言。知未的,勿轻传。事非宜,勿轻诺。苟轻诺,进退错""凡道字,重且舒。勿急疾,勿模糊。彼说长,此说短。不关己,莫闲管"等,教育儿童要讲诚信,不说脏话,不谈论和传播不清楚的事,讲话清楚舒缓,学习他人优点,看见别人缺点

[①] 穆仁宇.《〈弟子规〉教学实践探究》,上海师范大学2017年学前教育专业硕士论文。

要反躬自省,当别人指出错误要知错就改,等等,这些都是与人和谐相处的处世之道。幼儿正是处于喜欢交往又不会交往技巧,容易产生同伴冲突和矛盾的时期,适当的人际交往教育,有利于帮助儿童提高情商,提升交往技巧,获得更多朋友,从而提高自尊和自信。

4. 学习习惯

由于儒家文化的主导地位十分注重对于传统经典的继承和学习,并且由于科举选士的原因,古代封建社会对于传统儒家经典学习十分重视①。《三字经》以"余力学文"为核心,阐述了学习的重要性和学习的方法,提到"不力行,但学文。长浮华,成何人。但力行,不学文。任己见,昧理真""读书法,有三到。心眼口,信皆要。方读此,勿慕彼。此未终,彼勿起""宽为限,紧用功。工夫到,滞塞通。心有疑,随札记。就人问,求确义""房室清,墙壁净。几案洁,笔砚正。墨磨偏,心不端。字不敬,心先病""列典籍,有定处。读看毕,还原处。虽有急,卷束齐。有缺坏,就补之""非圣书,屏勿视。蔽聪明,坏心志。勿自暴,勿自弃。圣与贤,可驯致"。教育儿童读书要注重方法,做到眼口心协调,读书要有计划,读书要请教良师益友,读书要保持学习环境整洁,读书完毕要整理,读书要看传述圣贤言行的著作,除此以外还教导儿童不能身体力行孝、悌、谨、信、泛爱众、亲仁这些做人的基本首先,只是一味读书,纵使读再多的书也是一个充满浮华之气,不切实际的人,因此一个完整健康的人应该是在具备基本的做人道德的同时继续读书充实自己不断在书中探寻真理②。

(五)《唐诗三百首》

中国是诗歌的国度,诗歌是中华传统文化重要的象征。《唐诗三百首》在众多童蒙诗歌读本中脱颖而出,成为最流行和最有传承度的作品。《唐诗三百首》是清乾隆二十八年,孙洙、徐兰英整理唐代七十七位诗人的诗歌而成,共三百一十三首,为读起来朗朗上口则取其整数,故叫《唐诗三百首》。《唐诗三百首》编纂的目的就是给私塾提供教材,供儿童进行诗歌欣赏。值得注意的是,这里的儿童与当代概念不同,主要指七八岁至十五六岁的孩子,在幼儿园来讲,适合融入于幼儿园大班,作为幼小衔接的重要教材。

《唐诗三百首》涉及的内容题材广泛,有关于友情、亲情、爱情、山水田园、边塞、思乡、闺怨、咏史怀古和咏物等多种题材类型③,让幼儿体验不同情

---

① 穆仁宇.《〈弟子规〉教学实践探究》,上海师范大学 2017 年学前教育专业硕士论文。
② 同上。
③ 刘丹丹:《童蒙选本〈唐诗三百首〉研究》,曲阜师范大学 2017 年文学专业硕士论文。

境、情绪、情感的表达。如李白的《送友人》和王维的《相思》,表达送别友人的友情,体验对友人的不舍;岑参的《逢入京使》表达对家人的怀念,体验对家人思想的亲情感;孟浩然的《春晓》和柳宗元的《江雪》更是家喻户晓,让自然美景以宁静的姿态呈现,让幼儿感受诗人笔下的四季山水。

《唐诗三百首》风格各异,主要有慷慨豪放、清幽明秀、沉郁悲怆和哀怨缠绵四方面,帮助幼儿理解文字细腻的表现手法,有助于对幼儿进行道德情感教化和审美情感陶冶,通过优美字词的恰当运用和创作手法感知唐诗创造的精妙之处,感受诗歌的意境①。例如王昌龄的《出塞》和李白的《早发白帝城》表现出的气势豪迈、气势磅礴、自由奔放之意;杜甫的《咏怀古迹》用沉郁悲怆之风感叹对国家前途的担忧和民生疾苦的关心。

三、幼儿园蒙学读物浸润式教育途径

(一)注重对传统启蒙读物文本的筛选与整理

传统启蒙读物在幼儿园的浸润式教育有利于幼儿语言等各个方面的发展,对于传承中华文化有很大的价值,但是由于中国的蒙学读物种类繁多,内容和形式也参差不齐,很多蒙学读物不适于融入幼儿园。首先,中国传统蒙学读物由于历史背景的特殊性,在一定程度上是君主说教百姓的工具,维护封建秩序是其重要目的之一,不可避免带有封建主义色彩,如伦理纲常、君贵民轻等思想,与现代的某些教育理念和道德观念相违背。其次,即便蒙学读物韵律较强,句式短小,但是仍有很多冗长枯燥的内容,如一些篇幅较长的诗歌诗赋,内容选择和语言运用上也有一些不适合幼儿学习,如有关爱情、闺怨的诗歌。因此,在真正将传统蒙学读物引入幼儿园之前,必须要经过系统和细致的筛选和整理。

根据蒙学读物内容的特殊性,结合幼儿身心发展规律,幼儿园可以从有助于丰富儿童知识经验和提升儿童道德素养两方面考虑蒙学读物的选择。综合来讲,自然与生活常识类知识、中国传统伦理道德类知识、礼仪行为规范类知识可以成为蒙学读物筛选的标准。另外要注意,无论是常识类内容还是道德礼仪内容,其表达的现象和思想都要符合当代的价值取向②。

首先,自然与生活常识类知识,要选择能够让幼儿通过日常生活亲身体

---

① 刘丹丹:《童蒙选本〈唐诗三百首〉研究》,曲阜师范大学 2017 年文学专业硕士论文。
② 冯文全,刘菁菁:《论蒙学读物在幼儿早教中的合理运用》,载《重庆第二师范学院学报》2017年第 30 卷第 5 期,第 77~81 页。

验,了解自然、认识自然,初步形成爱护自然的意识,从而进一步体悟"天人合一"的自然观;通过掌握与幼儿日常生活相关的各方面事物的概念和特点,初步获得事物基本类别的分类能力,以促进幼儿认知和逻辑思维能力的发展,激发幼儿对事物的探究兴趣。其次,中国传统伦理道德类知识方面要紧紧围绕爱父母、爱老师、爱朋友的要求,引导幼儿形成泛爱之心、乐于助人、善于与人合作与分享的习惯。最后,从现代礼仪来讲,要选择可以教育幼儿理解并遵守主流社会行为规范和礼仪准则,帮助幼儿具备良好的生活自理能力,养成良好行为习惯,从而提高幼儿的社会交往能力的蒙学读物内容[①]。

(二)发挥环境教育功能,营造浓厚的蒙学读物氛围

幼儿园环境在幼儿园教育中发挥着重要的隐性作用,通过形象的动画和文字渲染气氛,以有趣多样化的形式传达着知识,在良好的学习氛围中,儿童耳濡目染,潜移默化地学习知识。蒙学读物依托于文本,所传达的知识和精神都内涵于文字之中,对于学龄前儿童来说,真正读懂蒙学读物,感受其中的韵味和意境有一定难度。如果充分利用幼儿园环境作用,将烦琐的文字转移到熟悉的幼儿园环境中,通过图画、音乐等传播蒙学,将起到重要价值。

幼儿园的墙壁在浸润式教育中应该发挥重要价值,如走廊、楼梯、门厅的墙壁都具有彰显蒙学读物内容的优势。教师可以在幼儿园的墙上张贴蒙学读物的相关内容,比如沿着走廊的墙壁,贴上《三字经》的原文,以四字一组的形式,顺势延长,让孩子在上下楼的途中,不由自主地品读。教师也可以创设蒙学读物主题墙,鼓励孩子们在卡纸上用手画《弟子规》《三字经》等蒙学读物。例如,让每个幼儿从《三字经》里挑选最喜欢的一句,按照自己的理解画下来,最后教师将小朋友的每幅画配上文字,以连环画的形式和小朋友一起按照顺序粘贴在蒙学读物主题墙上,既调动了幼儿学习蒙学读物的兴趣,也加深了幼儿对蒙学读物的理解。

阅读区角的环境创设也有利于蒙学读物教育的开展。蒙学读物依托于文本,图书就是学习蒙学读物最直接的媒介。幼儿园教师可以在阅读区布置专门的蒙学读物专栏,并贴上蒙学读物的标识,吸引幼儿的兴趣。图书角首先要投放多个版本的蒙学读物书籍,选择的书籍都要插画配文字,方便幼儿理解。图书角也应配备平板电脑和收音机,供幼儿欣赏有关蒙学读物的动画和配音,有效提高幼儿的阅读能力和水平。

[①] 冯文全,刘菁菁:《论蒙学读物在幼儿早教中的合理运用》,载《重庆第二师范学院学报》2017年第30卷第5期,第77~81页。

一日生活皆教育,幼儿园老师可以在幼儿的生活环境中,利用蒙学读物的语句,帮助孩子们养成良好的习惯,丰富知识经验。例如在幼儿就餐的餐厅里,贴上《弟子规》的名句,"对饮食,勿拣择,食适可,勿过则",提醒幼儿就餐不要挑食,要根据自己的饭量适时加饭和减饭,不能吃过饱,避免引起身体不适。也可以在餐桌上摆上《三字经》"稻粱菽,麦黍稷。此六谷,人所食"的语句,帮助幼儿认识所食的粮食。再如,幼儿园给每位小朋友设置了储物柜,储物柜都标注着幼儿的名字,每个班级可以在储物柜上贴上《百家姓》的经典语句,帮助幼儿记忆和理解《百家姓》的寓意。利用生活环境浸润蒙学教育,使幼儿在亲身体验中学习蒙学读物,增长见识,也为幼儿良好行为习惯的养成打下了基础。

(三) 学习蒙学读物的形式力求丰富多彩

蒙学读物本身涉及文字的复杂性和语言的逻辑性。幼儿的逻辑思维水平尚未能够直接理解其含义,如果老师单纯地机械讲授,记忆和背诵也不会像儿歌一样简单。所以,将蒙学读物真正融入幼儿园,除了靠环境的渲染,还需要改变幼儿园老师的教育方法。

1. 游戏教学法

游戏是幼儿的基本活动,是幼儿获得知识和经验的重要途径。游戏的趣味性符合幼儿的发展特点,可以用语言游戏、角色游戏、体育游戏等游戏的形式开展蒙学读物教育活动。引导孩子在游戏中理解蒙学读物的内涵,记忆蒙学读物的经典语句,养成良好的行为习惯。

蒙学读物依托于语言,巧妙地设计语言游戏帮助孩子们在轻松快乐的氛围中学习。例如文字接龙,让老师当火车头,说出《弟子规》的第一句话,让孩子们接龙,回答正确就上火车,教师可以适当提醒,随着火车节数的增多,孩子们可以一起背诵《弟子规》,以小火车的形式在班级内或操场行走。也可以利用表演游戏让孩子们把蒙学读物表现的内容用肢体语言表达出来,深入理解蒙学读物的深刻含义。如《三字经》的七情,"曰喜怒,曰哀惧。爱恶欲,七情具",鼓励孩子变脸表演;再如"父母呼,应勿缓,父母命,行勿懒",让孩子分配好爸爸、妈妈、孩子的角色,表演孩子和父母的日常,体验如何尊重父母和孝敬老人。

2. 诵读教学法

诵读的目的是通过语言的体验,让儿童更好地体会语言和内容的优美,儿童的诵读应该是建立在理解的基础之上的,即"解读"在先,诵读在后,不应该以背诵为目的①。诵读并不是古代私塾学习那样,摇头晃脑地一遍遍机械反复诵读,而是让幼儿通过心、眼、口、耳,通过诵读感悟蒙学的语言魅力,感受蒙学的韵律行文,轻快节奏。采用诵读教学法需要注意一些问题:

第一,诵读前要做好示范,教师首要明确每个字的正确读音,明白每句话的断句。幼儿诵读时,要及时纠正幼儿的错误字音。

第二,鼓励幼儿诵读时要带有神态和肢体语言,将自己的理解用眼神和动作表达出来。

第三,诵读的最根本目的是帮助幼儿感受蒙学读物的行文特点,理解蒙学读物的内容,并不是记忆和背诵,切勿把记忆当作考查蒙学读物学习的重点。

第四,为避免单纯诵读的枯燥乏味,教师可以利用多种手段帮助幼儿愉快地诵读,例如以古典音乐为伴奏,调动诵读的氛围,或者以对话、接龙的方式诵读②。

3. 多媒体教学法

多媒体教学法是指教师通过多媒体技术,把图片、声音、动画、语言、文字等制成幻灯片,运用于蒙学教学活动中③。蒙学属于文言文短句,不便于幼儿理解,但通过配以相应的图片、动画、声音等,能让抽象的文字具体形象化,既能吸引幼儿的注意,又便于幼儿理解,同时还能收到不错的教学效果,如社会领域活动,组织幼儿学习《三字经》中的"香九龄,能温席,孝于亲,所当执",理解黄香温席典故,教师可以通过播放黄香温席的动画小视频,让幼儿直观地了解黄香这个人物并记住黄香孝顺父母的优秀事迹,能促进教学活动的展开④。

4. 故事教学法

蒙学读物很多都是传统文化故事的缩影,如孟母三迁、孔融让梨、大禹治水、开天辟地等等。教师可以将蒙学读物的内涵改编成完整且具有趣味性的故事,通过讲故事和表演故事的形式增强幼儿对蒙学读物的理解。采用故事教学法进行蒙学读物的教育,需要注意一下细节:

(1)故事教学法应注意不同年龄幼儿对故事的理解能力,可进行多次讲

---

①张晓琴:《蒙学读物融入幼儿教育的思考》,载《甘肃教育》2020年第5期,第82页。

②陈金平:《蒙学在幼儿园教学活动中的应用探究》,载《课程教育研究》2020年第48期,第70~71页。

③同上。

④同上。

解,并分次在每次故事讲解之后对故事中的人物、情节和具体细节进行提问,帮助幼儿更深入地理解故事的内容。①

（2）故事的内容要有选择地进行趣味性改编,使幼儿能理解每一个文字的含义,能明白故事情节,并与自己的生活息息相关。

（四）加强幼儿教师关于蒙学读物的教育和培训

蒙学读物不论是对儿童还是对于成人来讲,都不是常见的读本,理解起来都需要深入理解字面意义。对于幼儿园教师来讲,蒙学读物似乎并不是学前教育专业的必修课,组织蒙学读物活动,创造蒙学读物学习的环境也难于其他领域活动,所以在幼儿园开展蒙学读物教育之前,加强幼儿教师关于蒙学读物的教育和培训是重要和必要的。

首先,幼儿园要定期组织幼儿教师进行蒙学读物专题培训,如每一周学习一本蒙学读物,共同了解全书的背景、全文内容、文字含义、书籍价值,共同研讨和筛选适合幼儿学习的文本,并做出实施计划。其次,还要邀请专家进幼儿园讲授蒙学读物,可以请历史或语言学类专家教授指点,开展蒙学读物的价值、蒙学读物的现代意义、蒙学读物中的儿童等讲座,深度解析蒙学读物的价值和内涵。

---

① 段媛媛:《蒙学读物幼儿教育价值的理论分析与实践探索》,西南大学2011年学前教育专业硕士论文。

第四章

幼儿园传统礼仪文化浸润式教育

中国历来被称为"礼仪之邦"。提到中国人,也常常伴有"彬彬有礼""谦逊礼貌"等印象。中国自古就讲究以"礼"治国,中华文明上下五千年,我国已经形成了一套独具中国特色和内涵中国精神的"礼"的思想和"礼"的规范,成为维护中国秩序的完整的伦理道德、生活行为规范,内化为中华民族的自觉意识。这种完整的伦理道德、生活行为规范构成了一种文化,即礼仪文化[1]。

我国的礼仪文化起源很早,从传说中的黄帝时代起,历经尧舜禹时代及夏商王朝,"礼"经历了萌芽、产生、继承与发展几个阶段,直到周代,礼制逐步系统化,并趋于完备[2]。在我国的礼仪文化典籍中,《周礼》《仪礼》《礼记》等都记载了中国从上至下的礼仪文化,如生活礼仪、婚嫁礼仪、丧葬礼仪、家庭礼仪、社交礼仪等。结合3~6岁幼儿年龄特点和生活经验,依据《礼记》《诗经》《童蒙须知》《童子礼》等礼仪文化典籍和中国历史故事,我们最终选择我国的家风礼仪、公共礼仪、节日礼仪详细展开论述,以此传承祖先精致典雅的礼仪文化,提升幼儿道德与修养。

第一节 幼儿园家风礼仪浸润式教育

家庭教育往往是教育的第一阶段。我国古代,启蒙教育更主要是在家庭中进行,可见家庭对幼儿的行为和思想的影响是最为长远和深远的。家风是一个家庭的风尚,是一个家庭的生活方式和文化氛围,家风礼仪在中国传统文化礼仪的传承中也处处可循,如《礼记》构建的以父母、子女之间血缘亲情关系为基础的家庭礼仪规范,《颜氏家训》用7卷20篇的内容强调了家

---

[1] 罗栖:《礼仪文化十讲》,当代世界出版社2018年11月版,第3页。
[2] 同上。

庭礼仪对成为一个高尚的人的重要性,《朱子家礼》作为日常百姓居家礼仪的规范,更是广为流传,《童蒙须知》、司马光的《书仪》和《温公家范》等①,阐述了家风家训的重要性,家风礼仪的重要内涵,我们从中选取适合当代幼儿的家风礼仪,以此引领和帮助幼儿塑造良好的言行举止和德行品质。

一、幼儿园家风礼仪浸润式教育意义

优良的家风蕴含着家庭的和谐氛围和行为品格,它是华夏民族源远流长的优良传统,优良家风所表现的是一个家庭文化内涵,也是一个家庭的道德标准[2]。家风礼仪是一切礼仪的基础,优良的家风礼仪教育对幼儿的成长有重要的引领作用,为幼儿提供修身的榜样,帮助幼儿在家庭教育中潜移默化地塑造优良的品行,稳固家庭关系,传承"孝"文化,提升幼儿的公民道德素养,构建幼儿的完美人格,继而优化整个中国的社会风气。

(一)家风礼仪教育有利于构建和谐的家庭关系

温馨和谐的家庭关系是幼儿成长所依托的精神环境,对幼儿的人格形成和未来的发展有着巨大影响。家风礼仪强调父慈子孝的父子之礼和兄友弟悌的兄弟之礼,而亲子关系和兄弟姐妹的关系是家庭关系的基础,父子之礼和兄弟之礼正是规范了这层基础关系,有利于建立稳固的家庭关系,构建和谐温馨的家庭环境。

如今的儿童大部分是独生子女,是父母的掌上明珠,集千般宠爱于一身,在这样的家庭教养方式下,儿童往往以自我为中心,把父母的疼爱当作理所应当,不懂得感恩父母。面对三胎生育政策的施行,儿童自私的心理又导致无法与兄弟姐妹和平相处,充满矛盾与危机的家庭关系似乎成为当代中国家庭的真实写照。中国传统家风礼仪正好有利于弥补当今家庭关系的缺漏,它所提倡的父母慈爱、子女感恩、长兄如父、敬长爱幼等礼仪都是当代幼儿所欠缺的。因此,将家风礼仪浸润于幼儿园教育中,帮助幼儿提升家庭礼仪修养,学会感恩父母、尊老爱幼、团结兄弟,有利于构建和谐的家庭关系。

(二)家风礼仪教育有利于提升幼儿的道德素养

作为一个中国的文明公民,它所体现的礼貌、礼节、仪表和仪式都表现在生活的方方面面。生活中的文明礼仪是我们学习和生活的根基,是我们

---

① 罗栖:《礼仪文化十讲》,当代世界出版社2018年11月版,第170~176页。
② 陶倩芸:《打造优良家风 引领幼儿文明礼仪》,载《考试周刊》2017年第88期,第170页。

做人的根本,是提升公民道德素养的关键。生活中的礼仪包括就餐饮食之礼、仪容仪表之礼、待人处事之礼等,这些礼仪最基本的养成方式就是通过家庭教育,通过幼儿息息相关的家庭生活,帮助幼儿讲文明,讲礼仪。良好的家风礼仪,帮助幼儿养成了良好的就餐习惯和行为习惯,有利于身体的健康发展,如"食不言寝不语",不仅提醒幼儿吃饭说话是不礼貌的行为,更提醒幼儿专心吃饭,否则会影响食物的消化;再如正确的坐姿习惯不仅是与人交流的礼貌姿态,更加是骨骼健康发育的前提。良好的家风礼仪帮助幼儿学会为人处世之道,提升幼儿的道德素养。家风礼仪所涉及的仪容仪表之礼,待人之礼,讲究与人交往的语言和仪表,讲究与人交流的态度与行为。幼儿所面临的第一个小社会就是家庭,只有在家庭中处理好人际关系,才能在将来更好地立足于社会,学会与各色人物交往。

（三）家风礼仪教育为优化我国的社会风气奠定基础

习近平总书记强调,"千千万万个家庭的家风好,子女教育得好,社会风气好才有基础","家风是一个家庭的精神内核,也是一个社会的价值缩影。良好家风和家庭美德正是社会主义核心价值观在现实生活中的直观体现"。家是最小国,国是千万家。家风的形成,无关贫富,只关德行,家风在一定程度上促进和影响着社会之风。从家风看社会主义核心价值观,一个是具体行动,一个是精神层面,逐渐升华。家风是社会的产物,与时俱进,历史的变革,或早或迟,总会赋予家风、家规、家训以新的意蕴,除旧布新。家风礼仪在幼儿园的融入,不仅能帮助幼儿塑造良好的品格,形成优秀的家庭美德,最终影响的是整个社会的风气,推进中国新社会新气象。

二、幼儿园家风礼仪浸润式教育内容

家风是中华民族传统美德的现代传承。新时代的家风以"孝亲"为核心,维系家庭和谐,再延伸扩大到家庭所在的社会、民族和国家。家风礼仪承载着一个家庭或家族的生活方式、生活态度、生活理念和价值观,这体现在家庭生活中的方方面面,包括饮食、仪容仪表、日常生活,都紧紧围绕着幼儿的家庭生活,深受家风的感染和熏陶。

（一）饮食礼

饮食,即吃饭,它的目的不仅仅是填饱肚子,满足味蕾的需求,更是一种文化的彰显,是培养礼仪的开始。吃饭前,是否请长辈先入座?何时动筷?进餐中又要如何做到行为举止得体?饭后又要如何处理饭菜?这都体现着一种教养,能反映出一个人的孝心,一个人的礼仪。

1. 饭前用礼

(1)请长辈先入座。《弟子规》提到,"或饮食,或坐走;长者先,幼者后"。无论是在家里吃饭,还是和别人一起吃饭,都要等到饭菜全部上桌,大家都坐下后,再一起用餐①。我们发现,很多幼儿总是等不及全部饭菜上桌就开始动筷子,更别提等长辈全部入座,这是非常不礼貌的行为。作为晚辈,一定请爷爷奶奶、外公外婆、爸爸妈妈先入座,先请他们先动筷子,自己再动筷子②。在有一定能力的情况下,创造机会,鼓励幼儿提前摆好碗筷,为长辈盛上一碗饭再邀请长辈入座,更能体现对长辈的关心和爱护。

(2)给父母双手端饭。《诗经》中提到,"父兮生我,母兮鞠我。拊我畜我,长我育我,顾我复我,出入腹我。欲报之德。昊天罔极",提到我们应表达对父母的恩情③。而这种报恩并不是为父母买多贵重的礼物,而是从生活中的小事做起,让父母在无形中感受子女的关爱。《童子礼》讲到,在给父长辈端饭时,要先将桌子擦干净,然后用双手恭敬地把饭菜放到他们的面前④。如果是父母给我们盛饭时,一定要站起来双手接,并说"谢谢",这些都是尊敬长辈、孝敬父母的实际行为,也是做儿女的基本礼仪⑤。当代不少幼儿就餐时,把自己当成小少爷或小公主,衣来伸手饭来张口,每次家中用餐只等饭菜全部放在桌子上,摆好碗筷才落座,这是不礼貌且懒散的行为。我们应该从娃娃抓起,让幼儿力所能及地帮助父母分担家务,表达自己对父母的关爱。

2. 就餐用礼

(1)菜饭不可回放。无论是从安全卫生角度,还是从用餐礼仪角度,菜饭都是不可再次放回的。《礼记·曲礼上》说"毋放饭""毋反鱼肉",就是说用餐时,不能把剩下的饭菜、咬过的鱼肉等再放回公盘、公碗里⑥。让别人吃自己咬过或剩下的饭菜,既不卫生,也是对别人的不尊重,是不符合礼仪的。此外,夹菜时,要在面对自己的公盘边侧夹菜,再放入自己的餐盘内慢慢地吃,夹菜或盛饭时要少一点,尽量不要剩⑦。如果剩余,也留在自己的餐碟或碗中。还有,吃过的骨头、鱼刺、菜渣等不能直接吐在餐桌上,放在自己的餐盘内侧;如果想咳嗽、打喷嚏或吐痰,一定要转身掩口,并用餐巾纸擦干净后

---

①王虹,雷子:《这就是中华传统礼仪》,河北科学技术出版社2020年4月版,第3页。
②同上。
③同上。
④同上。
⑤同上。
⑥王虹,雷子:《这就是中华传统礼仪》,河北科学技术出版社2020年4月版,第6页。
⑦同上。

说"对不起"或"抱歉",这都是用餐的基本礼仪①。幼儿普遍存在挑食行为,这导致一部分幼儿在夹菜时往往多夹自己喜欢的饭菜,遇到不喜欢吃的,会剩下或夹给父母。这既不利于自己的身体达到营养均衡,也不是用餐文明行为。

(2)不要满嘴流汤水和狼吞虎咽。《礼记·曲礼上》说"毋流歠(chuo)",意思是进餐喝汤时,要小口慢喝,不要大口吞咽,使汤水从口角流下来,弄得满嘴、满身都是②。为了避免汤水流得到处是,吃汤时应先用大汤勺从汤盆中盛到汤碗里,再用小汤勺盛起慢慢地喝③,不要捧着碗直接喝,这样容易弄得满嘴及满身都是④。捧着碗直接往嘴里塞的行为不仅会破坏美好的就餐环境,还会让人感觉没有修养,像是饱受风霜的野蛮人,是不文明和不优雅的行为。

《礼记·曲礼上》说"毋嘬炙",即当你吃大块的烤肉串时,不要一口吃下去,如此塞满口腔,不及细嚼,狼吞虎咽,仪态不文雅⑤。无论吃肉还是吃菜,都不要狼吞虎咽,更不要上一口还没有嚼完咽下,下一口又放入口中,一口接着一口,满嘴吞嚼的样子,甚至腮帮子都鼓起来⑥。要缓缓地举筷子,慢慢地夹菜,闭嘴,细嚼慢咽,不发出大的声音,动作要舒缓文雅,这是用餐的基本礼仪⑦。

(3)进餐时不出声。进餐中不能发出怪声,避免打扰别人进餐,也防止自身消化不良。《礼记·曲礼上》要求人在喝汤喝粥时,不要让口中发出"呼噜呼噜"的声音;在吃菜吃饭时,不要发出"吧唧吧唧"的声音;在啃骨头时,不要发出"呱唧呱唧"等响声,这些吃相都是不文雅的⑧。在等待上菜的过程中,有的小朋友爱用筷子敲打碗盘,发出"叮叮当当"的声音,这也是违背用餐礼仪的⑨。

进餐时尽量不喧哗,不说无关紧要的话,尤其是口中有食物时,切勿讲话。《论语·乡党》上说:"食不语,寝不言。"指吃饭的时候不要言语,睡觉的时候不要说话⑩。中国人讲究吃饭是一种人际交往的重要手段,所以吃饭时难免要交谈时,要注意基本礼仪及细节,即口中含着饭菜时不要说话。如因

---

①王虹,雷子:《这就是中华传统礼仪》,河北科学技术出版社2020年4月版,第6页。
②同上。
③同上。
④同上。
⑤王虹,雷子:《这就是中华传统礼仪》,河北科学技术出版社2020年4月版,第7~8页。
⑥同上。
⑦同上。
⑧王虹,雷子:《这就是中华传统礼仪》,河北科学技术出版社2020年4月版,第6页。
⑨同上。
⑩王虹,雷子:《这就是中华传统礼仪》,河北科学技术出版社2020年4月版,第7页。

为情境需要说话也要等自己及对方口中食物嚼咽后再说,以防把饭菜粒喷到饭桌上,甚至溅到别人的脸上①。除在家中吃以外,外出就餐,如饭店就餐,不要高声喧哗,避免影响别人;呼唤服务员、催饭菜时,要温声细语,避免语言粗暴、大声喊叫,这是做人的基本修养②。

图4-1 餐前、餐中(来源:邯郸市委机关幼儿园)

(4)进餐中不争抢食物。《朱子童蒙须知》上说:"凡饮食之物,勿争较多少美恶。"指不要为饮食多少或美恶,发生争抢的行为,这是很失礼的事情③。《朱子家训》上说,为人兄或为人姐,对待弟弟或妹妹要宽厚谦让;为人弟或为人妹,对待哥哥或姐姐要恭敬礼让④。中国也有孔融让梨的典故,讲究兄弟之间要懂得谦让。这种谦让礼让的礼仪也应从饮食开始培养。幼儿因为年龄小,经验不足,所品尝的美食更是有限,再加上以自我为中心的思维,当遇到美食时,总有占为己有、出现争抢食物的行为,这是不礼貌、不文雅的。倘若在这种最小的饮食方面都不想谦让,自私自利,更别提以后步入社会,与邻居、朋友、同事之间的分享和合作了。因此,进餐中不争抢食物的好习惯必须从幼儿就开始培养。

(5)不在公盘中翻搅。《童子礼》要求夹菜时,要缓慢沉着,不要急迫匆忙,更不能用自己的筷子在公盘里翻搅,把盘子里的菜肴拨乱⑤。这种在公盘中翻搅的行为是不卫生,也不是尊重别人的表现。有的人在翻搅菜肴时,还张大嘴巴,伸长脖子,甚至伸出舌头去接要夹的菜,这种吃相都是不雅观的⑥。孩子们吃饭时,总喜欢挑出自己喜欢的菜,有翻搅行为。有的家长就

---

① 王虹,雷子:《这就是中华传统礼仪》,河北科学技术出版社2020年4月版,第7页。
② 同上。
③ 王虹,雷子:《这就是中华传统礼仪》,河北科学技术出版社2020年4月版,第7~8页。
④ 同上。
⑤ 王虹,雷子:《这就是中华传统礼仪》,河北科学技术出版社2020年4月版,第9页。
⑥ 同上。

有在公盘中有挑一挑、翻一翻的习惯,导致幼儿模仿。习惯性地在公盘中翻搅,这些都需要幼儿园老师和家长及时帮助幼儿矫正。

3. 饭后用礼

(1)碗中不留剩饭。《悯农》中写道:"锄禾日当午,汗滴禾下土。谁知盘中餐,粒粒皆辛苦。"此首家喻户晓的古诗生动形象地说明了我们吃的每一粒粮食的来之不易,都是农民伯伯用辛苦的耕种换来的,所以我们要懂得珍惜粮食。《常礼举要》上也说"碗中不留饭粒",如果饭量小,可以请主人盛少一点,千万不要浪费了①。正所谓:"一粥一饭,当思来之不易;半丝半缕,恒念物力维艰。"无论贫富,节俭既是一种美德,也是对主人劳动成果的尊重,更是一种礼仪②。幼儿剩饭的问题太常见,因为有不喜欢的饭菜,或者盛饭多等各种理由而剩下,而家长常常忽视这种问题,导致幼儿的剩菜剩饭越来越多,挑食行为越来越严重。碗中不留剩饭是中华民族的传统美德,也是养成良好用餐行为的基本习惯。

(2)饭后清理餐具。饭后清理餐具被幼儿理所应当地认为是大人的责任,甚至很多家长也认为收拾餐桌全部是自己的事情,幼儿太小不适合清洗餐具和整理餐桌。但3~6的幼儿已经有了一定的动手能力,也渴望承担一定的家务,尽一份家庭责任,这是对家人或提供饭菜的主人的肯定与答谢,这是基本的家庭礼仪和做客礼仪。所谓"一屋不扫,何以扫天下",如果连自己的家都不会和不想打扫,今后又怎能担当社会的重任呢?适当地允许和鼓励幼儿收拾餐桌,清洗自己的碗筷,打扫地面是十分有必要的。

图4-2 餐后(来源:邯郸市委机关幼儿园)

---

① 王虹,雷子:《这就是中华传统礼仪》,河北科学技术出版社2020年4月版,第10页。
② 同上。

(二) 仪容礼

《礼记》中提到,"礼义之始,在于正容体,齐颜色,顺辞令"。仪容代表着第一印象,仪容代表着一个人的生活态度、生活细节和气质气色,在人际交往中有重要地位。在幼儿园,教师会帮助幼儿养成良好的坐姿、站姿等仪容礼节,也会纠正幼儿不良的行为习惯。但是举止行为、衣着形象影响最为深远的仍旧是家庭,家人的仪容仪表,家人的举止和形象都潜移默化地改变着幼儿的仪容礼仪。

1. 站姿坐相

(1) 坐姿要挺直。《礼记·玉藻》提到,"坐如尸"。"尸"是古代祭祀时代表死者受祭的人,是说与尊长相处时,坐姿要端庄大方,恭敬谨慎①。《童子礼》也指出:凡是坐,上身要保持正直,合双手,收敛双脚,以示敬意②。人在坐着与别人交谈时,身体不可东倒西歪、前俯后仰或倚靠物品,也不可跷腿抖腿。这是不雅观的行为,让外人看来非

图4-3 我爱我家——邯郸
(来源:邯郸市委机关幼儿园)

常不舒服和不礼貌,并且长久以往影响身体的发育,骨骼的生长,容易出现颈椎、腰椎等方面的疾病。我们经常看见幼儿瘫坐在小板凳和小沙发上,与老师和其他幼儿聊天或交谈时,腿不自觉地抖动,浑身摇摆,这些都是违背坐姿礼仪的。如果在幼儿园都是这种坐姿,可想在家里更是散漫,因此"坐姿要挺直"应该成为家风礼仪中的必备内容。

(2) 站姿要恭敬。《礼记·玉藻》提到我们见尊长时要"立容德",就是说站立时要端正,上身微向前倾,就像从别人手中接受器物那样,神态毕恭毕敬,小心谨慎,这就是恭立③。《童子礼》同样对站姿提出要求:凡是站立,理应双手交握在胸前,如拱形,身体正直,两脚并拢,这就是正立,是平辈之间交往时的站姿④。今天的正立姿势与《童子礼》中的要求基本相同,即身体

---

① 王虹,雷子:《这就是中华传统礼仪》,河北科学技术出版社2020年4月版,第14页。
② 同上。
③ 王虹,雷子:《这就是中华传统礼仪》,河北科学技术出版社2020年4月版,第16页。
④ 同上。

正直,双腿直立,女子双腿并拢,男子双腿与肩同宽或并拢①。唯独手的姿势有变化,将双手抱鼓交握在胸前的姿势,演变成双手叠放腹前,男子左手在前,女子右手在前②。我们经常看到孩子倾斜着身子,倚靠在墙上或者高大的物品旁边,甚至手插在衣服兜儿里跟小朋友、长辈和老师说话,这并不是潇洒和偷懒的动作,这是不礼貌的行为。良好的站姿体现着一个人的修养,也体现着一个人的气质。

2. 衣冠服饰

(1)面色要庄重。人的面部表情是人内心情感的外在表露,体现了人的内在德行③。《礼记·玉藻》提到,我们见到长辈或贵宾时,要"色容庄",就是说神色要庄重稳健,温和恭敬,不傲不慢,不能面带倦色,面带倦色有懈怠之意,不能嬉皮笑脸,嬉皮笑脸有轻佻之嫌。这都是违背礼仪的④。此外,面由心生,在不同场合,应有不同的表情,如参加丧事,必有哀痛的表情;如参加喜事,必有喜悦的表情⑤。3~6岁的幼儿已经懂得了一定的人情世故,懂得了生老病死,懂得了老幼尊卑,在面对一些特殊的人,特殊的事情,需要保持庄重的深情,不能忘乎所以,完全沉浸在自己嬉戏打闹的状态。

(2)衣装保持整洁。衣装是人们看到对方的第一视角,衣装不仅是人体的修饰,更是文明的重要标志,穿着不同会给人以庄重与轻佻、美丽与丑陋、高贵与庸俗等鲜明印象及差别⑥。《童子礼》上说,洗脸时,用毛巾把衣领遮住,把袖子卷起来,不要把衣服弄湿了⑦,时刻保持衣服的整洁。回家后,脱下的衣服要归纳整理和清洗,不要乱丢乱放。一个人的穿着打扮不见得要有多贵、多时尚,重要的是要干净整洁和大方利落,不是邋里邋遢、松松垮垮的形象。爱护衣装,不仅是礼仪的基本内容,也是敬物、惜物精神的具体表现⑧。

(3)不同场合注意换衣。《童蒙须知》上就教我们,外出时穿的服装,要根据场合的要求恰当选择,回到家中要换上家居服,晚上休息时换睡衣⑨。此外,如果有客人来访,一定不能穿睡衣接待,这是不尊重的行为。当然,去

---

① 王虹,雷子:《这就是中华传统礼仪》,河北科学技术出版社2020年4月版,第16页。
② 同上。
③ 王虹,雷子:《这就是中华传统礼仪》,河北科学技术出版社2020年4月版,第20页。
④ 同上。
⑤ 同上。
⑥ 同上。
⑦ 同上。
⑧ 同上。
⑨ 同上。

别人家做客时,也要打扮得体,进门询问是否需要换干净的拖鞋。作为家长,不仅要求幼儿在外边保持衣着整洁,在家里也要注意衣服的舒适和卫生,不仅要求幼儿在自己家保持干净,也要提醒幼儿做客时同样保持干净卫生,根据场合更换衣服类型,更换脏掉的衣服和鞋子。

图4-4 我爱我家——邯郸(来源:邯郸市委机关幼儿园)

(三)待人处事之礼

人类是群居生物,需要与各色各样的人进行交流和合作,无论是家长还是老师,无论是伙伴还是邻居,我们都要做到以礼待人,与人交往中,一言一行都体现了我们的修养,我们的家教。

1.待父母

(1)父母呼唤立即到。《童子礼》中教导我们:凡是父母长辈召唤我们时,应该随声响应,不可以迟缓,要快步走到尊长面前听候吩咐①。如果我们坐着,要站起来立即过去;如果我们正在吃饭,要放下碗筷立即过去②。不理不睬,一动不动,是对别人的不尊重,何况对父母长辈呢?这是基本的礼仪常识③。我们经常可以看到孩子们对于家长的呼唤置之不理,开餐吃饭喊名字不理,提醒孩子关掉手机睡觉不理,这种行为是不符合礼仪的。

(2)不唤父母长辈名。中国人对称呼很讲究,特别是对尊长的称呼,是有很多礼仪的④。《童蒙须知》上说:"凡称呼长上,不可以字。凡对父母长上朋友,必称名。"意思是说,凡称呼长辈时,不可以直呼其名或字,要按辈分或年龄称对方爷爷、奶奶、伯父、伯母等,这是尊敬的表现⑤。如果年纪比自己小许多的人,可以称名;如果是上级领导则尊称职衔,如王部长、李经理等;如果称古人,尊称姓字或加先生,今人在正式场合也要尊称男子为先生、

---

① 王虹,雷子:《这就是中华传统礼仪》,河北科学技术出版社2020年4月版,第24页。
② 同上。
③ 同上。
④ 王虹,雷子:《这就是中华传统礼仪》,河北科学技术出版社2020年4月版,第25页。
⑤ 同上。

女子为女士①。这些基本的称呼礼仪体现着幼儿的基本修养。

（3）对父母和颜悦色。子女孝敬双亲并不是要一脸严肃凝重，而是要和颜悦色②。《礼记》中说：严肃而威重，端庄而恭敬，并非孝敬父母之道③。也提到，孝子有深爱父母之心，必有温和的气象；既有温和的气象，必然有愉悦的颜色；既有愉悦的颜色，则容仪一定会顺婉④。我们对父母的关爱会通过我们的微表情流露出来，真正地爱是溢于言表的。所以，对父母长辈经常板着面孔，不给父母好脸色，甚至因一点小事就怨恨父母，和父母大吵大闹是严重违背礼仪的⑤。

2. 待他人

（1）说话讲诚信。《弟子规》上说："凡出言，信为先。诈与妄，奚可焉。"就是说，凡是讲话，我们要以信实为第一准则。《童子礼》也教导我们"所言之事，须真实有据，不得虚诳"，即说话要有真凭实据，不可以骗人⑥。幼儿常常分不清现实和想象，可能会存在说谎的现象，在一定程度上我们可以理解幼儿的说谎行为，不能一刀切地以为说谎就是问题行为。但是讲诚信是幼儿必须要做到的事情，说到做到，今日定好的计划必须今日完成，答应的事情必须做到，做不到要及时承认，和别人一同解决。

（2）对特殊人群要尊重。《论语》上记载：樊迟问仁，子曰："爱人。"问知，子曰："知人。"⑦又说，一个人没有仁爱之心，遵守礼仪有什么用呢⑧？所以，仁爱是礼的根本，敬人是礼的表达形式⑨。仁爱是对所有人都要保持宽容和爱心，尤其是特殊人群，比如残疾人，更应该格外的保护和尊重。所以《常礼举要》上说：与残疾人会面，须格外恭敬。此外，对孤寡老人、儿童、妇女、农民工甚至乞丐等弱势群体，都要加倍爱护和尊敬，这才是真正的修养和礼仪⑩。家长带着幼儿外出时，经常会碰见残疾人、老人、乞讨者，不应该一脸嫌弃带孩子离开，而应该更加懂得尊重和爱护对方，主动帮助对方。

（3）与邻里和睦相处。俗话说"远亲不如近邻"，邻里和睦相处，对每个

---

① 王虹，雷子：《这就是中华传统礼仪》，河北科学技术出版社2020年4月版，第25页。
② 王虹，雷子：《这就是中华传统礼仪》，河北科学技术出版社2020年4月版，第26页。
③ 同上。
④ 同上。
⑤ 同上。
⑥ 王虹，雷子：《这就是中华传统礼仪》，河北科学技术出版社2020年4月版，第30页。
⑦ 王虹，雷子：《这就是中华传统礼仪》，河北科学技术出版社2020年4月版，第33页。
⑧ 同上。
⑨ 同上。
⑩ 同上。

家庭都有好处①。邻居同样也是幼儿最常见的人群,如果连最常见和熟悉的邻居都处不好关系,又怎么处理将来各路朋友和同事的关系呢?古语云:"你容我,我容你,天宽地阔;你敬我,我敬你,亦显德高。"这亦适用于邻里相处②。邻里之间,抬头不见低头见,接触十分频繁,所以应当礼貌相待,努力做到互敬、互信、互助、互让③。如果有分歧,双方要积极沟通,平等协商,互相谅解,通常是可以得到妥善解决的,切忌搬弄是非,火上浇油④。家长应该多带幼儿和邻居沟通,积极主动问好,维护良好的邻里关系。

三、幼儿园家风礼仪浸润式教育途径

家风礼仪是礼仪文化的重要部分,是幼儿行为习惯、道德品行形成的初级阶段。幼儿园教育应该充分发挥教师的榜样作用,利用环境因素潜移默化地帮助幼儿理解并践行家风礼仪。同时,在家风礼仪教育中,起到关键教育作用的就是家长,家长的一言一行都影响着幼儿,家长的礼仪观念和教育方式也在家风礼仪建设中起到不可小觑的作用。幼儿园老师应该做好家园共育工作,动员家长一起参与家风礼仪的浸润式教育中,帮助幼儿从小养成良好的行为习惯,成为一个吃有吃相、坐有坐相、仪表堂堂、言行得体的好孩子。

(一)创设家风礼仪教育的精神环境,为幼儿树立礼仪榜样

幼儿正处于一个学习和探索的阶段,他们不认识这个世界的事物,不认识这个世界的运行规则,所以他们好奇心强,喜欢模仿,也善于模仿,通过模仿感知和适应这个社会。众所周知,榜样的力量是无穷的,我们不妨抓住幼儿爱模仿的特点,树立家风礼仪的榜样,让家长和教师以身示范,传递正确的家风礼仪,也表扬拥有良好家风礼仪的幼儿,让更多的幼儿成为榜样,让所有幼儿在观察和模仿中,不知不觉地达到自我规范和自我管理,塑造正气和向上的形象。

1. 以家长为榜样

家长是幼儿的第一任老师,家长是幼儿最初模仿的对象。家风礼仪教育最直接的教育手段就是从家长做起,让家长言传身教,为幼儿树立一个良好的学习榜样。

---

①王虹,雷子:《这就是中华传统礼仪》,河北科学技术出版社2020年4月版,第40页。
②同上。
③同上。
④同上。

家长首先要有正确的礼仪观念才能起到示范带头作用,可以通过书籍、幼儿园教师讲座、多媒体了解当代的礼仪行为,然后自我约束,只有自己养成良好的行为习惯,才能真正影响到儿童的成长。例如饮食礼,家长要注意请长辈先入座,如等待行动较慢的爷爷奶奶落座后再开餐,双手给爷爷奶奶盛饭。幼儿看到父母如何善待自己的父母,如何做好用餐前的准备才能真正落实到行动上。再如仪容礼,家长首先要有正确的站姿和坐姿,和幼儿交谈时保持目光对视和身体平衡。关于服饰,家长着装要得体,保持衣物的干净与整洁,无论做什么工作,回家后都要及时换上干净的衣服,时刻保持利落的精神状态。再如待人处事礼,家长切勿在幼儿面前对爷爷奶奶大吼大叫,要声调温和地同长辈讲话。与幼儿外出看到特殊人群及时提供帮助,例如帮助老爷爷老奶奶过马路,搀扶盲人过人行道,给幼儿提供榜样示范。孩子们在生活中看到家长的礼貌性为,将潜移默化地影响到的自己的观念,不自觉地落实到行动中。

2. 以教师为榜样

幼儿从家中走向幼儿园,教师就成为最主要的学习榜样。幼儿常常认为教师的行为举止具有绝对的权威性,所以教师的榜样效果往往也起着关键作用[①]。教师良好的榜样作用,体现在组织幼儿活动时,体现在开展一日生活活动中,体现在与幼儿交流的方方面面。

教师在重视创设幼儿园良好精神环境,培养幼儿礼仪的同时,要从自身做起,讲礼仪讲规范。例如,早晨入园时,想让幼儿打招呼,可以先主动向幼儿打招呼,主动向其他老师打招呼。再如,教师在组织教育活动时,说话语调温柔,无论是站着开展活动还是坐着开展活动,都要时刻与幼儿有眼神交流,注意自身肢体语言的文明。在园内用餐之前,教师带领幼儿排成队去洗手间洗手,教师示范正确洗手方法,幼儿跟着学习;教师要经常使用文明用语,"谢谢""对不起""没关系"等等,身体力行的为幼儿树立榜样,为幼儿文明言行提供一个正确引导,在潜移默化中培养幼儿文明言行,这正是家风礼仪教育的体现[②]。

3. 以幼儿为榜样

除了家长和教师,同伴的榜样力量也不容小觑。在幼儿群居的环境中,同伴的影响一样是不可忽视的,特别是中、大班幼儿,他们已经会在同伴之

[①] 张葵:《从"家风"谈幼儿礼仪教育中榜样的力量》,载《当代学前教育》2014年第4期,第35~36页。

[②] 同上。

间相互模仿学习,这也为树立同伴中的榜样提供了更大的平台①。幼儿园可以每周评比礼仪小明星,通过教师观察或幼儿互相提名表扬,记录幼儿良好行为习惯的次数,并最终计分评比。可以让胜出的人担任礼仪小卫士的角色,每天在大门口迎接小朋友和老师的到来。或者鼓励幼儿参加升旗仪式,选出升旗手、护旗手和国旗下讲话者,提高幼儿的积极性。久而久之,孩子们就会养成饮食礼、仪容礼、待人处事礼等良好礼仪习惯。

(二) 创设家风礼仪教育环境,为幼儿创造学习家风礼仪空间

幼儿园物质环境的创设为幼儿家风礼仪的学习提供了良好的空间和必要的条件。无论是饮食礼、仪容礼还是待人处事礼都依托于一定的物或人,良好的物质环境创设,可以让幼儿身临其境地学习礼仪规范和感受礼仪的价值,也可以激发幼儿学习礼仪的兴趣和意识。

关于饮食礼,除了可以在每日三餐的餐桌上帮助幼儿养成良好的饮食行为习惯,幼儿园可以创设有关饮食的角色活动区角,让幼儿在体验中华美食的制作与品尝中,掌握饮食礼。如开设娃娃家、餐厅、奶茶店、路边摊等角色活动,活动区角内都投放做饭的材料、吃饭的材料、收拾餐桌的材料,鼓励幼儿以全家人或朋友聚餐的形式参与有关饮食的角色活动,在角色游戏中体验和掌握进餐前、进餐中、进餐后的礼仪。同时,在幼儿园的餐厅和有关饮食的角色活动区角,都可以在墙上张贴文明进餐的相关图画和文字,时刻提醒幼儿珍惜粮食、细嚼慢咽、进餐不说话等礼节。

关于仪容礼,幼儿园可以在班级内或幼儿园门口创设仪容仪表礼仪标兵栏。抓拍幼儿标准的站姿、坐姿,整洁利落的穿着,可爱、大方和严肃的面容,讲图片张贴在仪容仪表标兵栏,警醒幼儿有良好的仪容仪表,做好小朋友的榜样。同样,也可以创设服装店、超市等服务性强的角色活动区,提供服装店和超市服务人员的衣物,当幼儿穿上具有仪式感的衣服,自然而然会注意自己的坐姿和站姿,在尝试和顾客说话的时候,会改变自己的面容,更加有礼貌。通过服务性的角色,感知良好坐姿、站姿和得体着装的重要性,从而延伸到生活中,注重自己的仪容仪表。

关于待人处事之礼,幼儿园可以将有关为人处事的小故事或画面张贴在走廊上,如扶老人、小孩、盲人过马路的画面,出门与邻居打招呼的画面,提醒幼儿要时刻想着帮助别人,与人友好相处。并设置有关待人处事的标兵栏,如

---

① 张葵:《从"家风"谈幼儿礼仪教育中榜样的力量》,载《当代学前教育》2014年第4期,第35~36页。

"每周礼仪小故事""每天礼仪小天使",把孩子们与人友好相处的事迹做成照片专栏,或写成小故事,奖励小红旗,激励幼儿养成良好的待人处事之礼。

(三) 家园联系,传承家风礼仪

随着社会的变迁和家庭环境的变迁,如今的家庭教育观念也随之改变,早期教育重点也转变为早教机构和幼儿园。因此,幼儿园应做好家园共育工作,通过建立家园协作和共育机制,为幼儿营造一个多维体的家风氛围①,提升家长在家风礼仪教育中的影响。

1. 开展家园座谈会,帮助家长树立正确的家风礼仪观念

家长为幼儿树立家风礼仪榜样的前提是家长有正确的家风礼仪理念和规范的家风礼仪行为。随着家庭经济条件不断提高,生活资源充足,成人也有了浪费食物等不节俭和浪费的行为。由于当今工作压力的增加,成人也往往忙于工作疏忽对长辈的关照,甚至因工作的不适心情导致对长辈的不敬。同样随着个性化社会的到来,成人在不同场合的仪容仪表也渐渐脱离了原来传统的仪容仪表

图 4-5　家园座谈会
(来源:邯郸市委机关幼儿园)

轨道。如果家长自身礼仪素质都存在问题,那么幼儿的家风礼仪教育将很难进行。如果家长都不懂得孝顺长辈、衣冠整洁、善待左邻右舍等,那将严重影响孩子的礼仪表现。

幼儿园应首先开展座谈会,召开家长一起学习规范的家风礼仪,可以邀请社会上的礼仪专家为家长讲解家风礼仪的价值和内容,让家长认可家风礼仪教育的重要意义,认识到自身礼仪的不足,有决心和信心纠正自身的礼仪错误,提升自身素质,从而为幼儿树立良好的榜样。同时,可以推荐给家长有关中国传统礼仪的书籍,让家长不断地汲取先进的教育理念,不断完善自我,做好榜样。

2. 开展亲子活动,在实践中指导家长进行家风礼仪教育

"家风"的打造不是形式化的标语和口号,也不是不可撼动的家庭制度,更不是苛刻不变的行为准则,要想真正让"家风"得到良好构建,不仅要传到

---

① 范赟:《从"家风"谈幼儿礼仪教育中榜样的力量》,载《当代家庭教育》2020 年第 31 期,第 19~20 页。

理念,更要落实到行动上,从细节层面入手,真正地让家庭生活的每一方面都体现出"家风"①。幼儿园可提供一些实践活动,让家长和幼儿共同参与,指导家长如何帮助幼儿养成良好的礼仪习惯。

邀请家长观察和参与幼儿的一日生活活动。例如观察幼儿进餐环节是否做到细嚼慢咽和饭后打扫等礼仪;观察幼儿体育活动结束后,是否注重和整理自己的衣服,保持衣物的整洁和利落;观察幼儿是否与小朋友和教师主动打招呼和问好,被叫到时是否第一时间回应;等等。通过观察,让家长知道家风礼仪都体现在哪些细节上,再通过教师的指导明确具体家风礼仪教育方式,如通过语言的正确和积极地引导帮助幼儿理解和明确正确的行为。

组织升旗活动、礼仪宝贝活动,让家长和幼儿一起参加,感受礼仪的价值和意义。如每周一的升旗队伍,选择一位家长当升旗手,小朋友当护旗手,穿上标准的升旗服饰,体验笔直的站姿、严肃的面容、得体的衣着礼仪。每天早上,鼓励家长和幼儿在幼儿园门口做接待活动,家长和幼儿都穿上园服,用热情的微笑向其他幼儿和家长问候,不但让其他人感受礼仪带来的和谐温馨氛围,也给值日的家长带来了积极的情感体验。

第二节 幼儿园公共场所礼仪浸润式教育

公共场所礼仪简称公共礼仪,是一个人社会公德的体现。荀子说过,"人无礼则不生,事无礼则不成,国无礼则不宁",准确地阐述了"礼"对生活、社会、国家的重要性。在公众场合,如果不守礼,出现失礼行为会使大家都很难堪和尴尬。良好的公共礼仪可以使人际之间的交往更加和谐,维护社会秩序,构建美好完善的生活环境。幼儿园公共场所礼仪教育可以依据幼儿常去的公共场所,结合实际需求进行礼仪,使幼儿能够尽快适应社会,逐步趋向社会化,为构建社会主义和谐社会助力。

一、幼儿园公共场所礼仪浸润式教育意义

(一)公共场所礼仪教育有利于培养幼儿的规则意识

幼儿期是萌生规则意识和形成初步规则的重要时期,从小帮助幼儿建立规则意识有利于发展幼儿的意志力、控制力和思维力。公共场所中所体

---

①陶倩芸:《打造优良家风引领幼儿文明礼仪》,载《考试周刊》2017年第88期,第170页。

现的礼仪往往就是需要遵循的生活常规,如坐公交车的规则,进图书馆的规则,餐厅就餐的规则,幼儿在学习公共场所礼仪中明白和了解社会规则,培养规则意识,体验规则带来的秩序感,发展自控能力,使自身的行为更符合集体生活和社会规范的要求。

（二）公共场所礼仪教育有利于促进幼儿的社会化发展

学前期幼儿是社会性发展的理想时期,是各种礼仪行为养成的关键时期,礼仪教育对幼儿社会性发展具有重要作用①。礼仪是儿童从自然人转变成社会人的有效手段,是连接自然人与社会人的中介与桥梁,是促进幼儿社会性发展的重要内容②。公共场所礼仪更是直接对准幼儿人际交往所需,帮助幼儿更快、更合理地学会与不同的人交往,学会与不同的人的交往技巧,提高亲社会行为。

中国的传统礼仪多为互助、仁爱、团结、同情等,这正是公共场所礼仪所能彰显的传统美德。公交车上的让座,图书馆的轻声细语,以及马路上对老人、盲人和小孩的搀扶,商场和旅游景点对工作人员的尊重,幼儿在不同公共场所与不同的人打交道,在不同的情境中学会关心体谅他人,激发幼儿礼仪情感,养成幼儿的亲社会行为,最终促进幼儿的社会化发展。

（三）公共场所礼仪教育有利于培养幼儿的生活常识

传统礼仪文化最根本的还是要回归到家庭、学校和社会中,融入生活的方方面面。生活常识是一个人生活在社会上必备的知识。幼儿由于年龄小,经验少,所接触家庭和幼儿园以外的人和环境不多,所以生活常识略显单薄。公共场所礼仪教育可以帮助幼儿真切地走进各色各样的生活环境中,学习待人接物方面的生活方式和生活知识,如学习如何乘车,如何享用图书馆,如何安全文明出行旅游,如何文明购买商品,等等。

二、幼儿园公共场所礼仪浸润式教育内容

公共场所礼仪强调的是在不同场景下人们所要讲究的礼仪。公共场所礼仪所要遵循的基本原则是遵守秩序、仪表整洁、讲究卫生、尊老爱幼。结合幼儿的生活特点和习惯,选取了交通工具、图书馆、餐厅、商场、旅游景点五个常见的公共场所进行详细介绍公共场所礼仪。

（一）乘车礼仪

随着社会的发展,我们的出行方式发生了翻天覆地的变化,从前只有马

---

①李婷婷:《幼儿园大班礼仪教育的行动研究》,山东师范大学2020年学前教育专业硕士论文。
②同上。

车为代步工具,现在的交通工具可谓种类繁多,私家轿车、公共汽车、出租车、火车、地铁、飞机都是当代人熟悉的出行工具。无论乘坐何种出行工具,都不仅仅简单地"坐过去"这么简单,它们不单是人们的代步工具,更体现着一个人的形象,一个人的道德修养,一个人的礼仪风范。那么,乘车礼仪在幼儿园教育中的意义也就不言而喻了。如今的家长更愿意带着孩子出行,去看看外边的世界,直接体验和感知这个世界,乘坐交通工具成为他们认识世界的必要手段。乘车礼仪教育让儿童了解如何乘车和乘车的注意事项,更好地在乘车环节中学会以礼待人。

1. 上下车的先后顺序

乘车礼仪的第一步就是讲究上下车的顺序。上下车的顺序,在许多公众场合,不仅仅是讲究,而且必须是遵守,是维护乘车秩序的关键。

乘坐轿车时,应当恭请长辈、尊者或者孕妇、怀抱婴儿的长者、残疾人等特殊人群先上车,最后下车。位卑者应最后登车,最先下车。这样的上下车顺序是为了方便照顾前者。乘坐公共汽车、火车或地铁时,要依次排队入座和下车,不得拥挤,必要时听从乘务人员安排,分成两队或者分前后门上下车。幼儿上下车一定要跟随父母,懂得遵守乘车秩序,既保证自身的安全性,也维护了乘车的秩序。

2. 就座时相互谦让

不论是乘坐何种车辆,就座时都应该相互谦让,尊老爱幼。争坐、抢座以及不对号入座都是不合时宜、非常失礼的行为。尤其在公共交通工具中,在座位不够,或者座位有好有坏时,应当主动给孕妇、儿童、老年人、残疾人或身体欠佳之人让座。在相互谦让座位时,除了对长辈和特殊人群以礼相让之外,对待同行之人也应以礼相让。对于幼儿来讲,乘公共汽车和地铁需要讲究在保障自己的安全下主动给比自己年龄还要小,行动不方便的其他幼儿以及其他特殊人群让座;乘坐火车、高铁和飞机时要懂得对号入座,不能凭自己的喜好选择座位和一厢情愿换座位。除此以外,幼儿其实本身也是特殊人群,倘若遇到长辈让座给自己,无论认识与否,都应立即向对方表达感谢之意。

3. 乘车时律己敬人

在乘坐车辆,尤其是在乘坐公共交通工具时,一定要时刻谨记公共场所礼仪,讲究社会公德,遵守公共秩序。对自己而言,要恪守自律,对他人而言,要友好相处,这样才能保证车辆的正常运行,提高乘车效率,维护乘车秩序,彰显公民素养。

具体来讲,乘车要相互礼让,讲究排队和对号入座,其次不要为他人占座或在其他座位上堆放自己的物品。在车上不能脱鞋、更衣,不能吸烟和吐痰,不能大声喧哗,不能用脚蹬自己的和前排的座位,也不能随意丢弃垃圾,不能在车上吃东西,尤其是有味道的东西。对于幼儿来讲,要注意不能随地大小便,保持乘车环境的干净卫生。需要下车或需他人让路,会说文明用语。这些乘车礼仪,无论是对自身还是对其他乘客,都有利于维护生命安全和乘车秩序。

(二)图书馆礼仪

图书馆是人类学习和交流知识的场所。所谓"活到老,学到老",图书馆便是学习的重要媒介。随着国家和教育界对幼儿教育的重视,图书馆也有了专门为儿童准备的阅览室,包括世界各地的绘本、图画书等。孩子们在图书馆享受书中奥秘的同时,也要讲究一定的图书馆礼仪,自觉遵守图书馆的规章制度,共同营造良好的读书氛围。

图书馆学习首先讲究的就是安静的氛围。在图书馆,干任何事情都要轻声细语,保证相对安静。走路要轻,说话要轻,拿书要轻,还书要轻。幼儿如果想去图书馆就不要穿戴有声音的鞋和衣服,与书友或者店员说话要轻声细语,不能吃有声响或带有果壳的食物。孩子们有看书读出来或自言自语的习惯,家长和教师需要教育幼儿要懂得克制自己,学会默读,以免影响书友的阅读。

图4-6 我爱阅读(来源:邯郸市委机关幼儿园)

书是图书馆的核心,是图书馆的支柱,所以保护书、爱惜书也是基本的图书馆礼仪。图书馆的书刊属于公共财产,不是私有物品,所以不能在图书上涂写和画画,不能随意折页和撕毁。为了保证图书的整洁,阅读前应先洗干净手,以免手上的污渍留在书上。除了保护书以外,书架和书桌也应该成为爱护对象,不能随意破坏,喝水饮食都要先整理书本和桌椅,以免弄脏。幼儿往往以自我为中心,分不清书是自己的还是他人的,所以教师和家长一定要在幼儿进入图书馆之前做好图书馆文明礼仪教育。

图书馆中,书的种类和数量相当庞大,图书管理员分门别类进行摆放,所以读者的归还礼仪也是相当重要。临时抽取看的图书,看完后要及时放回原处。登记借阅后的图书,要及时归还到还书处。如果忘记书本的原来位置,要及时询问工作人员,直至正确摆放。书归原位,方便下一次的借阅,也是对图书管理员的尊重。

(三)餐厅礼仪

餐厅礼仪不同于家中的饮食礼,它属于公众场合,涉及的人际关系会更复杂,也凝聚着诸多中华文化的传统礼节。随着人们生活质量的提高,外出去餐厅吃饭也是人们放松生活和社交的一部分。餐厅也成为幼儿重要的生活场所,在这里幼儿与不同的人群共同进餐,与餐厅不同的工作人员社交,在就餐中无形的表现着自己的礼仪风度。

1. 餐前落座要适宜

(1)不能抢坐中席。《礼记·曲礼》上记载,"为人子者,坐不重席",意思是作为晚辈,入座时一定要选择合适的位子,不得占据尊位或主人的位子[1]。直接坐到主席位子,是长幼尊卑不分的行为,是极其不礼貌的表现。幼儿时常因为出门吃饭太兴奋,加上没有主位概念,直接落座到主位上。此时,家长要及时制止和教育,否则会被认为没有家教。

(2)等候客人先落座。《礼记·曲礼》提到,"客践席,乃座"。意思是说如果作为主人邀请客人聚餐,应该等到客人就席后再落座。这样表达了对客人的尊重,符合礼仪之道。当幼儿成为宴席活动的小主人时,例如在餐厅举办自己的生日会、邀请长辈聚餐等,都要等到小伙伴和长辈入座后再落座。

2. 进餐过程有讲究

(1)客人不点头道菜。宴席上,主宾落座后,就开始点菜。一般点菜时,主人会将餐单递给宾客点头道菜。但是在餐桌礼仪上,客人要谦让,请主人先点第一道菜,然后客人可根据主人选择的菜的价位继续点菜。主人点的第一道菜,中国传统来讲为"盖帽",后面客人点菜的价位一般不能超过这道菜,以防主人承受不起[2]。此外,无论是主人还是宾客,点菜时都要询问其他人有无忌口,考虑大家的喜好,表达对参宴人员的尊重。幼儿往往被认为是宴会中的特殊小客人,喜欢的口味和种类与大人不同,常常会被询问菜的喜好,此时有的幼儿可能直接拿来菜单自顾自地点菜,这是一定要注意避免

---

[1] 王虹,雷子:《这就是中华传统礼仪》,河北科学技术出版社2020年4月版,第98页。
[2] 同上。

的,要请主人先点菜,也要考虑同桌人的喜好。

(2)请他人同举筷子。菜点好,餐厅服务人员开始依次上菜,大家开始举筷进食。《常礼举要》上提到,"举箸匙,必请大家同举",意思是和大家一起进餐时,邀请大家共同举起筷子或勺子,不可只顾自己吃喝,否则是不尊重别人的表现①。幼儿心情一般比较急躁,当第一道菜端上来以后,尤其是端上来是自己最喜欢的菜,往往会忽略其他人的感受,直接拿起筷子就夹菜,这是不文明和不尊重他人的,要等同桌的长辈或主人举筷时再进食。

(3)宴席中勿唉声叹气。《礼记·曲礼》上提到人们在就餐时要做到"当食不叹",意思是不要在饭桌上叹气,否则会破坏宴会的气氛②。餐厅难免有不合口的饭菜,参与聚会的人员多了,口味也难免会不统一,不能因为口中的饭菜不合口而摆脸色。中国讲宴席是交流谈心的媒介,所以通常来讲,饭桌上会围绕一些话题展开聊天,如果说到自己不喜欢的话题或者听到让自己不舒服的字眼,也不要生气和唉声叹气,让大家扫兴,这是对主人的不尊敬,也是对参加宴席的人不礼貌的表现。

3. 餐后离座有秩序

《礼记·曲礼》上记载,"主人未辩,可不虚口",即宴会将结束时,主人不能先吃完,自己先放下碗筷,一定要等客人吃完后,才放下碗筷停食③。如果我们提前放下碗筷,可能会让客人误以为宴会即将结束,便不好意思再继续进食。这是对客人照顾不周的表现。作为主人不能先吃完,作为客人也要适时停食。有些小朋友吃饭过于慢,在家中可以慢慢进食,但是在餐厅同多人吃饭时,不能让其他人等待时间过长,所以要适当与他人进餐速度保持一致,以免让别人无效等待。

全部就餐完毕,就是离餐环节。主人一定要等客人先走,不得留客人最后,这是表达对客人的尊重。主客要相互再见,以此圆满结束。幼儿的耐心往往很短暂,可能吃饱饭后便着急回家或进行下一个活动,此时正确的做法是,一一与长辈和同桌人道别再离开,给人以好印象。

(四)商场礼仪

琳琅满目的商场是小朋友最爱去的地方。玩具店、童装店、电玩城都是儿童的游乐天地。幼儿在商场里,要和不同的店员打交道,要选择自己喜欢的玩具和

---

①王虹,雷子:《这就是中华传统礼仪》,河北科学技术出版社2020年4月版,第104页。
②同上书,第103页。
③同上书,第10页。

食品。所以商场不仅仅是幼儿放松玩乐的地方,也在很多细节方面体现着礼仪。

1. 文明购物

(1)尊重商场导购人员。在商场一定会遇到各色各样的导购人员,当导购人员热情地向我们问好时,我们也应礼貌地回应,可以微笑回应,也可以简单问候,不能置若罔闻。当在商场挑选商品需要导购人员帮忙时,要用文明用语,说"请您帮我拿",如果店员无暇帮忙,要耐心等待,不得大声喊。这是对店员的尊重,也是对自己的尊重。

图4-7 超市购物
(来源:邯郸市委机关幼儿园)

(2)不随意拆开包装。孩子们的好奇心较强,总是想知道五颜六色的包装里到底装了什么。但是在商场里,在付款购买前,一定不能擅自打开包装,更不能随意拆开食品袋品尝食物。除非商场或超市有试用装或试吃环节,否则不能在结账前提前使用或食用,这是最基本的道德问题。

2. 理智消费

(1)买计划内的东西。如果去商场购物,往往会带有一定目的。我们要帮助幼儿树立正确的消费观,要买适宜和实用的商品,不要盲目购买。要按照自己的计划去购买,不能看到好吃、好玩和好看的就随意消费。我们在商场,经常看到孩子为了买到自己想要的商品在地上打滚哭闹,这些都不是理智的消费行为,违背了商场礼仪规范,需要加以纠正。

(2)不攀比消费。随着少儿电视剧的热播,品牌产品不断涌现,名牌书包、名牌钢笔、网红零食等纷纷进入幼儿的视野。孩子们看到电视上五花八门的产品,或者看到幼儿园的小伙伴使用的物品,往往会产生攀比心理,想要拥有一模一样的东西。这时,需要教育幼儿,商品的适宜性和实用性,不要搞奢侈浪费的行为,要结合自己的需要和条件理智消费。

(五)旅游观光礼仪

幼儿教育方法讲究直接经验性,真实触摸感受世界,才能真正了解大自然和大社会。借助旅游产业的兴起,依据幼儿的教育理念,每逢节假日,家长都愿意带着孩子出行游玩,让大自然和大社会成为幼儿最好的教育课本。当然,旅游观光也是有一套礼仪的。

1. 保护生态环境

旅游观光者都应该自觉爱护和维护旅游景点的环境卫生。不能随地吐痰,不能随地大小便,不乱扔垃圾,不践踏草地,不折花草树木,不追逐和乱投喂动物。人人都是保护环境的小卫士,人人都有责任和义务保护生态环境。幼儿也应从小树立环保意识,珍爱地球,共同营造绿色的家园。

2. 维护公共秩序

旅游观光是放松心情,欣赏大自然和人文环境的重要方式。所以作为旅游观光者首先不能喧哗吵闹,在公共场所高分贝说话是极其不礼貌的行为,影响其他人放松心情。其次,我们要遵守秩序,排队进景区。需要买票的要凭票进入,不能有逃票行为,这不仅是道德问题,也是法律问题。另外,进入到景点内,要保护文物古迹,不在文物古迹上涂刻画,不得攀爬文物,如果看到"禁止拍照"的警示牌也要自觉收好手机和相机。这些都是遵守和维护旅游景点公共秩序的表现。

三、幼儿园公共场所礼仪浸润式教育途径

公共场所礼仪教育主要依托于公共场所,礼仪表现体现在与公共场合不同人的交往中,体现在对公共物品的态度中。幼儿以直觉思维为主,需要依靠体验和操作学习来掌握本领,所以幼儿园公共场所礼仪浸润式教育需要让幼儿在真实或虚拟的公共场所中去落实。这种真实或接近真实的公共场所可以是幼儿园的角色区,也可以是真实的社会情境,所以幼儿园和社会可以共同为幼儿创建公共场所礼仪教育的平台。除此以外,带领幼儿去公共场所次数最多的父母也是教育的关键。因此,幼儿园的公共场所礼仪教育需要幼儿园、社区、家长三方共同协作完成。

(一) 幼儿园开展角色游戏,有效渗透公共场所礼仪教育

角色游戏,是典型的象征性游戏,又称想象游戏、模仿游戏、假扮游戏,指幼儿通过扮演角色,运用想象和模仿,创造性地反映个体生活经验的一种游戏。该游戏的关键就是确定游戏的主题,比如"开餐厅"游戏,"商场"游戏,"医院"游戏,等等。幼儿通过角色游戏扮演,体验各色人物的行为,满足自己的心理需求。幼儿园可以利用角色游戏,

图 4-8　图书区

(来源:邯郸市委机关幼儿园)

为幼儿创建不同的虚拟的公共场所,学习公共场所礼仪。

幼儿园教师在设置角色区时,要尽可能提供丰富多样的物品材料,满足幼儿对游戏动作和情节的遐想。例如"公交车"游戏,要设置好上车和下车门,有刷卡标识,像真正的公交车一样设置好老弱病残专座,让幼儿从多种标识中迅速明白乘车礼仪。再如"商场"游戏,要提供种类多样,满足幼儿兴趣和需要的商品,这样幼儿才能有意识地购买,自然而然地产生多样化的购买行为;同时也要为商场提供上下楼梯,让真实感更强烈,完整体验购物的全过程,体验更多的公共场所礼仪。

幼儿在进行角色游戏时,教师要做好支持引导工作。首先,教师要鼓励幼儿有多样化的角色选择,例如"餐厅游戏",有服务员、厨师、餐厅经理,也有光顾餐厅的客人,适时引导幼儿分辨谁是主人和谁是客人,为主客之间的餐厅礼仪教育做铺垫。其次,教师要观察幼儿的公共场所礼仪行为,在游戏后及时做总结评价,帮助幼儿认识到正确的礼仪行为,必要时,可作为参与者加入到幼儿的游戏当中,产生更多的礼仪社交问题,激发幼儿的公共场所礼仪教育。例如,在"旅游"游戏中,教师可以作为游客加入到游戏中,做出不文明举动,引发幼儿

图4-9 小厨房
(来源:邯郸市委机关幼儿园)

注意,在幼儿纠正时,及时改正错误,让幼儿有正确的价值观。

(二)幼儿园与社区紧密联系,让幼儿在实践中体验公共场所礼仪

对幼儿实施公共场所礼仪教育最主要的目的就是让幼儿在今后的生活中,在公共场合践行这些礼仪习惯,所以最直接的途径就是让幼儿亲身体验现实的公共场所礼仪,这就需要社区的辅助。幼儿园可以和社区建立公共场所礼仪实践活动,社区允许幼儿园教师带领小朋友去社区的餐厅、图书馆、商场、公园等公共场所,借机教会幼儿如何文明乘车、文明就餐、文明看书、文明购物和文明旅游,让幼儿在实践中体验公共场合良好的礼仪行为带来的积极情感。

幼儿园也可以结合社区的公众场所,设置礼仪宝贝岗位,如餐厅监督员、图书管理员、金牌导游员等,并且每个月评选最佳礼仪宝贝,让幼

儿在监督他人文明行为的时候，更加明确公共场所礼仪，既帮助社区营造了礼貌、和谐的氛围，也培养了自己"讲文明、懂礼貌、守规矩"的良好品质。

（三）幼儿园与家长联系，共同开展公共场所礼仪教育

幼儿园对幼儿的教育固然重要，且非常经验化和系统化，但是真正日益影响幼儿公共场所礼仪行为的是其家长。幼儿园只是在特定的时间，有特定的机会带幼儿进入虚拟或真实的公共场所，但是幼儿家长可以每时每刻带领幼儿进入真实的餐厅就餐、乘坐不同种类的交通工具、浏览不同的图书馆，逛各色的商场，去不同的旅游景点欣赏各路名胜古迹，所以家长自身的公众场合礼仪行为是幼儿模仿的榜样，家长对幼儿公共场所礼仪的教育也直接影响幼儿的礼仪行为。

家长应该首先明确什么是正确的公共场所礼仪。幼儿园教师可以通过讲座、家长沙龙等形式，帮助家长了解中华传统美德，深入了解公共场所礼仪，并且告诉家长公共场所礼仪教育的重要性。幼儿园与社区共同组织的公共场所礼仪活动，也可以邀请家长一起参与，让家长观察幼儿的礼仪表现，再通过观察教师的指导方法了解教育幼儿掌握良好公共场所礼仪习惯的方法，以便日后帮助幼儿养成良好的行为习惯，提高公民的素质。

第三节 幼儿园节日礼仪浸润式教育

中华民族传统节日是中华民族传统文化的重要载体，表现形式多姿多彩，内容十分丰富，包含了人文历史、习俗风尚、天文地理等知识体系，蕴含着敬祖孝先、团结和睦、尊老爱幼、追求健康等优良传统美德[1]，凝结着中华民族的宝贵精神和情感。传统节日教育一直是幼儿园的重要教育内容，向幼儿传播着中华民族的精神和文化。幼儿园应抓住节日教育，深入幼儿园节日礼仪教育，充分发挥传统节日礼仪对幼儿的教育功能，让孩子感受节日氛围，在体验节日礼仪中养成良好的道德精神，保护与传承中华民族传统节日。

---

[1] 朱丽云：《幼儿园中国传统节日文化教育活动的实践探索》，载《考试周刊》2020 年第 89 期，第 159~160 页。

一、幼儿园节日礼仪浸润式教育意义

中国的传统节日包含着丰富的礼节和礼仪,这些礼节和礼仪体现了中国人的道德精神。相比于其他中国传统文化,节日文化更贴近于幼儿生活,其有趣和多样的形式及内容也更为幼儿喜欢和接受。幼儿园将中国传统节日融入幼儿园中,围绕中国节日礼仪开展教育活动,通过节日礼仪教育,了解中国特有的文化,养成尊老爱幼、尊师敬祖、团结和睦等优良品质,在节日礼仪实践中提高社会交往能力和动手操作能力。

(一)在节日仪式中培养幼儿热爱本土文化的情感

中国的传统节日文化都含有丰富的儿童元素,是儿童学习和传播中华文化的重要途径。随着世界多元文化的交流,外国节日逐渐走进中国人的视野,也被儿童所熟悉和了解,冲淡了中国传统文化节日。不难发现,情人节、万圣节、圣诞节、感恩节等西方节日成为中国大众耳熟能详的节日,且被大肆宣扬和庆祝,而对于中国的传统节日:清明节、重阳节、端午节等却只是蜻蜓点水般的略过。例如万圣节,幼儿园每年都隆重地搞环创、举办化装舞会等庆祝,而中国的四大节日之一清明节,孩子们却浑然不知它的来历和习俗。幼儿园作为专业的教育机构,承担着发扬和传承中国传统文化的责任,而节日礼仪教育就是重要途径。

幼儿园节日礼仪教育,为幼儿提供经验且系统的中国节日常识教育,让幼儿了解中国节日的由来、寓意、习俗和礼节,感受蕴藏在其中的中华民族的精神。幼儿园为幼儿创造体验节日礼仪的平台,让幼儿在实践中得到民族情感的满足和升华。只有真正了解和体验本民族的节日,才能真正理解中华民族传统文化的价值,才能认可和信任中国的节日,更加热爱中国文化,将来更加有自信地将中国文化带出国门,传承与发扬华夏文明。

(二)在节日气氛中培养幼儿的优良品质

中华文化源远流长,有着中华民族最深层的精神追求,代表着中华民族独特的精神标识,为中华民族生生不息、发展壮大提供了丰厚滋养。中国传统节日真正从不同角度完美呈现了中华民族传统美德,其节日礼仪和风俗将中华优秀传统文化的核心价值观表现出来,蕴含着为人处事、立身之本的价值观和思想理念[①]。例如,春节和中秋节都为世人传达着亲情的价值和意

---

① 卓芳芳:《传统节日文化融入幼儿园教育的现状及对策研究》,载《兰州教育学院学报》2020年第36卷第1期,第92~94页。

义,家人要团结和睦;重阳节强调民众敬老爱老;端午节注重培养民众的爱国情怀;清明节的扫墓礼仪告诉我们要敬畏祖先和逝去的英雄和烈士,懂得感恩。幼儿园的教育目标重在帮助幼儿养成良好的行为习惯,培养幼儿的社会性能力,而中国传统节日礼仪的学习,有助于提升幼儿的道德品质和人格修养,养成良好的行为习惯。

(三) 在节日体验中促进幼儿的动手操作能力

中国传统文化节日的礼仪基本都可以被儿童所熟知和接受,符合儿童年龄特点和学习经验。节日的丰富性意味着节日礼仪教育活动开展的多样性。相比于其他文化,幼儿在学习节日文化礼仪中更多地以体验和实践为主。无论是幼儿园组织开展节日教育活动,还是利用家庭资源和社区资源,都旨在让幼儿亲身实践节日礼仪,亲身制作节日美食,了解节日饮食礼仪;亲自体验节日聚会,了解节日交往礼仪;亲子尝试节日的特殊活动,了解节日特殊礼仪,孩子们在与人和环境的互动中,提高了动手操作能力,积极性得到淋漓尽致的发挥。

二、幼儿园节日礼仪浸润式教育内容

中华民族传统节日是中华历史的重要时点集成,代表着不同时节的寓意,暗含着中国古代的伦理道德和行为规范。华夏五千年,发展至今,传统节日种类和数量非常庞大。中国传统节日既有彰显农业生产的生活气息的,例如反映古代劳动人民智慧结晶并已被纳入世界非物质文化遗产的二十四节气;又有弘扬中华家庭社会伦理关系的节庆活动,例如春节、元宵节等;还有宣传儒家核心思想的节日,例如为纪念重义忠孝的介子推而设立的寒食节,为纪念伟大爱国诗人屈原而设的端午节,等等[1]。结合幼儿的年龄特点和学习经验,依据中共中央办公厅、国务院办公厅印发的《关于实施中华优秀传统文化传承发展工程的意见》,我们筛选出适合在幼儿园开展的节日教育,包括春节、元宵节、清明节、端午节、七夕节、中秋节、重阳节、冬至节等。幼儿园节日礼仪教育,首先要让幼儿了解节日的由来和发展历史,再深入理解节日的相关礼仪,为此我们梳理传统节日中的节日饮食礼仪、节日交往礼仪、节日特殊礼仪,让幼儿在节日礼仪教育中了解中华文化、丰富知识和情感经验。

---

[1] 刘淼:《显性课程视阈下学前儿童传统节日礼仪课程内容设计》,载《现代商贸工业》2019年第40卷第22期,第167~168页。

（一）春节礼仪

春节是中国人一年中过的第一个节日，又称元日、大年、新年，是中华民族最隆重最富有寓意的节日。狭义的春节指农历正月第一天，广义的春节从腊月二十三起一直延续到元宵节①。为了让幼儿完整感受春节礼仪，我们采用广义的春节定义，将春节分为小年、除夕、迎新拜年、元宵节四个阶段。

1. 小年

小年，被视为新年的开始阶段，也称"忙年"的开始，通常是扫尘、祭灶的日子。由于南北各地风俗不同，"小年"的具体日期也不相同，民间传统上的小年是腊月二十四，我国南方大部分地区仍然保持着腊月二十四过小年的传统。由于清朝中后期帝王家在腊月二十三举行祭天大典，因此北方有些地区在腊月二十三这天过小年。小年的到来，意味着人们开始准备年货，忙忙碌碌过新年。小年这天有很多重要的活动，有祭灶、大扫除、吃灶糖，人们开始真正地准备年事。

图 4-10　图书区
（来源：邯郸市委机关幼儿园）

祭灶是小年的主要习俗。"灶王爷"一直是中国很多家庭祭拜的神灵，传说它是由玉皇大帝派到民间，负责管理各家灶火的，后来逐渐扩大为考察人间善恶，以降福祸②。这也有了小年吃灶糖的习俗，俗话说"二十三，糖瓜粘"，就是为了给灶王爷奉上，让他嘴巴变甜一些，上天言好事。祭祀灶神通常由家中的男主人主持，祭灶时要为灶神上香、送酒等，祭灶仪式结束后，要把旧的灶王神像及灶联揭下，到除夕晚上再换上新的灶王神像和灶联，表达辞旧迎新③。

扫尘土也是小年的重要象征，我国民间把这个时间称为"迎春日"或"扫尘日"。扫尘就是年终大扫除。这天，每家每户都要清扫庭院，清理室内室外的器具，打扫猪圈牛棚，拆洗窗帘被褥，等等，去除过去一年的陈旧和不祥，干干净净迎新春，这是对新年的一种敬畏和恭敬，体现一个人的精神风貌。恭敬、洁净是修身的开始，是礼仪的基本常识④。

---

① 王虹，雷子：《这就是中华传统礼仪》，河北科学技术出版社 2020 年 4 月版，第 248 页。
② 同上书，第 281 页。
③ 同上书，第 282 页。
④ 同上。

祭灶和扫房仪式一过，人们就开始置办年货，风风火火地开始准备过新年了。民谣曰："二十三，祭灶君；二十四，扫房子；二十五，磨豆腐；二十六，买酒肉；二十七，要剃头；二十八，买花衣；二十九，装香炉。"年时准备按照这些习俗有条不紊地进行着①。人们在小年中，温情地告别过去的日子，又用崭新的面貌和心态迎接新的一年。

2. 除夕

除夕，是年末的最后一个夜晚，又俗称"大年夜""除夕夜"，是除旧布新、祭祀祖先、阖家团圆的日子。除夕，是岁除之夜，与岁首相连，过了除夕，第二天就是换新岁，有人说是一年中最后一个节日，也有人说一年中最初的一个节日。无论是第一个节日还是最后一个节日，它是中国人最重要的一个节日，在这一天，远方游子都要赶回家与家人团聚，一起守岁迎新年，享受一年中最幸福和最温情的时刻。

迎灶神是除夕的重要礼俗。民间传说，灶王爷腊月二十三去向天帝禀告人间善恶，初一五更就会再回到人间。所以在除夕这天，百姓会安置新的灶神，敬上美酒和点心，虔诚上香，迎接大年初一灶君的到来。迎灶神的仪式，就像迎接远方而来的客人或亲人，用美酒佳肴来热情款待，缓解旅途的疲惫，表达了对亲人和客人的尊重和恭敬。

祭祖是中国重要节日的特殊仪式。在除夕晚饭之前，一家之主要把家谱、祖先神像、牌位供奉于家中正厅，安放供桌，摆好香炉和供品②。等到鞭炮点响后，长辈点香敬香，然后带领家人依次向祖先行跪拜礼。祭祖礼仪结束后，全家人开始吃年夜饭。祭祀祖先就是"追远"，表达了对先祖的感恩，不忘祖先的养育之恩，有利于培养幼儿的感恩之情。

祭祖之后就是吃年夜饭，也称"团圆饭"，是农历除夕的最后一餐。年夜饭上，全家人都穿戴新装，仪容整洁欢聚一堂，一起吃丰盛的美味佳肴。饺子就是必不可少的美味，寓意新旧交替。年夜饭，是中国人的文化盛宴，吃出了吉祥和幸福，代表着团圆和安康。

吃完年夜饭，就开始守岁，也称"熬年"，意思是除夕夜这天通宵不眠来迎接新的一年。所以很多人会慢慢品尝年夜饭，边吃边聊，诉说旧事，畅想未来，共享天伦之乐。守岁也表示"辞旧岁"，寓意光阴有限，转瞬即逝，告诉我们要加倍爱惜生命，也表示"迎新年"，寓意美好生活的开始，告诉我们要把握机会好好奋斗③。

---

① 王虹,雷子:《这就是中华传统礼仪》,河北科学技术出版社 2020 年 4 月版,第 284 页。
② 同上书,第 245 页。
③ 同上书,第 247 页。

3. 迎新拜年

正月初一,新年的第一天,人们都会早早地起床,穿新衣,戴新帽,迎接新年。晚辈们收拾完毕后,要向长辈拜年,行跪拜大礼,感谢父母的养育之恩,并且祝福父母和长辈健康长寿。长辈也会给晚辈"压岁钱"以示还礼和祝福①。新年礼仪践行着中华民族尊老爱幼、长幼尊卑的传统美德。等待家族中的长辈和晚辈完成新年礼仪后,大家再走街串巷,向亲朋好友拜年,祝福新的一年大吉大利。

图4-11 过春节啦
(来源:邯郸市委机关幼儿园)

新年第一天,是各路神仙回家的日子。这一天,百姓们会摆上供品,依次为神仙上香,迎喜神、敬天地、祭财神,表达对神仙的感恩之情,也祈祷喜神、天地君、财神爷保佑风调雨顺、岁岁平安、发财致富,深刻表达了人们对美好生活的向往,激励自己砥砺奋进。

4. 元宵节

元宵节又称上元节、元夕或灯节,是一年中第一个月圆之夜。也有人称是春节后的第一个节日。元宵节早在2000多年前的西汉就存在了,当时汉文帝为纪念来之不易的盛世,把平息"诸吕之乱"的正月十五定为与民同乐之日,后来成为普天同庆的节日,名为"元宵节"②。

闹花灯是元宵节的主要活动。民间传闻,汉武帝在农历正月十五

图4-12 闹花灯
(来源:邯郸市委机关幼儿园)

这一天,在皇宫设坛祭祀太一神,由于彻夜举行,所以终夜点灯照明③。也有人说,东汉明帝提倡佛教,听说佛教有正月十五日僧人观佛舍利、点灯敬佛

---

① 王虹,雷子:《这就是中华传统礼仪》,河北科学技术出版社2020年4月版,第249页。
② 罗栖:《礼仪文化十讲》,当代世界出版社2018年11月版,第228页。
③ 同上。

的做法,就命令这一天夜晚在皇宫和寺庙里点灯敬佛,随后百姓也纷纷效仿,挂灯长明①。无论何种说法,元宵节这天,街道上处处挂满灯笼,也会建立高大的灯楼和灯树。孩子们会提着灯笼走街串巷,大人们也会相约欣赏花灯。

元宵是元宵节必不可少的美食。元宵也称为团子或汤圆。元宵节吃元宵寓意月圆人圆事事圆满之意,是全家和睦的象征②。元宵由糯米做成,多以白糖、芝麻、豆沙、核桃、果仁、枣泥为馅,口味偏甜,可煮汤、油炸、蒸食,逐渐成为中国一道独特的美食。人们通过吃汤圆,表达团圆之意,寄托对亲人的思念,憧憬美好的未来生活。

猜灯谜是元宵节独特的游戏。猜灯谜是中国一种传统民俗文娱活动形式,运用艺术的手法和汉字的规律,常用于一个词句或一首诗来制作谜语③。它来源于民间口谜,三国时候盛行猜谜,到了南宋,谜语变成元宵节必不可少的游戏环节。人们把灯谜写在纸条上,贴在彩灯上供人猜,猜对了会有好彩头④。猜灯谜不仅能够启迪人的智慧,也为人与人之间的互动交流提供了机会,更加体现了老百姓对美好生活的向往和追求。随着时间的推移,除了猜灯谜游戏活动,我们相继增加了耍狮子、踩高跷、划旱船、扭秧歌、打太平鼓等传统民俗表演,热热闹闹地庆祝元宵节。

走百病也是元宵节独有的礼俗,也叫"烤百病"或"散百病"。古代的"走百病"大部分为妇女,他们结伴而行,走桥渡危,祈求祛病除灾,夜半而归。

(二)清明节礼仪

清明节,又称"鬼节"和"冥节",是中国传统节日中最重要的祭祀节日之一。清明节是在仲春与暮春之间,是二十四节气中的重要节气。这一时节,大自然生机勃勃,阴气衰退,正是外出踏青的好时间,所以又称"踏青节"。清明节一般是在公历4月5日前后,但其节期很长,有"十日前八日后"及"十日前十日后"两种说法,可以说近二十天均属于清明节⑤。

清明节最早在周代开始流行,起源于古代帝王将相的"墓祭"之礼。在古代,清明节融合了寒食节的习俗,有禁火、吃冷食的风俗。但发展至今,清明节保留了清明祭祖扫墓的礼仪,也丰富了插柳与带柳、踏青交流等礼仪。

---

① 罗栖:《礼仪文化十讲》,当代世界出版社2018年11月版,第228页。
② 王虹,雷子:《这就是中华传统礼仪》,河北科学技术出版社2020年4月版,第254页。
③ 同上书,第256页。
④ 罗栖:《礼仪文化十讲》,当代世界出版社2018年11月版,第229页。
⑤ 同上书,第232页。

1. 扫墓祭祖

清明节最主要的礼仪习俗就是祭祖扫墓。清明时节正是冬去春来,草木生长,动物活跃的好时节,人们为了避免狐兔等动物到坟墓打洞,疯长的野草埋没坟墓,于是要前去查看,清扫坟墓,并且供上祭品,举行简单的祭祀仪式,表示对死者的怀念之情①。现代的清明节,人们除了祭奠家中的祖先,还会去烈士陵园哀悼逝去的祖国英雄,为牺牲的战士和英雄献花,表示对烈士的崇敬和关怀。

2. 插柳戴柳

在古代,清明节有插柳、戴柳的习俗是为了纪念"教民稼穑"的农事祖先神农氏②。柳条的生长力非常顽强,插到哪都可以存活,年年成阴,所以插柳也表示人们对生命力的敬重和对身体健康长寿的祈祷。也有历史记载,人们插柳和戴柳是为了辟邪,因为清明节有鬼节之说。无论何种说法,清明节这天,大人和小孩都会将柳枝编成花环戴在头上或折成花朵戴在头发一侧,以此表示对节日的尊敬和对青春年华的珍惜与留恋。

3. 踏青游春

清明节又被称为"踏青节",有踏青、游春、赏花、放风筝、荡秋千等活动。清明时节正是刚刚送走寒冬,迎来万物复苏的春天之际,因此人们除了祭奠祖先,也会外出欣赏春景,以解冬天的沉闷。清明节已经成为当下人们在繁忙工作之余放松心情、释放压力的节日,也充分反映了中国人"天人合一"生活哲学③。

4. 吃冷食

由于寒食节吃冷食的习俗移到清明节,所以清明节这天,我国又沿袭了吃冷食的习俗。在我国北方地区,有即墨吃鸡蛋和吃冷馍的习俗,部分地区还有吃冷饼卷生菜的说法。我国南方地区有清明节吃青团的风俗,因为"青"与"清"谐音。有些闽南地区,在清明节这天会做一些糕点、米粽供家人食用。

(三) 端午节礼仪

端午节是在农历的五月初五,所以又称"端五"。端午节的来源有很多种说法,影响最为深远的就是纪念屈原说。屈原是春秋战国时期楚国的大臣,因主张富国强兵并联齐抗秦,遭到贵族子兰等人的强烈反对,导致其被诬陷流放,最终在五月五日抱石投江身亡④。屈原在流放途中写下了《离骚》

---

①罗栖:《礼仪文化十讲》,当代世界出版社2018年11月版,第234页。
②同上。
③王虹,雷子:《这就是中华传统礼仪》,河北科学技术出版社2020年4月版,第262~263页。
④罗栖:《礼仪文化十讲》,当代世界出版社2018年11月版,第234页。

《天问》《九歌》等不朽之作,世人为了纪念屈原,所以有了端午节。也因此,端午节成为百姓驱除瘟疫病毒、祈求健康长寿的节日,所以端午节的习俗礼节跟与辟邪辟瘟紧密相关。

1. 悬挂艾叶

古人认为,五月五并不是吉祥如意的日子,五月五出生的婴儿难以长大成人,甚至威胁家人健康。所以,在五月初五这天,百姓们会悬挂艾叶、菖蒲、榴花、蒜头等,也会用这些材料制成人形、虎形,用以辟邪保健。艾叶有驱蚊蝇、虫蚁,净化空气的效果,菖蒲有提升通窍、健骨消滞、杀虫灭菌的药效①。这些活动依据了一定的药材药效原理,也是比较健康养生的行为,有一定推崇价值。

2. 饮雄黄酒

饮雄黄酒也是端午节驱妖辟邪的习俗。端午节这天,百姓们把雄黄酒涂在孩子们的耳、鼻、额头、手上,防止孩子被蚊虫叮咬,也有用雄黄酒在孩子额头上写"王"字,有猛虎之意,驱赶猛兽妖怪②。民间也会将喝剩的雄黄酒放在房屋墙角处,为房屋驱邪。端午节前后,天气闷热,蝇虫出没,病毒疫病开始流行,饮雄黄酒能起到驱邪解毒、除腐杀虫、消菌防病的作用③。

3. 赛龙舟

赛龙舟是端午节独有的体育活动。传说屈原投江自杀后,楚国百姓非常悲痛,纷纷前去江边悼念屈原,渔民也自发划舟船打捞他的尸体。后来世人开始赛龙舟纪念爱国诗人屈原。赛龙舟不仅仅是一种体育活动,也彰显了人们对爱国人士的推崇及敬爱之情。

 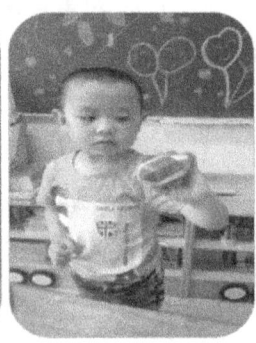 

图 4-13 我爱我家——邯郸(来源:邯郸市委机关幼儿园)

---

① 王虹,雷子:《这就是中华传统礼仪》,河北科学技术出版社 2020 年 4 月版,第 266 页。
② 同上。
③ 同上。

4. 吃粽子

粽子是端午节的经典美食。民间流传一首歌谣,"粽子香,香厨房。艾叶香,香满堂。桃枝插在大门上,出门一望麦儿黄。这儿端阳,那儿端阳,处处都端阳"。吃粽子的端午节习俗也跟屈原有关①。屈原投江后,为了不让河里的鱼虾吃掉它的躯体,百姓们用竹筒装米投入江中吸引鱼虾的注意力。后来人们把糯米蒸熟,再用艾叶、苇叶或荷叶包扎,并用五色丝线捆好,投入江中祭祀②。如今的粽子已经是中国的特色美食,除糯米粽子外,还有桂圆粽、水晶粽、肉粽等。

(四) 七夕节礼仪

七夕节是中国传统节日中最具浪漫色彩的节日,源于汉代,盛于唐宋。它以牛郎织女的民间传说为载体,表达的是男女之间不离不弃、白头偕老的爱情,传达了中国人从一而终的价值观③。在古代,七夕节这天,也就是农历七月初七,是女子特有的节日,他们约上闺中密友祭拜织女,切磋女红,乞巧祈福,所以七夕节也称为女儿节、乞巧节。延传至今,七夕节在不同地方有不同的礼俗,"乞巧"的方式也不尽相同。

1. 祭拜织女

民间有七夕节坐看牵牛织女星的习俗。传说,在七月初七的晚上,天上的织女和牛郎在由喜鹊搭建的银河桥上相会。人们在葡萄树下,就能听到两人的悄悄话。而古代男女,内外有别,女子有针线女红之事,又有相夫教子、操持家务之责。④ 织女是人们心中最美丽聪慧的女子,心灵手巧,能织出彩霞般的锦绣。⑤ 所以,每逢七夕,少女们都会对着朗朗明月,摆上时令瓜果、酒食供品等,朝着织女星祭拜,祈求神女能赋予自己聪明与智慧,让自己心灵手巧,更祈祷上天赐予良缘,让自己的爱情美满、婚姻幸福⑥。祭拜织女的礼俗也表达着人们对家庭幸福美满的渴求,也象征人们对勤奋持家、心灵手巧之人的敬重。

2. 观云乞巧

观云乞巧也是七夕的习俗,又称"观巧云"。"天皇皇,地皇皇,俺请七姐

---

① 王虹,雷子:《这就是中华传统礼仪》,河北科学技术出版社 2020 年 4 月版,第 269 页。
② 同上。
③ 同上书,第 236 页。
④ 同上书,第 271 页。
⑤ 罗栖:《礼仪文化十讲》,当代世界出版社 2018 年 11 月版,第 237 页。
⑥ 王虹,雷子:《这就是中华传统礼仪》,河北科学技术出版社 2020 年 4 月版,第 271 页。

下天堂。不图你的针,不图你的线,光学你的七十二样好手段",这首中国七夕民谣,风趣巧妙地反映了少女们的心愿①。七夕前,先在开阔处搭建楼台,并以五彩丝带装饰;七夕节当天,少女们登高拜仙,观云乞巧②。观云乞巧主要是观察云彩的形状,看云彩的形状像什么,如云彩像龙、凤、鹿、兔、花、草、房子等,以此来断定谁乞得了巧③。有些地方少女搭结彩楼,用黄铜制成七孔针,以五色细线对明月穿针引线,真实地展现了中国人民的心灵手巧,工艺精湛。

3. 为牛庆生

七夕节,民间有采摘野花挂在牛角上的习俗,俗称"为牛庆生"。牛是中国农民耕田的重要工具,代表着勤劳,是中国农民最忠实的伙伴和朋友。传说牛郎和织女被天帝分开后,老牛为了帮助牛郎与织女相会,就让牛郎把它的皮剥下来,然后披上牛皮就能飞升上天,去天庭找自己的爱人④。后人为了纪念老牛舍己为人的牺牲精神,便在七夕"为牛庆生",这也充分体现了中国人知恩图报的美德⑤。

(五)中秋节礼仪

中秋节,农历的八月十五,是我国仅次于春节的第二大传统节日。在中国的农历里,一年分为春、夏、秋、冬四季,每季又分为孟、仲、季三个部分,八月十五正值秋季的"仲",所以也称"仲秋"⑥。也正因为处于秋季的中期,又是八月的中期,所以中秋节的月亮更圆、更亮,成为家人团聚的日子,也叫"团圆节"。中秋节的习俗礼仪寄托着自己对故乡和亲人的思念,反映了中国人很多传统的价值观。

1. 祭月拜月

中秋节最早源于对月亮的崇敬,每到此时节,人们就要举行祭月仪式。古代,我国作为农业大国,会经常通过观察月亮的运行判断季节和天气变化,决定农业生产。因此人们会祭拜月亮,祈求或庆祝丰收,国家

图 4-14　嫦娥奔月
(来源:邯郸市委机关幼儿园)

---

①王虹,雷子:《这就是中华传统礼仪》,河北科学技术出版社 2020 年 4 月版,第 271 页。
②同上。
③同上书,第 272 页。
④同上。
⑤同上。
⑥罗栖:《礼仪文化十讲》,当代世界出版社 2018 年 11 月版,第 238 页。

长治久安。据《周礼》记载,周天子每年在丰收的秋季都要举行"夕月"的仪式,一直到唐代,中秋节祭月拜月开始成为一个固定的节日礼俗,到明清时期,已经成为我国主要的节日①。

中秋之夜,家中长辈会在月下用月饼、苹果、西瓜、花生、酒等作为祭祀供品,象征团圆之意。家中的女主人会将月神嫦娥放在月出之位,点燃蜡烛,率家中女眷依次祭拜月亮。祭月拜月仪式体现了中国人民的朴实感情,以及对团圆和丰收的美好愿望。

2. 赏月玩月

赏月玩月也是中秋节的重要礼仪。民间中秋赏月活动大致源于魏晋时期,到了唐代赏月玩月颇为盛行,等到宋朝时,赏月成为中秋节的中心②。中秋节这天,京城所有店家和九楼都要张灯结彩,装饰门面,出售精致食品,供百姓,尤其是富家子弟登楼台赏月。文人作家也会在月下饮酒作诗,庆祝中秋。人们衣着华美,在月下行走,对月独酌对

图4-15 "后羿射日"
(来源:邯郸市委机关幼儿园)

舞,通宵达旦,玩得不亦乐乎。延绵至今,人们会通过大型歌舞表演庆祝中秋节,表达对家人的思念和对秋天丰收的喜悦之情。

3. 吃月饼

月饼是中秋节最有标志性的食物,吃月饼也成为中秋节的重要礼俗。月饼,形状圆圆的,像月亮一样,寓意团团圆圆,口味以香甜酥脆为主。人们在中秋节前夕,会自制月饼或购买月饼,走亲访友,表达对亲人的慰问和思念。中秋节当天,和家人共同在月下品尝月饼,寄托着人们对美好生活的向往。

图4-16 赛龙舟前的准备
(来源:邯郸市委机关幼儿园)

---

① 罗栖:《礼仪文化十讲》,当代世界出版社2018年11月版,第238页。
② 同上书,第239页。

（六）重阳节礼仪

重阳节，农历九月九日，又被称为登高节、菊花节。在中国典籍《易经》中"九"被定为阳数，日月都是阳数，两九相重，所以叫"重阳"。重阳节起源很早，春秋战国时期将"重阳"看作一年中的某一天，魏晋时期重阳节当天有饮酒和赏菊的习俗，到了唐代重阳节正式被定为中国的民间节日。重阳节发展至今，融合了我国儒家思想，崇尚尊老爱幼，讲究孝道伦理；也融合了道家养生贵生、驱邪求寿的理念①，体现了我国传统的伦理和习俗。

1. 祭祖敬老

因为"九"和"久"同音，所以重阳节又称为老人节，有祈祷和祝福家中的老年人健康长寿之意。重阳节这天，正逢秋收之际，家中百姓会向祖先和先人供奉时令五谷果蔬，这是春夏秋冬四季中的秋祭。除了祭奠祖先，还要善待和孝敬身边的老人，陪老人赏菊饮酒吃饭，恭敬地对待进入暮年的老人。

2. 赏菊及饮菊花酒

菊花在中国被誉为花中四君之一，气节高傲，代表着高尚的情操。菊花的花期在九月，预示长寿吉祥，因此成为重阳节的重要象征。重阳节这天，很多地方会举行赏菊大会，人们争相前来欣赏傲人的菊花。家家户户也都会摆上菊花迎接客人，表示敬意和君子之风。

除了赏菊，重阳节也要饮菊花酒。当菊花开放时，把菊花的茎叶和黍米放在一起蒸熟、发酵酿成的低度甜酒。菊

图4-17　菊花茶
（来源：邯郸市委机关幼儿园）

花酒或菊花茶都有清凉降火、延缓衰老和养肝明目的功效，因此，重阳节这天，家中都会备好菊花酒招待客人和孝敬老人。

3. 登高望远

金秋九月，天空清澈，空气清新，一过九月，天气转凉，草木凋零，自然便没有了生机。重阳节这天，人们会相约爬山眺望远方，既达到健身祛病的效果，也表达对高山的敬畏和崇拜。在古代，登高最开始是为了狩猎和采集，后来逐渐演变为向山神祭祀，避邪驱祸。

---

①罗栖：《礼仪文化十讲》，当代世界出版社2018年11月版，第240页。

4. 吃重阳糕

重阳糕是重阳节的节日美食,又叫花糕、发糕、菊糕。重阳糕需选用优质的糯米,用清水淘洗后浸泡数小时,捞出沥干,磨出稀浆,再加入红糖汁搅拌均匀放置于锅中蒸煮,一般重阳糕为九层,寓意节节高。蒸熟出锅,食物呈半透明体,可以切成棱角方便入口。重阳糕是重阳节送给老人的最佳礼品。

(七)冬至节礼仪

冬至是二十四节气中重要的节气之一,也是中国民间非常重要的一个节日,具备自然和人文两大内涵。从科学上来讲,冬至这天,太阳高度最低、白昼最短,但由于地表存有"积热",冬至过后,进入寒冷时节,人们开始准备过冬。在古代,冬至被当作另一个新年,表示冬至对于人们生活的重要性。冬至的习俗礼节也延绵至今。

1. 祭祖

冬至在周朝时期被看作一年的岁首,因此冬至日会有"天子率三公九卿迎岁"的盛大典礼①。汉代将冬至叫作"冬节",官员会拥有假期,并举行"贺冬"仪式,欢乐悠闲地享受节日。明清时期,仍然沿袭了冬至祭天祭祖的习俗,并且增加了供奉馄饨给先祖的习俗,即民间的歌谣"冬至馄饨夏至面"。现代,人们在冬至节当天,家中长辈也会用饺子、酒菜祭拜先祖和天地神灵。

2. 吃饺子

吃饺子已经成为冬至节必备的习俗,发展至今,不少地区也演变成吃汤圆、馄饨等。我国北方主要是吃饺子。因为冬至后的气温开始骤降,天气寒冷容易冻掉耳朵,而饺子形似耳朵,中国谚语中提到"冬至不端饺子碗,冻坏耳朵没人管"。

也有传说提到,吃饺子与中国医圣张仲景有关。张仲景告老还乡时看到受冻的百姓,便用羊肉和一些驱寒药材以及面皮,包成像耳朵的样子,做成一种叫"驱寒娇耳汤"的药物,施舍给百姓吃,后来每逢冬至,人们便模仿做着吃。这都说明饺子有消寒之意。

3. 履长与隆师

冬至节较有特色的礼仪是"履长"与"隆师"。"履长"即晚辈礼拜尊长,例如儿媳给公共婆婆买鞋献袜,祝愿父母长辈冬天温暖不受凉,安康长寿。"隆师"就是学生要在冬至节这天向老师表达敬意。古代,冬至节这天,教书

---

① 罗栖:《礼仪文化十讲》,当代世界出版社2018年11月版,第244页。

先生会带领学生祭拜孔子牌位,拜完孔子以后,学生要叩拜老师,然后学生之间要相互拜贺①。发展至今,学生请教师吃饭,感谢教师育人之恩也是冬至节的重要礼俗。

三、幼儿园节日礼仪浸润式教育途径

幼儿园节日礼仪教育的主要内容是帮助幼儿了解中国的节日种类,了解节日的来源和历史背景,掌握中国节日的重要礼仪,并且能够在节日中尽情体验和展现。围绕幼儿园节日礼仪教育内容,结合幼儿的学习特点和方式,可以通过文学作品向幼儿讲述节日的来源和背景,了解中国节日文化的深厚底蕴;可以通过环境创设帮助幼儿了解中国节日文化的习俗和礼仪,熟悉中国传统节日到底是什么;最终通过幼儿园、家长以及社会提供的过节平台,体验和表达节日礼仪,让幼儿真切感受中华文化的博大精深。

(一)在文学作品中了解节日

中国的很多文学作品都包含了丰富的中国节日礼仪内容,尤其在绘本和诗歌中,妙趣横生地描写了节日的产生背景和来源,用精湛且丰富的词语描绘了节日的礼仪。文学作品用有趣优美的文字,向幼儿传达中华传统文化节日礼仪。幼儿园教师和家长可以利用文学作品,潜移默化地让幼儿了解中华民族的传统节日礼仪。

1. 绘本的传导

绘本被认为是儿童早期教育的最佳读物。相对于一般的图书而言,绘本通过简单易懂的故事描述生活现象,表达深邃的生活和生命的哲理。绘本利用有趣逼真的绘图给孩子带来视觉的享受,满足幼儿的好奇心和想象力,其直观性想象性符合幼儿的审美需要和心理特点。

关于中国节日的绘本,让幼儿在欣赏简短故事的时候,了解节日从何而来,了解节日的习俗,并通过绘本中的图片,加深对节日礼仪的印象。例如有关中国春节的绘本,《过年了》《中国年》《团圆》《北京的春节》《斗年兽》《欢欢喜喜过大年》等;有关端午节的绘本,《小艾的端午节》《小粽子,小粽子》等。这些绘本将节日的氛围和儿童的情绪融为一体,抓住儿童的兴趣和需要,让儿童在玩乐中学习中国传统节日。幼儿园教师和家长在特殊节日前夕,利用一日生活中的琐碎时间,例如睡觉前、等餐中、离园前,和幼儿一起欣赏和阅读绘本,对中国传统节日有初步的了解。

---

①罗栖:《礼仪文化十讲》,当代世界出版社 2018 年 11 月版,第 245 页。

2. 诗歌的教育

唐诗、宋词、元曲是我国文学的璀璨明珠。其中诗歌音韵和谐,抑扬顿挫,读起来朗朗上口,且大多有趣味性、形象性和实践性,符合幼儿的审美情感和语言学习特点。

古代诗人留下了很多关于节日的诗歌,在诗歌中表达着对节日到来的喜悦;对节日的独到见解;对不同节日情感的表达。如唐朝皇甫冉的《迎神》是对春节的祝福;唐朝张祜的《正月十五夜灯》是对元宵节的喜爱;唐朝杜牧的《清明》表达了清明节的哀思;宋朝张耒的《和端午》是端午时节对屈原的歌颂;唐朝张九龄的《望月怀远》表达了中秋时节对家人的思念。以诗歌的形式教育幼儿节日的习俗,不仅用最简短有趣的话语告诉幼儿中国传统节日的习俗,也弘扬了中华民族的诗歌文化。

(二)在节日活动中表达节日礼仪

生活实践是最好的教育方式,节日礼仪最好的教育途径就是真切体验节日,通过切身地过节日来学习和表达节日礼仪。幼儿园、家庭和社区都是幼儿园接受教育的重要场所,而节日的氛围和礼仪也体现在家庭和社会中,因此幼儿园可以携家庭和社区一起做好节日礼仪教育,为幼儿提供多样化的节日场景,全面感受和体验节日礼仪。

1. 将节日庆典引进幼儿园

幼儿园应该将节日礼仪教育作为重要的幼儿园课程,通过幼儿园环境、幼儿园领域活动、幼儿园主题活动等渲染节日氛围,系统性地带领幼儿了解中国传统节日,体验传统节日礼仪。

幼儿园创设中国传统节日环境,营造浓郁的节日氛围。在每个重要的节日前夕,幼儿园都应根据节日的特点布置幼儿园的门厅,装饰幼儿园的走廊,丰富班级区域环境,使节日融入环境,幼儿感知节日。如春节来临之际,可在幼儿园的门厅挂灯笼、贴对联、挂爆竹;在走廊上张贴有关春节的图文资料,在班级增加"年货小商店""剪窗花""我要上春晚"等区域游戏,让幼儿在欢庆的气氛中理解新年的意义和习俗;在教室的墙面布置有关春节的主题墙,随着春节活动的开展,用幼儿的作品或幼儿参与的活动图片不断丰富主题墙,让幼儿最终能完整明确春节的礼仪。

幼儿园的一日生活也是节日教育的重要途径。幼儿园的一日三餐可以按照节日的饮食习俗不断改变,幼儿园教师在幼儿就餐时讲解节日的饮食礼仪。例如端午节吃粽子,元旦吃饺子,清明节吃青团,等等。再如幼儿园午睡前,可以和幼儿一起分享关于节日的绘本,帮助幼儿初步了解中国传统节日。

幼儿园的教育活动和游戏可以帮助幼儿系统了解节日礼仪和体验节日礼仪。幼儿园教师利用教育活动帮助幼儿了解每个节日的背景，通过食育和幼儿一起制作节日特色美食，通过游戏和幼儿一起体验节日。例如春节，幼儿园教师可以通过讲故事《年兽来了》让幼儿了解春节的由来，通过"包饺子"活动，让幼儿体验包饺子和吃饺子，了解春节的饮食习俗，通过"逛庙会"活动，让幼儿体验春节的喜悦。

幼儿园教师每组织一个节日活动，都应记录节日的过程，将孩子们活动的照片和作品制成相册或作品簿。当幼儿全部了解和体验完中国的传统节日后，将作品簿发放给每个幼儿，让孩子们再次系统了解中国传统节日，了解中华文化的博大精深。

2. 利用家庭资源开展节日礼仪教育

中国的传统节日有很大一部分在传达亲情和家庭的价值和意义，传统节日更多地讲究和家人团圆，共度佳节。因此最好的节日礼仪教育应该依托于家庭。幼儿园承担着为幼儿家长提供科学育儿知识的任务，要向家长传达节日教育的重要性和教育途径，和家长共同开展节日礼仪教育，促进幼儿发展。

幼儿园教师要提高幼儿家长的节日教育意识。当代家长庆祝中国传统节日的意识本就日渐衰弱，对于孩子的节日礼仪教育更是无暇顾及。幼儿园应该利用家长学校、家长会、家长沙龙等活动，提醒家长要有弘扬中华民族传统文化的意识，首先，帮助家长明确中华文化节日礼仪教育对中国发展、对中国人、对幼儿的重要性和意义，提升家长的人文素养。其次，要让家长了解幼儿所能接受的节日礼仪，知道幼儿园的节日活动，并利用家长开放日，让家长前来幼儿园和幼儿一起参与节日活动，激发家长的热情。

幼儿园教师要引导家长和幼儿一起过"中国节"。幼儿园的节日活动往往具有模拟性，空间和时间有一定限制，节日的氛围也略显单薄，需要家长带领孩子们真正走进家庭、走进社区、走进古文化中，感受真实的节日。幼儿园应鼓励家长在每一个中国的传统节日里，都带领孩子真实的体验节日礼仪，如过春节，带孩子购买年货、贴春联、包饺子、拜年；重阳节带领孩子拜访老人；中秋节和孩子一起赏月吃月饼；清明节与孩子一起祭祖踏青，既丰富了幼儿园的生活，也增进了亲子关系。

第五章
幼儿园地域民俗文化浸润式教育

第一节 不同地域传统民族服饰浸润式教育

中国素有"衣冠之国"的美称。"衣冠之国"历史悠久,几千年的服饰文化华彩纷呈、博大深厚。中国又是一个民族众多的国家,各个民族的服饰文化独具特色和魅力。民族服饰是一个民族物质文化和精神文化的结晶,是认识及深入了解一个民族的重要元素之一。通过民族服饰我们可以了解该民族的环境、历史、社会、习俗以及宗教等,从一个侧面反映民族的发展及地方区域性各民族的性格特征。无论是用历史的还是现实的目光去审视,各民族都能够用生动多姿的"服饰语言"诉说民族悠远的历史和对美好生活的向往。

民族服饰像变化莫测的雕塑,描绘着神奇的空间;像优美动听的歌曲,吟唱出悠远的时间;像一本穿在身上的"百科全书",叙述着远古的神话和奇异的自然。所谓民族服饰是指各民族穿戴在身上的各具特色的服饰。服饰文化内涵丰富,包括原料制作、纺织工艺、印染工艺、刺绣工艺、图案纹样、色彩表现、饰品工艺等因素。①

一、幼儿园不同地域传统民族服饰浸润式教育意义

(一)有助于幼儿了解民族服饰文化,激发尊重和热爱民族同胞的情感

我国是多民族国家,少数民族生活环境各异,他们将自己的生产方式、生活习俗、审美情趣和宗教文化蕴含在服饰之中,形成了别具一格的服饰文

---

① 朱韬,谢洪忠,肖杰丁:《民族服饰的保护与传承及其产业扶贫路径研究:基于怒江傈僳族自治州民族服饰非物质文化遗产扶贫就业工坊的考察》,载《民族艺术研究》2020年第33卷第4期,第150~156页。

化。民族服饰文化是传统文化的重要组成部分,对历史发展有着助推作用。教育是文化传承的重要途径,作为教育体系中基础教育有机组成部分的幼儿教育,幼儿可以多途径地接受传统民族服饰文化启蒙教育,认识民族服饰文化,了解民族服饰文化的特点,激发尊重和热爱民族同胞的情感。①《3~6岁儿童学习与发展指南》在社会适应方面关于具有初步的归属感的学习与发展目标下指出:"知道自己的民族,知道中国是一个多民族的大家庭,各民族之间要互相尊重、团结友爱。"当民族服饰作为一种教育资源出现在幼儿阶段时,"萌发幼儿对美的感受和体验,丰富其想象力和创造力"②,激发幼儿对民族服饰文化的保护意识。

(二) 有助于构建幼儿园的园本课程内容,丰富学前教育课程资源

园本课程是在一定课程理念的指导下依托具体的本土资源而建构起来的,如何选择和组织课程内容是园本课程建设的重要环节。③ 幼儿园将服饰本身的款式、色彩、图案、布料、制作等要素进行优化和整合,使其作为园本课程的内容来源,充分挖掘和利用民族服饰资源。作为重要的实施者——幼儿教师而言,其主要职责是把握对传统民族服饰的收集、筛选和改造,赋予其相应的教育价值和功能。

例如,苗族纹饰的组合蕴含着大量的几何变换图形,以一件装饰图案主纹饰为"蝶鸟图"的苗衣为例,图上图下各有两只蝴蝶,左右各有两只鸟。当沿着横轴对折时,两只蝴蝶可以重合;当沿着纵轴对折时,两只鸟也可以重合;当旋转180度时,两只蝴蝶和两只鸟也可以分别重合。若以这幅图案为纹样,通过平移或轴对称,就可织出大片美丽的图案。④ 该纹饰反复使用点、线、面装饰手法,使图案的画面想象丰富生动,韵味十足,充分体现了苗族的图案设计中的对称美与和谐美。教师在幼儿主题教育活动中鼓励幼儿尝试自己设计有规律的花边图案,引导幼儿感知服饰中各种几何图形并体验图形之间的转换,理解服饰中蕴含的对称美。

---

① 张雪梅:《我国少数民族服饰文化的传承与保护——评〈中国民族服装艺术传承与发展〉》,载《印染助剂》2020年第37卷第9期,第66页。
② 中华人民共和国教育部制定:《3~6岁儿童学习与发展指南》,首都师范大学出版社2012年8月版,第57页。
③ 李志英:《幼儿园教师地方文化素养的内涵、价值与培养》,载《学前教育研究》2021年第1期,第89~92页。
④ 姜健:《中国少数民族传统服饰的教育价值探究:以苗族服饰文化为例》,载《西部论丛》2018年第8期,第973页。

（三）有助于教师加强对服饰文化资源价值的认识，肩负文化传承的重任

当今，各民族服饰的审美价值正在不断提升并逐步超过其自身的文化功能和实用功能。教师有必要了解和把握民族服饰的美学价值，不但认识和了解服饰本身的款式、色彩、图案等形式要素的服饰"外在美"，还要能理解和感受服饰蕴含着的深层文化内涵，即通过各民族的审美情趣、审美观念、审美理想表达出的对美好生活无限向往与不懈追求的理想。服饰本身美的视觉效果有助于培养幼儿的审美意识，树立正确的审美理念，也能将其展现内在精神的象征符号激发出幼儿对美好的追求，帮助其树立其积极乐观的情感态度和价值观念。①

幼儿教师作为我国学前教育的重要承担人，担负着传承和弘扬优秀传统文化的重任，在传统文化教育领域扮演着多重角色。只有教师自身具备强烈的民族文化传承意识，才能培养出具有文化自觉的传承人。传统民族文化服饰的学习有助于建设高素质的幼儿教师队伍，提升教师自身的文化修养，增强文化传承和传播意识，提高教师文化整合能力和课程开发能力，增强教师在民族服饰教育中的技能及其在文化传承中的历史使命感，积极探索民族服饰文化与幼儿教育有机结合的路径，推动教育教学与不同地域服饰文化的融合，带领幼儿感受到中华民族文化的内涵，提升幼儿对于民族文化的认同。

（四）有利于贯彻落实国家政策层面提出的弘扬传统文化、提升文化自信的新要求

中国少数民族传统服饰文化作为中华优秀传统文化的重要组成部分，蕴含着多种教育资源潜力。2017年年初，中共中央办公厅、国务院办公厅印发的《关于实施中华优秀传统文化传承发展工程的意见》，是新中国成立以来，党和政府出台的第一个以传承和发展中华优秀传统文化为主题的文件。在新的时代背景下，对少

图5-1　庆"六一"

（来源：邯郸市委机关幼儿园）

数民族服饰文化的继承与发展符合党中央强调的把中华优秀传统文化全方

---

① 姜健:《中国少数民族传统服饰的教育价值探究》，载《西部论丛》2018年第8期，第973页。

位融入教育各领域的思想,也符合当代传统文化的教育普及思想。①

民族服饰及其工艺作为非物质文化遗产,被保护和传承是大势所趋。习近平总书记强调,"要让活态的乡土文化传承下去,深入挖掘民间艺术、戏曲曲艺、手工技艺、民族服饰、民俗活动等非物质文化遗产"。②《幼儿园教育指导纲要》中明确指出,"充分利用社会资源,引导幼儿实际感受祖国文化的丰富与优秀,感受家乡的变化和发展,激发幼儿爱家乡、爱祖国的情感"。③可见,在幼儿园开展中华优秀传统文化是必要的,能为我国各地域各民族独特的服饰文化传承与发展助力。

二、幼儿园不同地域传统民族服饰浸润式教育内容

正所谓"十里不同风,百里不同俗",不同民族基于地理环境、习俗文化等差异,其服饰的发展变化也不尽相同。比如我国东北地区与西南地区,西北地区与中南地区的少数民族的服饰,由于山水的阻隔、气候的不同、语言的差别,形成不同的民族支系,其服饰又在大同中见小异。④ 专家们已将全国民族分布除汉民族地区外划为四个大区:东北内蒙地区、西北地区、西南地区、中南东南地区。⑤ 下面从这四个区域中选取更具代表性的少数民族,将其民族的服饰进行梳理。

(一)东北内蒙地区

这一地区处于我国的最北部,包括辽宁、吉林、黑龙江和内蒙古自治区。因该地域气候寒冷,故处于这位置的少数民族主要穿长袍;再因此地区以畜牧业为主,所以这一地区的少数民族在寒冷的冬季多用皮毛来制成长袍起到保暖的作用。具有代表性的民族有赫哲族、蒙古族等。

1. 赫哲族服饰

赫哲族因长期生活于河流交织、地势低洼的三江平原,赫哲族便多以捕鱼业为主,并兼有狩猎;因此赫哲族的服装多就地取材,夏季多为鱼皮制作,冬季则以狍皮等为衣料,民族特色鲜明。图案上,也多用与自然相关的云纹、波浪纹和鱼纹等。赫哲族人不仅在长袍衣襟边下摆用染成黑色的云纹

---

①姜健:《中国少数民族传统服饰的教育价值探究》,载《西部论丛》2018年第8期,第973页。
②丁元竹:《"十四五"时期非物质文化遗产系统性保护相关政策措施研究》,载《管理世界》2020年第36卷第11期,第22~35页。
③翟迎旭:《幼儿园戏曲教育的现状、问题及对策研究》,山东师范大学2019年学前教育专业硕士论文。
④戴平:《中国民族服饰文化研究》,人民出版社2008年3月版,第145页。
⑤同上书,第4页。

做饰边,还在鱼皮衣的衣襟等处镶补卷曲的图案。除此之外,赫哲妇女喜爱戴的鱼皮帽也十分具有民族特色,帽子上面用彩丝线补绣鱼皮剪成云纹的适合纹样,帽子后的边沿也绣有色彩十分强烈的波状纹样,整个鱼皮帽浑然一体,别具一格。[1]

赫哲族的鱼皮衣是我国民族中独一无二、独具特色的服饰文化,是赫哲族的符号,是勤劳、智慧的赫哲族人民在生活和生产环境中积累出来的智慧结晶。鱼皮制作技艺是赫哲族及其先民共同创造的特殊工艺,历史悠久,其代表作品鱼皮衣在人类服装史上实属罕见,堪称是人类顺应自然、与大自然和谐相处的经典之作。赫哲族传承至今的鱼皮服饰及其制作技艺是人类的"活化石",复原和诠释了远古的鱼皮文化。[2]

幼儿园的教育内容可将赫哲族的鱼皮衣服纳入其中,就赫哲族服饰特点而言,其最突出就是将鱼皮作为衣服材料,用鱼皮缝制各种服饰。那么,对学龄前儿童来说,可以通过视觉、听觉和触觉等多种感官来了解关于赫哲族的鱼皮衣服:既可以让幼儿感受赫哲族的神话传说故事,了解鱼皮衣的前世今生;又可以了解鱼皮衣的材料、种类及其特殊的作用——防水;既可以让幼儿了解鱼皮制衣工艺,如洗料、剥皮、晾干、干燥、熟软、拼剪缝合、定型、修饰等,又可以让幼儿体验"捕鱼"游戏,感受赫哲族人撒网捕渔劳动的场景,体会他们以捕鱼为业的艰辛和不易;既可以在鱼皮衣与现代服饰的比较中,让幼儿自主探究鱼皮衣在款式、图案、色彩等方面的独特之处,体验用鱼纹、云纹和波浪纹等设计服饰的乐趣,又可以让幼儿在赫哲族民歌《乌苏里船歌》中欣赏和感受具有鲜明民族特征的民歌曲调,身穿赫哲族服饰,翩翩起舞……

2. 蒙古族服饰

蒙古族的悠久历史、独特的生态环境以及"逐水草而迁移"的游牧生活产生了与之相适应的民族服饰文化。在内蒙古、新疆等地牧区,男女老幼一年四季都喜欢穿长袍,俗称"蒙古袍"。春秋穿夹袍,夏季穿单袍,冬季穿皮袍、棉袍。

蒙古族服饰制作所选用的面料粗犷敦厚,冬季以各种动物毛皮、棉布,或是皮毛和锦缎的组合等为主,厚实的面料使得款式宽大的蒙古族袍服白天可以穿在身上阻挡风沙、阻隔严寒、防晒防虫,晚上可以盖在身上当被褥。

---

[1]蔡梦纯:《不同地域中的少数民族服饰文化》,载《最漫画·学校体音美》2018年第33期,第26~27页。

[2]曾慧:《略谈赫哲族的服饰文化》,载《地域文化研究》2018年第6期,第62~68+150~151页。

蒙古族袍服的面料选择在注重保暖性的同时也注重不同面料本身所具有的肌理之美,将丰富的肌理之美进行变化多样的组合,更加凸显蒙古族袍服的豪放气质;夏季蒙古族袍服面料多为丝质或布帛面料,亲肤柔软,光泽盈人,配以蒙古族袍的款式造型,灵动地表现出蒙古族人民的潇洒与开朗。①

蒙古族袍服鲜艳明丽的色彩也是蒙古族服饰非常突出的特点。蒙古族人民热爱自然,大自然的美的浸润使得蒙古族人具有了对色彩美的特殊理解,形成了独特的审美情趣。从蒙古袍服中所出现的鲜艳明快的色彩可以看出蒙古人从大自然和生活中对美的理念的汲取。例如男性蒙古族袍服中的蓝色,蕴含着庄重、忠诚,如"长生天"般永恒,在视觉上给人以开朗、辽阔的心理感受和审美体验。热情似火的红色也是深受蒙古族人民热爱的色调之一,红色是太阳的颜色,是火的颜色,蒙古族人民在红色中寄予了对纯洁、财富、幸福等美好愿望。白色在蒙古族服饰中传递着蒙古族人民生活的环境信息,如草原上洁白的云朵、洁白的羊群、白色的乳汁和白色蒙古包等,蕴含着蒙古族纯洁、高贵、神圣等精神特质。②

凡是与儿童真实生活相联的,从儿童的需要出发的一切,都可以纳入幼儿园课程资源当中。那么,蒙古族的传统服饰——蒙古袍亦在其中。幼儿们向往"风吹草低见牛羊"的大草原,也向往着生活在这里的蒙古族人:身着蒙古袍、脚蹬蒙古靴、住蒙古包……幼儿园教育可以将蒙古族服饰作为开启了解蒙古族神秘大门的一把钥匙。蒙古族人民细致观察、用心感受并根据赖以生存的大自然创造出了种类繁多的花纹图案。如取自植物形状的花纹、模仿动物形态的花纹、几何形式的花纹图案等,常出现在蒙古袍服、蒙古靴子等各类服饰当中。蒙古族腰带中常常可以看到形式多样且优雅高洁的莲花图案,莲花图案具有纯洁之意;另外,寓意子孙延绵不断的石榴纹和花椒纹,祝愿长辈福寿绵长、长命百岁的桃纹也常出现在蒙古袍的边缘、领口处。这些花纹图案无不体现出蒙古族人对草原上植物的细心观察和描绘,通过汲取自然理念,表达出美好而丰富的心灵世界。作为教育资源的挖掘者,我们可以将这样善于观察大自然的草原民族及其独有的服饰分享给幼儿。于是,幼儿既可以了解蒙古服饰的不同种类,感知其主要特征和作用,也可以了解蒙古服饰的制作方法。既可以欣赏蒙古袍的边缘、领口处、腰带、甚至是耳环、头饰、烟袋上的花纹图案,也可以用绘画、手工制作等表现手法表达

---

①斯庆:《蒙古族服饰中民族文化及性格的体现》,载《流行色》2021年第4卷第4期,第59~60页。
②同上。

自己的感受和想象。既可以身着蒙古袍,伴着《草原小骏马》等民歌起舞,也可以自制服装,头戴"发套"走民族时装秀……进而,幼儿对身穿蒙古袍,脚穿蒙古靴的蒙古族的生活习俗、饮食文化也会逐渐产生探究兴趣。

(二) 西北地区

由于分布较广,地域环境也有不同,所以这一地区的少数民族服饰多彩多样,各民族的服饰各具特色,如有代表性的土族、维吾尔族等。

1. 土族服饰

土族是我国五十六个民族之一,其主要分布在我国青海省的互助县、民和、大通,甘肃的天祝县和红古区。① 土族被称为穿彩虹花袖衫的民族,主要源于土族服饰绚丽多姿、五彩缤纷。土族服饰主要是小领,大襟,开叉,长短结合;且喜欢装饰,就是用盘绣技艺,其所谓"无处不花处处花";最典型的就是丰富多彩的头饰,如"扭达""包头"等,以及最具特色的年轻女子服装"秀苏"——花袖衫或五彩袖(由于地域分布的差异性,部分地区用七种颜色的布缝制,也称作"七彩袖"),用黄、红、白、绿、蓝五种颜色,分别象征土地/丰收、太阳、信仰、生命、天空。这也体现土族人民热爱和向往幸福生活,勤劳智慧,崇尚自然,信仰虔诚的生活信念。② 值得一提的是,土族服饰在2008年入选国务院公布的第二批国家级非物质文化遗产代表性项目名录中。

可以说,土族服饰文化作为民族文化的遗存之一,记载着本民族变迁史上许多重要的文化信息,能从物质文化和精神文化双重层面上表现出一个民族在成长过程中吸纳其他民族文化、构建本民族文化过程中形成的种种文化形态,是观照民族文化的一扇重要窗口。幼儿教育一方面让幼儿欣赏漂亮的土族服饰,感知彩虹袖的颜色及其寓意,也在神话传说故事中了解土族服饰文化的渊源;另一方面借助于笔纸、废旧物等,让幼儿制作、装饰、剪裁土族服装及配饰。与此同时,使幼儿知道,服饰是装扮人体美的重要组成部分。③

2. 维吾尔族服饰

维吾尔族主要分布在中国西北边陲的新疆,天气干冷,所以该族人民的衣服较厚,有御寒的作用。又因为历史上是游牧民族,所以喜穿靴。维吾尔族服饰花样多而且非常美丽,富有特色。维吾尔族妇女喜用对比色彩,使红的更亮,绿的更翠。男性讲究黑白效果,这样粗犷奔放。维吾尔族人戴绣花

---

① 马亚玲:《土族文化与幼儿教育融合初探》,载《中国土族》2010年第4卷第4期,第65~67页。
② 李武伟,李继晓:《土族服饰文化的数字化保护探析》,载《传媒论坛》2020年第3卷第19期,第133~134页。
③ 马亚玲:《土族文化与幼儿教育融合初探》,载《中国土族》2010年第4卷第4期,第65~67页。

帽,着绣花衣,穿绣花鞋,扎绣花巾,背绣花袋,衣着服饰无不与鲜花息息相关。另外,花帽在维吾尔族的服饰中最有特色,男女老幼都喜欢戴四楞花帽,具有防寒或防暑的功能。不同的阶层戴不同的花帽,不同的年龄有不同的喜好,其正面的颜色各异。维吾尔族的服装一般都比较宽松。维吾尔族将外衣统称为裕袢。这些衣服多用黑、白布料,蓝、灰、白、黑等各种本色团花绸缎料等制作。维吾尔妇女爱穿裙装,喜欢选择鲜艳的丝绸或毛料裁制裙装,常见的有红、大绿、金黄等色的质料,内穿淡色衬裙,更偏爱本民族独创的"艾德莱丝绸"缝制连衣裙。丝绸的花纹如彩云飘飞,色泽明丽,浓郁华丽,透出创造者内含灵性的天赋。

维吾尔族喜欢将各种花的图案绣在服饰上。妇女喜欢在衣服的领口、胸前、袖口、肩、裤脚等处绣花;男式服装主要在合领衬衣的领口、胸前、袖口等绣花,表现了维吾尔族特有的服饰美感。在装饰方面,维吾尔族妇女非常喜欢戴耳环、戒指、项链、胸针等,这些风俗表达了维吾尔族妇女对美的追求。

维吾尔族是一个爱花的民族,人们戴的是绣花巾,背的是绣花袋,这就给幼儿绘画提供了良好的素材。鲜艳的色调对于幼儿有强烈的吸引力,拓展了幼儿的绘画思路,丰富了幼儿的感性经验和审美情趣,学会了表现美,并利用身边的物品或废旧材料仿制维吾尔族的手工艺品,促进幼儿动手、动脑能力的发展。

(三)西南地区

西南地区是指四川、云贵高原、西藏等地,这一地区自然环境上江河众多、气候湿润,聚居着黎族、侗族、白族等许多少数民族。西南地区的少数民族因地理环境、经济文化等影响,他们的民族服饰文化也是多姿多彩的。

1. 彝族服饰

彝族服饰类别多样,色彩缤纷。彝族女装的服饰色彩多以蓝黑、粉红、大红、大绿为主,上衣稍短,胸襟、项背、袖口处绣以各式纹样,其色彩搭配对比强烈。彝族男装常穿裤脚开口大,裤身宽松的多褶款裤脚长裤,这种裤子行动极为方便。爱美的彝族姑娘善用各种配饰,如耳饰、首饰、挎包和腰饰等增添服饰的魅力。围腰是彝族女子服饰的主要装饰物,上面绣着盛开的马樱花,或"喜鹊闹梅""蝴蝶采花"等图画,并镶上银泡,配上银饰,用于固定围腰的飘带上也绣上精美的花朵图案。[①]

[①] 张祎:《幼儿园彝族文化课程资源的开发与利用研究》,云南师范大学 2017 年学前教育专业硕士论文。

幼儿教育作为对幼儿的启蒙教育,能够直接培养幼儿的审美能力、创造力和民族认同感等,将"彝族服饰文化"作为一门幼儿启蒙文化课程,具有很高的学习价值。① 接纳本民族的文化,尊重与其他民族文化间的差异性,是应该从小培养的基本品质。幼儿园课程作为文化传承的一个重要载体,理应在传递主流文化的同时,重视起彝族文化课程资源的开发利用。彝族幼儿不仅要学习本民族优秀文化,还要学习主流的汉文化,以更好地适应主流文化社会。汉族幼儿除了学习汉文化之外,也要学习彝族文化的内容,以增强民族平等的意识。如此一来,也契合了费孝通先生"各美其美,美人之美,美美与共"的主张。②

彝族服饰文化资源在彝族民间美术文化中的应用十分广泛,且独具特色。其来源于自然,取材于生活,因此种类繁多。在幼儿园的美术教学中,难以全部运用,幼儿也难以全部吸收。因此,应选择形象更为直观、更易于幼儿理解的服饰图样应用于幼儿美术教学的活动中。一方面,幼儿园教师可以将具有精美图样的彝族服饰实物带进美术课堂,让幼儿能够真实地接触实物,看一看、摸一摸,真切地感受图样的美感,进而加深了幼儿对图样文化的理解。这种教学方式能够使幼儿在脑海中创造更多丰富、立体的形象,为其创造了一个能够充分发挥想象力与创造力的平台。另一方面,教师可以指导幼儿制作带有彝族服饰图案的泥塑或者剪纸等手工制品,来表现彝族图样的多样性与装饰性;还可以指导幼儿通过绘画的形式,将彝族服饰元素添加到绘画作品当中,让幼儿用线条表现丰富的图案。③

2. 侗族服饰

不同地区的侗族服装各有不同的特色。总的说来,侗服以青、蓝两色为底色,然后在衣袖、衣襟、衣领等处绣上精美的花边。尤其是女装,常被装饰得古朴又艳丽,堪称绝妙的艺术品。如,女服有侗锦做成的头巾及银饰品,造型美观,技艺精湛,款式别致。侗族服饰常用太阳纹、月亮纹、凤鸟纹、龙蛇纹等纹样,是因为侗族崇拜日月星辰、鸟、蛇等;在工艺上,常用刺绣、缀物、织锦等工艺去完成服饰上的图案,例如植物纹样常以小串珠连接镶缀形成,有很强烈的浮雕效果。在一些地区的侗族常用自制土布做服饰的选料,用植物染成棕色,

---

① 王静:《彝族服饰文化在幼儿师范教育中的传承》,载《纺织报告》2021年第40卷第5期,第123~124页。
② 张祎:《幼儿园彝族文化课程资源的开发与利用研究》,云南师范大学2017年学前教育专业硕士论文。
③ 谢永超:《彝族服饰资源在幼儿园美术活动中的运用》,载《课程教育研究》2015年第4卷第8期,第207~208页。

由上、下装组成,分盛装和便装,便装一般是黑色土布制成,银饰和刺绣较少;盛装则会配有较多的银饰品,例如耳环、项链、银帽、银围腰等。

对于幼儿园来说,尤其是对于侗族当地幼儿园,要重视开发和利用与侗族服饰文化相关的民间课程资源,或以民间服饰,或以民间工艺扎染、印染、织布、刺绣等为主要内容。我们要基于幼儿园的实际和符合幼儿的身心发展特点设计,进而衍生出许多不同层次的活动内容。如以侗族家织布为主题,可以衍生出了解布的起源和用途、与现代布匹和服饰比较、探究织布流程、开设小作坊等子活动。除此之外,幼儿园一方面让幼儿制作自己喜欢的服饰,用自己扎染的花布制作服饰,将扎染和侗族服饰制作有机融合;另一方面,教师引导幼儿唱侗歌、跳侗舞时穿上侗族的服装,在活动中感受民族服装的美。对于侗族当地的幼儿,通过这样的活动接受和热爱自己民族的服装。①

(四) 中南东南地区

该地区包括两广(广东、广西)地区、湖北、湖南、浙江、安徽等地,主要分布着瑶族、壮族、土家族、黎族、毛南族。由于地理位置以及气候条件的影响,其服饰除了山区的民族外,多用自种自织的棉布或麻布制成,所以这一地区少数民族的服饰带有着鲜明的地域文化特征。

1. 瑶族服饰

瑶族是一个历史悠久的民族,以迁移频繁、分布面广而著名。瑶族服饰是其民族图腾崇拜文化的载体,是深层图腾观念的物化。据历史记载,瑶族的始祖盘瓠是一只五彩斑斓的龙犬,因此瑶族男女穿五色衣以表达不忘祖。丰富多样的瑶族服饰常用挑花、织锦、印染等以及挂缀项圈、银链、珠串、绒球等工艺共同构成。瑶族妇女常用的挑花围裙,其图案通常是对称装,往往挑有"双蛇缠树""哪吒闹海"等纹样,五彩缤纷,十分有特点;并且瑶族服饰纹样多为对角线、平行线、垂直线,基本没有弧线,这是其服饰工艺织锦、刺绣手工艺的最大特点。瑶族服饰以其五彩斑斓、绚丽多姿、工艺精美而获得人们的赞誉。②

2. 壮族服饰

壮族是我国人口最多的少数民族,主要分布在我国西南省区,由于气候的原因,壮族服装以蓝黑色衣裙、衣裤式短装为主。壮族服饰多用自染自织的壮族织锦为面料。壮锦在古代就已经十分有名,为该民族的服饰发展奠

---

① 刘春蓉:《侗族幼儿园本土艺术课程资源的开发利用研究》,湖南师范大学2010年学前教育专业硕士论文。
② 玉时阶:《瑶族服饰图案纹样的文化内涵》,载《广西民族学院学报》(哲学社会科学版)1994年第4卷第1期,第38~41页。

定了基础。不同的地区仍会有各自不同的风格,这主要表现在服装的图案上。① 壮族服饰的图案多从花鸟、虫鱼、龙蛇等自然纹样和十字纹、云纹、双喜纹等传统纹样上取材,其服饰图案的构成多为棋格状的四方连续,以直线、云纹、井纹和万字纹等形成45度、60度或90度骨架棋格状,并在其中装饰几何化变形花鸟纹样。壮族擅长的手工艺还有镶边、缀物、刺绣等,例如有一些地区的壮族妇女会在上衣的盘肩、袖和衣襟边镶上黑色的宽、窄边,并绣上五彩花卉的纹样,图案结构复杂,色彩鲜艳明快。

幼儿园教师可以对壮族文化进行不同程度的开发利用,如壮族服饰欣赏、壮族服饰设计、壮族服饰展示等活动,引导幼儿初步了解壮族服饰的特点;或组织幼儿观察香包图片,了解香包作为壮族服饰道具之一的意义,即壮族人民在节日里佩戴在身上用以寄托美好愿望。幼儿通过观察香包的外形特点,利用准备好的布料、硬纸板、剪刀、彩线、珠子等材料,进行剪、贴、缠、绕创意制作,从中感受壮族服饰特有的装饰方法,并对壮族服饰的蓝、黑、棕三种颜色的配色,及其图案精美、色彩艳丽的特点等有了一定的认识。② 如此一来,既能丰富幼儿园的课程内容,与幼儿园着力打造一个具有民族品牌特色的幼儿园相契合,使幼儿感受民主文化的滋养,丰富幼儿的精神世界,润泽幼儿的生命。③

三、幼儿园不同地域传统民族服饰浸润式教育途径

基于幼儿呈现出的学习能力和全面发展需求,幼儿教师应该在资源整合基础上探索开展民族服饰文化渗透的教育,围绕幼儿们的认知情况和生活能力设定教学方案,立足传统文化实践探索提高幼儿们对传统文化的认知。

幼儿园要整合多方资源,将中华民族服饰文化渗透到各个方面,融入幼儿园的教育活动、环境创设活动、家园社区合作活动。通过耳濡目染的教育使幼儿在活动中、游戏中、生活中不断地习得有关服饰文化的知识和经验。

(一)融入幼儿园的教育活动

笔者主要从幼儿园的教学活动、游戏活动、生活活动三方面研究民族服饰文化融入幼儿园教育活动的途径。

---

① 黄嘉佳:《壮族文化资源在幼儿园课程的开发与利用研究》,福建师范大学2018年学前教育专业硕士论文。
② 韦涛,农静姿:《"壮族三月三"民俗文化融入大班课程探究》,载《广西教育》2020年第4卷第45期,第148~149页。
③ 黄嘉佳:《壮族文化资源在幼儿园课程的开发与利用研究》,福建师范大学2018年学前教育专业硕士论文。

1. 民族服饰融入幼儿园教学活动

幼儿园可以将民族服饰文化资源运用于学科领域、主题活动、区域活动、方案活动等不同结构化程度的课程当中。笔者以主题活动为例,分三个步骤设计有关民族服饰的主题活动:确定主题—设计主题网络图—预设主题活动。

(1)确定主题。确定主题是主题活动设计的第一步,我们可以根据幼儿的兴趣爱好需要、主题中所蕴含的教育价值以及教师的知识能力水平、课程资源的特点等来选择和确定主题。笔者依据我国不同地域的民族服饰特点,特意选取了8个有代表性的少数民族,分别拟定了8个主题,包括民族名称、主题名称及主要内容。见表5-1。

表5-1 少数民族服饰的主题名称及主要内容

不同地域的民族	主题名称	主要内容
赫哲族	神奇的鱼皮衣	欣赏民族服饰,了解来历、功能 知道制作方法、样式、图案等 尝试运用绘画的方式设计服饰
蒙古族	漂亮的蒙古袍	
土族	彩虹花袖衫	
黎平侗族	古老的螺丝衣	
维吾尔族	花帽	重点探究帽子的种类、样式等细节
彝族	美丽的彝族头饰	重点探究头饰的种类、造型等细节
瑶族	衣服上的那些图纹	重点探究图案、花纹等内容
壮族	壮族服饰	从壮锦、绣球、花背带三方面探究

(2)制作主题网络图。选择和确定主题活动的内容之后,接下来就是制作主题网络图。笔者以"神奇的鱼皮衣"和"壮族服饰"这两个主题为例,设计主题网络图。见表5-2,表5-3。

表5-2 "神奇的鱼皮衣"制作主题网络图

神奇的鱼皮衣							
了解鱼皮衣				制作鱼皮衣			
历史传说	作用	参观民族博物馆	图案	捕鱼	参观鱼皮衣制作工艺	我是设计师

表 5-3 "壮族服饰"制作主题网络图

壮族服饰										
好看的花背带			壮锦			绣球			服装	
花背带的作用	参观民族博物馆	我设计的花背带	参观壮锦制作	壮锦历史	我是壮锦设计师	绣球历史传说	抛绣球	参观绣球制作	民族服装秀	我设计的壮族服装

（3）预设主题活动。主题活动有周主题和月主题，教师可以根据幼儿园和幼儿的实际情况来设计主题活动。以"壮族服饰"为例，笔者设计壮族服饰为月主题，其下包含了四个子主题"好看的花背带""壮锦""绣球""服装"，每个子主题均可作为周主题开展相关活动。内容具体见表5-4。

表 5-4 "壮族服饰"月主题具体活动汇总

活动形式 周主题　活动名称	健康活动	语言活动	社会活动	科学活动	艺术活动
好看的花背带	接力赛		参观民族博物馆		我设计的花背带
壮锦		壮锦的历史传说	参观壮锦制作	图案的对称	我是壮锦设计师、扎染
绣球	抛绣球	绣球的历史传说	参观绣球制作工坊	图形与球体	
服装			民族服装秀		我设计的壮族服装

2.民族服饰融入幼儿园游戏活动

游戏是儿童的天性，也是儿童的权利。霍金斯（Hawkins. D.）认为，儿童科学学习的阶段之一就是"任意玩弄科学器材"[①]。儿童通过在游戏中与材料的操作来获得有益的发展。民族服饰有值得借鉴的资源，可将其稍加调

①Hawkins. D. -Messing about in science, Science and Children. 2(5):1965.

整融入幼儿园游戏活动中,教师要注意根据幼儿的需要来调整游戏活动。

第一,调整游戏道具。例如,教师可在七巧板的基础上,将完整的一套民族服饰按照七巧板的模块裁剪并粘贴覆盖在上面。打乱次序后,由幼儿按图拼摆复原。在游戏过程中,既熟悉了七巧板的组合结构,又注意了民族服饰的整体与细节。再者,教师可以制作服饰换装拼拼乐,将若干套不同民族的服装及其体饰逐一剪下、塑封,再准备两张或几张人物的图片(准备两个性别不同的人物图片或者准备老、中、青、幼不同年龄阶段的人物图片),服饰的大小尽量能与人物匹配。游戏玩法是幼儿根据所选人物性别,要为其挑选并"穿"(拼贴)上成套的服装,并说出服饰所属的民族。

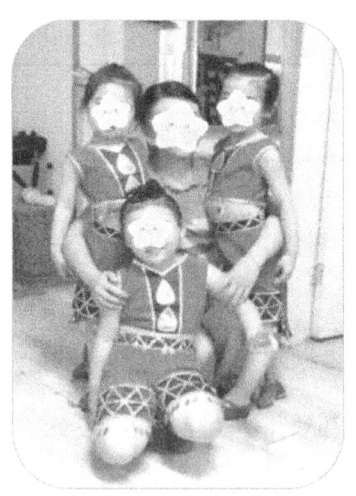

图 5-2　壮族服饰
(来源:邯郸市委机关幼儿园)

第二,调整游戏玩法。不同年龄段的幼儿生理心理发展水平不尽相同,教师根据幼儿年龄特点来进行调整。例如,小班幼儿操作七巧板有一定难度,那么在服饰拼贴七巧板上就需要调整玩法了。不论幼儿是否拼摆成功,只要能在拼摆过程中通过服饰的某个细节辨认出其所属民族也是可以的。

第三,生发新游戏。根据不同地域民族服饰的特点、来源、作用等生发出相关的小游戏。就拿赫哲族的服装而言,其服饰多用鱼皮制成,这与该族人民擅长捕鱼有关,我们可以将捕鱼融入游戏活动中,通过设置捕鱼场景,利用道具渔网和制定的游戏玩法、规则(部分幼儿扮演鱼儿,躲避渔网,若身体部位碰到渔网即为被渔夫捕住),这样幼儿既能练习快跑、快躲闪,提高动作敏捷性,又能通过游戏,体验捕捉到鱼的快乐。

3.民族服饰融入幼儿园生活活动

陶行知先生说"生活即教育",儿童的经验来自他们的生活,一日生活皆课程。一方面,教师要重视幼儿园生活活动的教育价值。幼儿园的生活活动是一种隐性的课程,犹如幼儿园的环境创设一般,悄无声息地将知识经验传递给幼儿。① 例如,教师可以在晨间活动、离园活动播放不同民族的童谣、

---

① 黄嘉佳:《壮族文化资源在幼儿园课程的开发与利用研究》,福建师范大学 2018 年学前教育专业硕士论文。

山歌,讲述关于各族服饰相关的神话传说故事。另一方面,教师在介绍民族服饰文化时要与幼儿的经验相联系。例如,分享赫哲族的鱼皮衣之前,可以导入这样的问题:"衣服是用什么做的?除了用布,你还知道什么材料可以做衣服?"幼儿通过头脑风暴想出了用树叶、兽皮、天鹅裙、孔雀衣、塑料等内容,调动幼儿前期的生活经验。进而通过问题"你们见过用

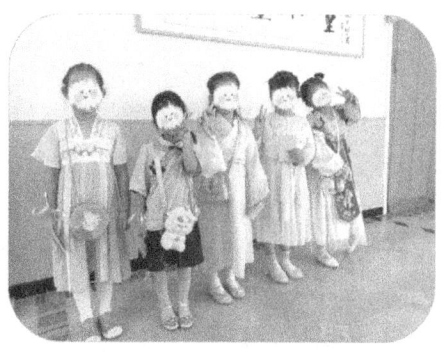

图5-3 我的汉服
(来源:邯郸市委机关幼儿园)

鱼皮做成的衣服吗?"继续引发幼儿好奇心与求知欲。最后,教师通过细致入微的语言描述,如"软软的、滑滑的,吃着还有点腥味儿,炸着吃香香的脆脆的"更进一步地调动幼儿对鱼皮的认知经验,为后续的探究鱼皮衣做铺垫。

4. 专场演出活动

民族服饰表演的专场演出活动是幼儿创造力与表现力的集中体现。幼儿表演所需服饰全部由幼儿自己用皱纹纸、包装纸、彩带、碎布甚至是生活中的废旧物品等材料制作而成,服饰有蒙古族、维吾尔族、彝族、苗族等少数民族的服饰,邀请家长、社区友好人士等前来观看。这样的专场演出为幼儿的学习与创作提供了集中展示的机会和平台,对提升幼儿的自信心、交流能力等都很有帮助。

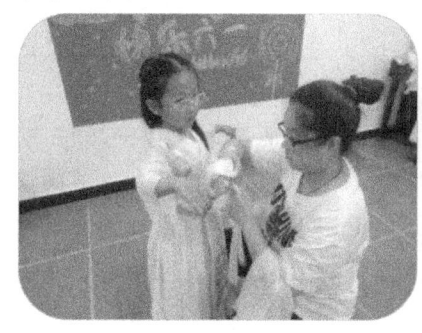 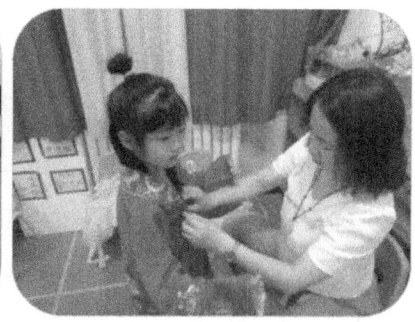

图5-4 民族服饰(来源:邯郸市委机关幼儿园)

(二)融入幼儿园的环境创设

环境是一个"会说话的老师"。幼儿园环境发挥着隐性的教育功能,一直以来被幼儿园所重视。幼儿园环境根据不同的方法有不同的分类,按存在的形式来分,可以把幼儿园环境分为室内环境和户外环境。

1. 幼儿园室内环境创设

幼儿园室内环境包括活动室、走廊、过道、楼梯等。以壮族服饰为例,教师在幼儿园过道、走廊、楼梯挂上多彩的绣球,供幼儿欣赏,给幼儿视觉上的冲击;在幼儿园活动室墙面处设计有关壮族服饰的主题板块,例如壮族的服装、壮族的绣球、壮族的花鞋子、花背带等;或者在幼儿园活动室墙面上粘贴幼儿参观民族博物馆,自己设计的花背带、服装、花鞋子等的照片;对于活动室区角来说,美工区投放染料、粗布、剪刀、绳子、盆等材料供幼儿进行布料扎染;角色扮演区投放壮族服装、花背带、绣球等扮演材料。

图5-5 表演区
(来源:邯郸市委机关幼儿园)

2. 幼儿园户外环境创设

户外环境包括园舍建筑、户外场地、空间布局及绿化、运动游戏场地、长廊、器械区、攀爬区、小树林、草坪、沙水区、种植养殖区、户外涂鸦区等。在幼儿园门口、长廊等可以挂上各族服饰的图片或简笔画;有条件的幼儿园可以在户外场地单独设置一个"服装手工坊",投放剪刀、盆、粗布、染料等扎染材料供幼儿进行服装设计。

(三)融入家园社区合作活动

1. 家园合作

家园合作就是家长和幼儿园在开发与利用民族服饰文化资源时,幼儿园积极主动争取家长的理解和支持,使家长乐意参与到活动中来,共同促进幼儿发展的一种活动。表现为:家长帮助幼儿园收集有关地域服饰文化课程资源的物质材料,为幼儿提供相应的知识经验,参与幼儿园举行的有关民族文化活动,等等。

以蒙古族服饰为例,具体来说,请家长帮忙收集蒙古族服饰的图片或者制作工艺的实物和材料,邀请家长与幼儿一起制作简单的蒙古族服饰。

2. 幼儿园与社区合作

幼儿园与社区合作就是在平等互惠的情况下,幼儿园积极利用社区有利资源,携手社区共同促进幼儿健康全面发展。比如,带领幼儿到社区附近纺织厂或者制衣坊参观工人制衣的材料、工艺、流程等;邀请会织布、绣花的爷爷奶奶来园给幼儿讲一讲民族传统服饰的制作要领;也可以带领幼儿到当地的文化馆、展览馆参观保存在馆里的精美的民族服饰,并邀请相关工作人员为幼儿进行讲解。

第二节 不同地域传统饮食文化浸润式教育

俗话说:"民以食为天。""一方水土养一方人。"人类发展的悠久历史以及复杂多样的地域自然和人文环境条件,造就了丰富多彩、绚烂多姿的地域饮食文化。我国饮食文化源远流长,约有8000年的历史[1],它包括饮食资源、烹调技术、食品制造、食物治疗、饮食民俗、饮食文艺等内容,是中华各族人民在生产和生活实践中,创造、积累并影响周边国家和世界的物质财富及精神财富。

从古至今,我国饮食文化就追求"食与人之和""食与自然之和",达到了"饮德食和""万邦同乐"的生活乐趣,且各地的饮食文化独具特色,可谓"千里不同风,百里不同俗"。[2] 像我国的南甜北咸,东辣西酸,汉族的大米白面,藏族的青稞糌粑,蒙古族的羊肉奶酪……比比皆是。[3]

一、幼儿园不同地域传统饮食文化浸润式教育意义

(一)有助于幼儿感受丰富的传统饮食文化,树立正确的健康饮食意识,养成良好的饮食行为习惯

中华民族的饮食文化源远流长,最早在《黄帝内经》中就有记载。[4] 孔子的"不时不食"出自《论语·乡党第十》,指的是吃东西要应时令、按季节,顺应四季的变化,到什么时候吃什么东西,不吃反季节食品。孩子越小开始学食育,就能越早了解中国文化与自然规律,感受丰富的传统饮食文化,爱上天然食物,发扬传统饮食文化,并最终发展和提升健康的能力、生存的能力

---

[1] 安鲁,张小明,王雯,等:《秦至南北朝时期南北饮食文化的交流》,载《安徽农业大学学报》(社会科学版)2004年第4卷第2期,第109~112+116页。
[2] 史红梅:《地理教学中我国地域饮食文化差异研究》,河北师范大学2010年地理教育专业硕士论文。
[3] 同上。
[4] 咸月月,孔敏:《幼儿园食育课程的建构与实施》,载《农家参谋》2020年第11期,第283~284页。

和爱的能力。①

然而,当前随着食品工业化生产和贸易化迅速发展,幼儿餐饮越来越被商家们所青睐,"笼络"童心的方式花样百出,一些所谓的儿童套餐(采用"主食+小吃+饮料+玩具"模式)逐渐影响着幼儿的饮食习惯和饮食结构。慢性病和肥胖低龄化趋势明显,主要源于不健康的饮食习惯。比如,部分幼儿会经常吃汉堡、油炸薯片等高热量的食物,缺乏全面合理的饮食搭配,幼儿想吃什么就吃什么。这样的饮食特征导致许多幼儿肥胖,存在非常大的健康隐患。②

因此,在幼儿园阶段渗透食育文化,开展传统饮食文化教育显得尤为重要,亦势在必行。从中华饮食文化入手对幼儿进行启蒙教育,不仅有利于加强幼儿对中华民族的了解,树立幼儿的民族自豪感和认同感,更重要的是通过饮食文化浸润式教育可以改善幼儿的营养状况(营养不良或营养过剩),有利于幼儿的身心发展,还有助于幼儿养成健康饮食习惯、培养积极的情感、塑造优秀的品质、提高操作能力等。

图5-6 幼儿园面食(来源:邯郸市委机关幼儿园)

(二)有助于幼儿教师提升自身健康与专业化发展水平

教育界一直流传着这样的话:"要想给幼儿一杯水,教师就要有一桶水,更要成为长流水。"对于饮食文化教育,教师不仅仅是要向幼儿普及健康营养知识,还应该通过日常"吃"的实践使幼儿形成一定的饮食习惯,养成健康的饮食方式。幼儿每日摄入的营养有一部分来自幼儿园,因此幼儿园的饮食营养搭配变得非常重要,与幼儿的营养摄入和身体健康息息相关。③ 此

---

①咸月月,孔敏:《幼儿园食育课程的建构与实施》,载《农家参谋》2020年第11期,第283~284页。
②刘静:《幼儿园食育文化的实施途径》,载《科学咨询》(教育科研)2021年第4卷第6期,第188~189页。
③闫晓丽:《食育文化在幼儿园的开展与实施》,载《新课程》2020年第30期,第220页。

外,教师要了解中国的饮食文化、南北饮食习惯以及当前健康的饮食趋向,如北方主食小麦、南方主食大米等。进而通过利用饮食文化,结合本地不同季节的小吃和节日饮食文化的特点组织开展灵活多样、生动活泼的主题教育活动。

需要强调的是,教师要注重为幼儿提供食材,增强他们的动手能力。提供的食材要健康无危害。提供食材的方式也需要根据现在幼儿的年龄特点,以及他们现有的经验。教师在每一次的教学中食材的准备上,应该考虑幼儿操作的可行性,提供准备相关的材料基于现有幼儿的水平差异性。① 传承中华民族悠久历史文化,并通过饮食来了解学习传统历史文化,如二十四节气中的饮食之道、传统节日中的饮食特点等都是可以开发利用的文化资源,对传统文化的传承与发扬有着独特意义。总之,通过组织各类的食育活动,形成具有本土特色的园本课程活动方案,有助于教师饮食文化素养的提升,以及教师整合课程内容能力的提高。

图 5-7　水果拼盘

(来源:邯郸市委机关幼儿园)

(三) 有助于幼儿园丰富课程内容,实现幼儿教育创新发展

《幼儿园教育指导纲要(试行)》中指出:"教育活动内容要贴近幼儿生活,要充分利用自然环境和社区教育资源,扩展幼儿生活和学习空间。"幼儿一日生活频率最高的是饮食,从幼儿身边发掘课程资源应该是幼儿最感兴趣、最利于接受的。斯宾塞认为,课程的核心不是知识本身,而是儿童借掌握这种或那种知识在头脑里发展起来的思想。② 幼儿园开展饮食教育,充分考虑幼儿实际情况和需要,为幼儿设计开展食育课程。教师可以将搜集的饮食文化资源进行筛选、整合,选择适宜的教育内容,融入幼儿园现有的主题活动中,让幼儿通过与环境和材料的合作,了解中华各地域的饮食文化,发展动手能力,调动幼儿参与活动的积极性、主动性和创造性。幼儿受到饮食文化的熏陶、浸润和塑造,有助于逐渐产生文化认同感,进而有助于养成

---

①陈俊求:《饮食文化资源在幼儿园教育中的开发和利用分析》,载《文理导航》(下旬)2021年第4卷第7期,第92~93页。

②黄晶:《从民间饮食文化中挖掘幼儿园课程资源的构想》,载《基础教育研究》2007年第4卷第7期,第51~53页。

良好的饮食行为。幼儿园开展饮食文化教育是适应时代的发展,围绕教育规律和幼儿成长规律,着眼幼儿的内在需求,保证幼儿健康成长的实践探索;是不断开启新动力,解决目前幼儿教育"应试化"倾向,冲破固有的幼儿教育藩篱的实践举措。①

图5-8　开饭啦(来源:邯郸市委机关幼儿园)

(四) 有利于贯彻幼儿教育理念,形成多种教育合力

党的十九大报告指出:"人民健康是民族昌盛和国家富强的重要标志。要完善国民健康政策,为人民群众提供全方位全周期健康服务。"《幼儿园教育指导纲要(试行)》中明确指出:"幼儿园必须把保护幼儿的生命和促进幼儿的健康放在工作的首位。"《3~6岁儿童学习与发展指南》中提出:"发育良好的身体、愉快的情绪、强健的体质、协调的动作、良好的生活习惯和基本生活能力是幼儿身心健康的重要标志,也是其他领域学习与发展的基础。"饮食文化教育是开启健康生活的密码。幼儿园紧贴幼儿实际生活,聚焦每个人终身学习、终身发展的人生需求基础,创新性地开展食育,让幼儿走进自己最基本的生活,在生活中行进,又为生活服务。②

幼儿园实施饮食文化浸润式教育,是提高我国国民未来健康素质、减轻国家医疗支出和可持续发展的重要途径。可以采取"走出去、请进来"的策略,与家长、社区相互配合,优势互补,形成教育合力,丰富幼儿社会经验,促进幼儿各种能力发展。比如,利用节日请家长来园参与幼儿园的活动。在端午节开展"亲子包粽子"活动;春节开展"亲子设计某食物品牌包装"比赛活动;邀请某食物制作传承人为孩子们现场制作,讲解小吃的起源;等。幼儿园食育架起了全民参与食育的桥梁,通过幼儿食育与家庭合作,与社区合

---

① 钱海峰:《新时代幼儿园开展食育的意义》,载《宁夏教育》2018年第4卷第5期,第20~21页。
② 同上。

作,使家长及社会人员参与食育活动的同时了解食育进而使食育文化传递到家庭、社区以及社会,使全民了解食育,提升全民的食育意识,使中国朝向全民健康发展。①

二、幼儿园不同地域传统饮食文化浸润式教育内容

我国地域辽阔、民族众多,饮食习俗和饮食风味千差万别,最能反映这一特点的当属我国的菜系。中国菜肴在烹饪中有许多流派,其中最有影响和代表性也为社会所公认的有:鲁、川、粤、闽、苏、浙、湘、徽等菜系,即所谓的中国"八大菜系"。

1. 不同地域的传统饮食文化

(1)鲁菜。鲁菜即山东菜系,由齐鲁、胶东、孔府三种风味组成,是宫廷最大菜系,以孔府风味为龙头。齐鲁风味以济南菜为代表,在山东北部、天津、河北盛行。齐鲁菜以清香、鲜嫩、味纯著称,一菜一味,百菜不重。糖醋鲤鱼、宫保鸡丁、九转大肠、汤爆双脆等都是家喻户晓的济南名菜。济南著名的风味小吃有锅贴、灌汤包、盘丝饼、金钱酥等。②

图 5-9　清汤丸子
(来源:邯郸市委机关幼儿园)

(2)川菜。川菜即四川菜系,各地风味比较统一,主要流行于西南地区和湖北地区,在中国大部分地区都有川菜馆。川菜是中国最有特色的菜系,也是民间最大菜系,具有取材广泛、调味多样、菜式适应性强三个特征,在国际上享有"食在中国,味在四川"的美誉。其六大名菜是鱼香肉丝、宫保鸡丁、夫妻肺片、麻婆豆腐、回锅肉、东坡肘子;另外干烧鳜鱼、怪味鸡、粉蒸牛

图 5-10　红烧牛肉
(来源:邯郸市委机关幼儿园)

肉、毛肚火锅、干煸牛肉丝、灯影牛肉、担担面、赖汤圆、龙抄手等也极负盛名。③

---

① 卢岩:《幼儿园食育课程建设的行动研究》,沈阳师范大学 2020 年学前教育专业硕士论文。
② 蒋英志:《中国八大菜系及第九菜系》,载《文史精华》2013 年第 4 卷第 5 期,第 64~68 页。
③ 同上。

(3)苏菜。苏菜即江苏菜系,也称"淮扬菜",是宫廷第二大菜系。苏菜系选料讲究,刀工精细,口味偏甜,造型讲究,特色鲜明,很少放辣椒。淮扬风味选料严谨,讲究鲜活,主料突出,刀工精细,讲究原汁原味,并精于造型,口味咸淡适中,南北皆宜。南京菜以善制鸭馔而出名,素有"金陵鸭馔甲天下"的美誉。代表有小笼包子、葱油饼、豆腐涝、汤面饺、鸡面干丝、

图 5-11　香菇鸡翅

(来源:邯郸市委机关幼儿园)

蟹黄面、糖粥藕等。苏州在民间拥有"天下第一食府"的美誉,名菜有香菇炖鸡、咕咾肉、松鼠鳜鱼、叫花童鸡、糖醋排骨、阳澄湖大闸蟹等。①

(4)粤菜。粤菜即广东菜系,以广府风味为代表。粤菜口味偏甜。广府菜注重质和味,口味比较清淡,力求清中求鲜、淡中求美。食味讲究清鲜嫩爽滑香;调味遍及酸甜苦辣咸,即所谓"五滋六味",有"食在广州"的美誉。代表品种有白切鸡、龙虎斗、白灼虾、烤乳猪、香芋扣肉等。②

图 5-12　白切鸡

图 5-13　佛跳墙

(5)闽菜。闽菜以闽东和闽南风味为代表。闽东风味以福州菜系为代表,主要流行于闽东地区。其选料精细,刀工严谨;讲究火候,注重调汤;喜用作料,口味多变;显示了四大鲜明特征:刀工巧妙、汤菜众多、调味奇特、善用糖醋。五大代表菜:佛跳墙,鸡汤氽海蚌,淡糟香螺片,荔枝肉,醉糟鸡。③

---

① 蒋英志:《中国八大菜系及第九菜系》,载《文史精华》2013 年第 4 卷第 5 期,第 64~68 页。
② 同上。
③ 同上。

(6)浙菜。浙菜风味鲜嫩软滑,香醇绵糯,清爽不腻;品种丰富,菜式小巧玲珑。浙菜选料讲究,烹饪独到,注重原味,制作精细。文化色彩浓郁是浙江美食一大特色。浙菜主要由杭州、宁波、温州、金华四个流派所组成。浙菜名菜名吃有东坡肉、龙井虾仁、西湖莼菜、虾爆鳝背、西湖醋

图5-14　东坡肉

鱼、冰糖甲鱼、雪菜大黄鱼、网油包鹅肝、荷叶粉蒸肉、嘉兴肉粽、宁波汤圆、绍兴臭豆腐、舟山虾爆鳝面等。①

(7)湘菜。湘菜即湖南菜系,是中国民间第三大菜系,以长沙菜为代表。湖南菜系各地风味统一,主要流行于湖南地区。湖南菜系最大特色一是辣,二是腊。著名菜肴有东安子鸡、剁椒鱼头、腊味合蒸、冰糖湘莲、干锅牛肚、平江火焙鱼、吉首酸肉、湘西外婆菜等。长沙小吃是中国四大

图5-15　剁椒鱼头

小吃之一,主要品种有糯米粽子、麻仁奶糖、浏阳茴饼、湘宾春卷、姊妹团子、火宫殿臭豆腐等。②

(8)徽菜。徽菜即徽州菜系,其风味主要特点是:擅长烧炖,讲究火功,很少爆炒,并习以火腿佐味,冰糖提鲜,善于保持原汁原味。不少菜肴都是以木炭为燃料,原锅上桌,古朴典雅,香气四溢,诱人食欲。其代表有火腿炖甲鱼、黄山炖鸽、臭鳜鱼、徽州毛豆腐、徽州桃脂烧肉等。

图5-16　臭鳜鱼

---

①蒋英志:《中国八大菜系及第九菜系》,载《文史精华》2013年第4卷第5期,第64~68页。
②同上。

2. 幼儿园不同地域传统饮食文化教育内容

结合幼儿的心理发展特点和中华饮食文化的相关特征,立足传统八大菜系,以各地特色名吃为线索开展幼儿园饮食文化启蒙教育,让幼儿了解中华八大菜系的名称、菜系特色,品尝各地名菜,了解菜肴的不同食材及制作方法,知道相应的饮食文化和进餐礼仪等内容,让幼儿在认识、体验、感知、操作、品味的过程中,收获成长,学会合作与分享。

其一,用中国劳动人民的智慧影响幼儿,用中华饮食文化的魅力感染幼儿,使幼儿对中国饮食文化能有初步的认识,并激发其对中华饮食的兴趣,让幼儿感受中华民族的优良传统,培养幼儿吃苦耐劳、团结奋斗的民族精神。比如,山东菜系以清香鲜嫩、味纯著称,尽展山东劳动人民的淳朴善良;也有讲究刀工的浙江菜系、长于熘炒煎煨的福建菜系、重熏腊原料的湖南菜系,无不将中国劳动人民的智慧展现得淋漓尽致,为培养幼儿良好生活习惯和个性奠定了基础。①

其二,将有些枯燥的国学文化、民族精粹能够以一种"色香味俱全"的方式呈现在幼儿面前,有利于激发幼儿兴趣和拓展幼儿视野。从全国范围来看,像北京烤鸭、太原的刀削面、新疆烤羊肉串等都展现了不同地域的美食特色。②

以四川菜系为例,教师可以挖掘川菜资源(参见表5-5),将该菜系的渊源和特征,特色的菜品名称、食材种类和功用,以及特色菜的形状、颜色、味道、口感等内容融入教育活动中与幼儿探究和分享,了解川菜味道和文化。一方面,带领幼儿实地探访川菜馆,既可以走进川菜后厨,探寻川菜厨房的样子,也可以邀请厨师介绍厨房里面的调味品,或者近距离观察干辣椒、湿辣椒、辣椒粉等不同种类的辣椒;另一方面,可以让幼儿走近川菜餐桌,欣赏、品尝鱼香肉丝、锅盔、辣子鸡、钵钵鸡等特色美食,让幼儿敢于挑战自己,尝试不同的口味,使幼儿悦纳食物的不同形状、颜色、味道和口感,让他们学会尊重和爱惜食物。还可以选择、清洗和简单制作食物,同时在品尝美食之余,欣赏川剧变脸表演,激发幼儿去探究四川"吃喝玩乐"的兴趣,帮助幼儿掌握餐具使用、自主进餐、尊重长辈等进餐礼仪,从中习得和传承优秀的饮食文化及由此衍生的文化礼仪,增进幼儿的自我修养。③

---

① 汤敏,王冰:《幼儿园中华饮食文化启蒙教育的原则与途径》,载《教育教学论坛》2014年第4卷第49期,第85~86页。
② 同上。
③ 张秋萍:《幼儿园食育课程的建构与实施》,载《学前教育研究》2018年第8期,第70~72页。

表5-5 四川菜系饮食文化教育内容一览

	知美食		做美食		享美食		
四川菜系	了解菜系渊源、特征	了解特色菜品(食材种类及功用;形状、颜色、味道、口感)	选择食材清洗食材	简单制作	营养	爱惜食物	用餐礼仪
	简称川菜,以酸、麻、辣著称,做菜时离不开辣椒、花椒和胡椒	特色菜品:麻婆豆腐(方形的豆腐;白红绿相间;麻麻的、辣辣的;软软嫩嫩)	嫩豆腐(切块)猪肉(切末)香葱(切末)调料	制作步骤:食用油、猪肉沫、调料、适量水、豆腐块、香葱碎	豆腐营养丰富,增加饱腹感;辣椒帮助排汗	少盛多添,光盘行动	自主进餐尊重长辈

三、幼儿园不同地域传统饮食文化浸润式教育途径

(一)融入幼儿园的主题教育活动

1. 确定主题

确定主题是主题活动设计的第一步,我们可以根据幼儿的兴趣爱好需要、主题中所蕴含的教育价值以及教师的知识能力水平、课程资源的特点等来选择和确定主题。笔者依据我国中华传统美食的地域特色,立足传统的八大菜系,分别拟定了8个主题,包括菜系名称、主要内容。见表5-6。

表5-6 八大菜系的主题名称及主要内容

菜系名称	主题名称	主要目标及内容
山东菜系(鲁菜)	"鲁味人生"	知道各菜系的代表菜品、菜名的来历和典故,形态及其制作方法 品尝各地域的美食,体验美食带来的快乐 尝试动手制作各地美食,体会劳动带来的满足
广东菜系(粤菜)	"愉粤而至"	
浙江菜系(浙菜)	"浙里精彩"	
福建菜系(闽菜)	"闽溪珍鲜"	
湖南菜系(湘菜)	"湘当韵味"	
徽州菜系(徽菜)	"徽常好吃"	
江苏菜系(苏菜)	"苏菜荟萃"	
四川菜系(川菜)	"一川风月"	

2. 制作主题网络图

选择和确定主题活动的内容之后,接下来就是制作主题网络图。① 笔者以粤菜"愉粤而至"主题为例,设计主题网络图。

表5-7 粤菜"愉粤而至"主题网络图

愉粤而至			
舌尖上的粤菜	好吃的云吞面	美味的虾饺	香喷喷的广式蛋挞
八大菜系 最爱美食小调查 探寻粤菜馆	云吞面的故事 营养价值 我是小厨师	品尝虾饺 谈虾饺 包饺子 彩泥虾饺	认识工具(烤箱、打蛋器、蛋挞皮) 制作蛋挞液(鸡蛋+牛奶+糖) 蛋挞烘焙

3. 预设主题活动

主题活动有周主题和月主题,教师可以根据幼儿园和幼儿的实际情况来设计主题活动。以"愉粤而至"为例,笔者设计广东菜系为月主题,其下包含了四个子主题"舌尖上的粤菜""好吃的云吞面""美味的虾饺""香喷喷的广式蛋挞",每个子主题均可作为周主题开展相关活动。内容具体见表5-8。

图5-17 美食坊

(来源:邯郸市委机关幼儿园)

表5-8 "愉粤而至"主题活动

活动形式 周主题 \ 活动名称	健康活动	语言活动	社会活动	科学活动	艺术活动
舌尖上的粤菜		八大菜系	最爱美食小调查	探寻粤菜馆	
好吃的云吞面	营养价值	传说故事			我是小厨师
美味的虾饺		谈虾饺	包虾饺		彩泥虾饺
香喷喷的广式蛋挞	蛋挞烘焙		认识工具	制作蛋挞液	

---

①陈福静:《园本课程中渗透的"三大三小"》,载《今日教育:幼教金刊》2015年第6期,第26~27页。

图 5-18　美食坊(来源:邯郸市委机关幼儿园)

著名教育家马斯基说过:"教育必须反映本民族、本地方的特色、精神、传统和特点。"幼儿园教学活动是在教师指导下的有目的、有组织、有计划的教育活动。教师可以通过领域活动进行饮食文化启蒙教育。比如,健康活动让幼儿知道云吞面是一种特别的吃法,由云吞(馄饨)和面条煮成,易于消化吸收,有改善贫血、增强免疫力、平衡营养吸收等功效;科学活动让幼儿认识各种蔬菜、水果的形态,知道它们各部分的名称,了解各种蔬菜的吃法和吃的部位;在语言活动中,可以借助与八大菜系有关的儿歌、传说故事或者谈论特色菜品的颜色、形状、口味等内容来帮助幼儿学习饮食文化、餐饮礼仪,养成文明进餐习惯;部分幼儿园开设专门的饮食课程如"美食坊""烘焙屋""快乐厨房"等,让幼儿每周一次学习一些炊具操作和简单的食物制作。① 例如制作腊八蒜的相关活动,让小班的幼儿亲自参与剥蒜瓣,蒜瓣剥好后放入容器再进行泡制,最后放置糖即完成制作。在幼儿园当中不同的班级可以选取不同的教育方式,例如小班的幼儿可以给他们一些简单的方法进行学习,中班的可以适当加强难度,而大班的可以选择制作一些较难的食物。②

(二)融入幼儿园的区角游戏活动

除了利用进餐的时间对幼儿进行食育外,区角活动也有利于幼儿对进餐礼仪、规则等的反复训练。如角色游戏区中的餐厅游戏,所有参与者都可以从游戏中学到与饮食有关的知识或技能。假扮厨师和服务员的幼儿可以利用各种材料进行餐厅、餐桌的布置、美化。当扮演食客的幼儿来到餐厅,服务员与食客需要就食物进行恰当交流。通过游戏,幼儿对自己在教学活

---

① 李艳:《论幼儿园食育活动的开展》,载《才智》2020 年第 7 期,第 135 页。
② 陈俊求:《饮食文化资源在幼儿教育中的开发和利用分析》,载《文理导航》(下旬)2021 年第 4 卷第 7 期,第 92~93 页。

动中获得的对食物和进餐行为的认识反复巩固,进而形成良好的餐饮行为。①

图 5-19　我的劳动成果(来源:邯郸市委机关幼儿园)

各幼儿园设置户外种植区,种植区由幼儿自己种上不同季节的蔬菜,并在教师安排下轮流管理,同时做好观察记录,由此过程了解到各种蔬菜的生长周期、生长状况和生长条件,知道各种食物得来不易,待到蔬菜成熟,摘取下来送入食堂,由厨师烹饪出来送到幼儿的餐桌上,他们就明白了食物从土里到桌上的全过程。

教师在阅读区投放与食育有关系的各种图画书,包括良好饮食习惯的培养,如《汉堡男孩》;有关各种食物类型的知识,如《幸福的味道》;异域美食介绍,如《环游世界做苹果派》;与食物有关系的营养健康知识,如《香喷喷的食育绘本》;食物的生长,如《奶奶的菜园》;食物的消化吸收,如《拉便便,真舒服》,这些图画书色彩鲜艳、内容丰富,借助于一个个故事,让幼儿产生出对食物的积极感情。②

(三) 融入幼儿园的生活活动

利用生活活动开展饮食启蒙教育,把握随机教育的机会。进餐前后的清洁工作,让幼儿形成进餐的卫生习惯。值日生每日饭前向大家播报"今日菜谱",如"今天的午餐有一道粤菜菠萝咕咾肉,菜里面有酸酸甜甜的菠萝,它维生素 C 含量特别多,还有营养价值很高的猪肉。祝大家用餐愉快。"这种活动充分利用了过渡时间,既锻炼幼儿的讲述能力,又帮助幼儿关注食物和了解食物。如进餐前,幼儿学习将餐具整齐摆放,并向厨师表达感谢,"谢谢叔叔、阿姨给我们做美味的饭菜",使幼儿从小对给自己带来美味饭菜的人常怀感激之情,形成对食物的尊重之情;进餐中,幼儿带着愉快的心情与

---

① 李艳:《论幼儿园食育活动的开展》,载《才智》2020 年第 7 期,第 135 页。
② 同上。

同伴一道享受吃饭的快乐,同时注意自己的吃相、拿餐具的动作、坐姿等行为举止,养成进餐时好习惯等。①

图5-20　邯郸美食(来源:邯郸市委机关幼儿园)

(四) 融入幼儿园的环境创设

《幼儿园教育指导纲要(试行)》明确提出:"环境是重要的教育资源,应通过环境的创设和利用,有效地促进幼儿的发展。"因此,创设一个丰富多彩的本土传统饮食文化环境氛围是十分必要的。根据不同年龄段幼儿的认知特点,创设适合各年龄段幼儿发展需求的本土传统饮食文化环境,让环境发挥最大的教育功效。教师可根据教育主题开展形式多样的教学活动,并生成一系列内容丰富的教育活动内容。比如,在主题墙上张贴中华八大菜系的美食图片、特色菜的立体作品和简单的文字说明,以展现鲁菜九转大肠的造型美、闽菜佛跳墙菜食材的丰富……让这些"色香味俱全"的各地特色美食吸引幼儿的眼球,为班级主题墙增添诱人的色彩。

幼儿园过道、走廊、楼梯贴放麻婆豆腐、佛跳墙、松鼠鳜鱼、锅包肉等八大菜系美食的图片;或者美食的制作流程图,并配上文字说明;或是制作"粮食可以变成什么"主题板块,将幼儿绘制或谈论的美食照片粘贴在墙上;五月初五端午节日、八月十五中秋节前后在生活区或小厨房投放糯米饭、粽叶、月饼、各种馅料、月饼模具等真实的美食材料,让幼儿直观感受和操作。

(五) 融入社区、家长的合作活动

家庭是幼儿生活的重要场所,对幼儿进行本土传统饮食文化教育不只是幼儿园的任务,还必须有家长的支持和配合,把传统饮食文化教育更好的渗透到幼儿一日活动之中。我们采取走出去—请进来的策略,与家长、社区相互配合,优势互补,形成教育合力,丰富幼儿社会经验,促进幼儿各种能力的发展。比如:邀请家长参与幼儿园传统饮食文化节活动,引导家长和孩子一起观看一些传统饮食文化的视频录像,利用家长助教进课堂的形式,由家

---

①李艳:《论幼儿园食育活动的开展》,载《才智》2020年第7期,第135页。

长志愿者讲解一些关于传统饮食文化的民间传说和由来,并进行面对面的交流和分享;也可以利用亲子户外活动走出幼儿园,开展与大自然共享美食活动;还可以请家长在家和孩子一起制作特色小吃双皮奶,让孩子更加真实地了解双皮奶的制作过程和制作方法,并通过让孩子和家长一起做双皮奶、吃双皮奶,激发他们对传统饮食文化的进一步了解并产生浓厚的兴趣。由此,从幼儿到家长,从家长到社区,从社区到老师,成为一个互动和谐的整体。

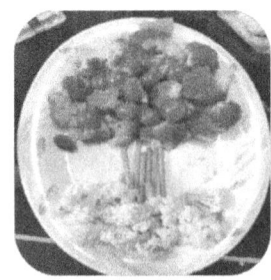

图5-21　邯郸美食(来源:邯郸市委机关幼儿园)

第三节　不同地域传统建筑文化浸润式教育

传统建筑文化在文化内涵方面不断发展和进步,已经成为中华民族传统文化中很成熟的文化组成部分。传统的建筑是不同时代先辈努力奋斗的结果,对我国建筑师来说是设计建筑作品取之不尽的资源[①],对人民教师来说,传统建筑是丰富的教育资源,对幼儿来说,是领略我国建筑艺术之美和萌发保护传统建筑情感的契机。

一、幼儿园不同地域传统建筑文化浸润式教育意义

(一)有利于促进我国传统建筑文化的保护和传承,培养幼儿文化、民族认同感

教育家陈鹤琴指出:"大自然、大社会是我们的活教材,运用周围的环境资源开展教育活动,可以让幼儿获得真实的感受。"在幼儿园中进行传统建筑文化教育,继承、丰富、发展这份珍贵的文化遗产是可行的,它不但可以扩

---

① 范达:《传统建筑文化内涵、价值及其在现代建筑中的应用研究》,载《文物鉴定与鉴赏》2020年第5期,第114~115页。

大幼儿的视野,丰富他们的知识,还能保持和发扬本土民族文化,进而传承本地区传统文化,发展民族自信心,培养文化认同感,促进幼儿健康全面发展,萌发对祖国优秀传统艺术的认同感和喜爱之情,为自己是一个中国人而自豪。

图 5-22　榫卯中国馆、榫卯武安立交桥(来源:邯郸市委机关幼儿园)

"民族认同"即社会成员对自己民族归属的认知和感情依附。① 如果个体对本民族文化一无所知,那么他将不会产生文化上的归属感,也无法形成民族认同感。幼儿园开展传统建筑文化浸润式教育,让幼儿从中感受我国不同地域、不同民族建筑文化的丰富和优秀,激发其热爱少数民族文化、热爱家乡的情感,促进幼儿对本民族文化的认同,进而促进文化的延续和传承。

(二)有助于教师丰富建筑文化方面的知识,提升教师综合素质和专业化水平

教师是幼儿园课程的设计者、实施者、评价者,是幼儿园课程有效开展的中坚力量。② 教师能够在传统建筑文化融入幼儿园课程的实施过程中与幼儿"一起学习、一起成长",通过集体培训、自主学习等途径提升自身的专业素养,逐渐从"知之甚少""一知半解"转变为"见多识广""融会贯通",能有意识地利用和开发幼儿园阶段的建筑文化课程资源,避免资源的闲置和浪费。

我国《国家中长期教育改革和发展规划纲要(2010—2020 年)》总体战略中提出:加强教师队伍建设,提高教师整体素养。虞永平教授认为幼儿园教师的知识包括:基础修养知识、日常生活知识和专业知识。③ 幼儿园教师不仅需要外在的培养,更需要个体从自身做起,树立自我学习的意识和习

---

① 王希恩:《民族过程与国家》,甘肃人民出版社 1998 年 12 月版,第 140 页。
② 虞永平:《论幼化园谋框首议》,载《学前教育研究》2005 年第 1 期,第 11～13 页。
③ 虞永平:《〈幼儿园教师专业标准〉的专业化理论基础》,载《学前教育研究》2012 年第 7 期,第 32～33 页。

惯。幼儿园可以通过参与式教研、读书反思式教研、问题跟进式调研等多种教学研讨活动,让教师去了解我国优秀的建筑文化知识,了解建筑文化中蕴含的建构游戏的价值,让教师掌握建构游戏的组织原则和组织过程,集中探讨、实践和反思将建筑文化融入幼儿园的最优方式和最佳途径等。

(三)有助于丰富幼儿园课程资源,提升幼儿园课程文化适宜性

《幼儿园教育指导纲要(试行)》指出:"幼儿园的教育是全面的、启蒙性的,可以划分为健康、语言、社会、科学、艺术五个领域。"我国优秀的建筑文化蕴藏的智慧为教育提供了多样的资源,能够丰富幼儿园课程五大领域的教育内容,对儿童的发展具有一定的教育价值。建筑文化中含有丰富的科学、数学内容,比如,窑洞建筑的装饰纹样以直线和几何图案造型为主,以不同线条之间的组合最为常见,形成各式各样的精美图案,让幼儿感知对这些装饰纹样的形状、图案、造型、质地、立体感等,能够提高儿童的科学、数学认知水平。

文化是课程的本源,如果课程离开了文化,"譬如无根之树,移栽水边,虽暂时鲜好,终究要憔悴"。① 幼儿园课程需要结合当地的文化特点。② 为幼儿提供倾听不同文化声音的机会,帮助幼儿理解、认识不同的建筑文化。将建筑文化融入幼儿园课程能够让幼儿用彼此尊重的心态欣赏,接受不同文化之间的差异,培养幼儿的文化包容意识,在一定程度上提升幼儿园课程文化的适宜性。③

二、幼儿园不同地域传统建筑文化浸润式教育内容

中国自古地大物博,为加强中国传统建筑文化与幼儿实际生活的密切结合,帮助幼儿更加深入地认识传统建筑文化,了解建筑是如何形成的、有哪些种类、有什么特点等知识。因而选择以"中国传统民居"为线索,从民居建筑中的四合院、窑洞、土楼、竹楼为主,选取具有代表性的北京四合院、陕北窑洞、傣族竹楼、福建土楼,将从其特点、造型等维度设计多个领域的课程,让幼儿感受民居建筑的特点。④

---

① 何静:《少数民族文化融入幼儿园课程的个案研究》,东北师范大学2016年课程与教学专业博士论文。
② 郝江玉:《本土资源的开发与园本课程建设》,载《学前教育研究》2014年第5期,第61~63页。
③ 何静:《少数民族文化融入幼儿园课程的个案研究》,东北师范大学2016年课程与教学专业博士论文。
④ 吴朝凤,郑盈,张莉琴:《融入中国传统文化的学前儿童艺术微主题活动的设计与实践》,载《发明与创新·职业教育》2019年第5期,第66~67页。

(一) 四合院

四合院是我国的一种传统合院式建筑,大约诞生于西周时期,至今已有3000多年的历史。其格局为一个院子四面建有房屋,从东、南、西、北四个方向将庭院合围在中间,故名四合院。四合院的外观一般是封闭式的,不显山不露水,走进去却自成天地,一砖一瓦都散发出古朴浓厚的生活气息,是十分理想的露天起居室。中国传统四合院的形制规整,设计十分讲究,有门屋,有影壁,有厅堂,有游廊,有厢房,有深闺……关上大门,自成一统。一般来说,整个建筑呈"口"字形的称为一进院落;"日"字形的称为二进院落;"目"字形的则称为三进院落。

第一,了解四合院的外形,通过俯视让幼儿感受四合院的整体造型。比如以语言谈话活动的形式让幼儿能够说出北京四合院的外形,它是长方形、正方形或四四方方的,这座房子像一个大箱子,像一个盒子,像一辆四驱车、像"口"字形……或用积木、积塑、纸牌等材料表示四合院的基本局部和外形特征,甚至是在已有的基础上设计发明出新的建筑形象。

第二,了解四合院的色彩,感受建筑的主要色调以及装饰图案。如了解北京四合院灰瓦红墙,其内部多以亮丽的红色和绿色为主调,也会有以龙、凤、鱼、竹、桃等主题的装饰图案。幼儿能大胆讲述欣赏四合院墙壁装饰色彩所获得的感受(如:很热闹、很漂亮),更希望幼儿在绘画创作活动中能大胆地运用鲜艳的红色、绿色装饰作品。

第三,了解四合院蕴含的建筑文化,以丰富审美感受,扩大审美视野。比如了解住在院内的人们喜欢种树、栽花、养鱼的生活习惯,感受开心、快乐的生活氛围;四合院的雕饰图案以各种吉祥图案为主,如:画上蝙蝠表示"幸福快乐",种月季花的寓意是"四季平安"……都是人们美好的祝愿。①

图 5-23 北京四合院

图 5-24 三进院
(来源:邯郸市委机关幼儿园)

---

① 李毅斌:《欣赏古民居建筑,丰富幼儿的审美感受》,载《文教资料》2015年第1期,第50~51页。

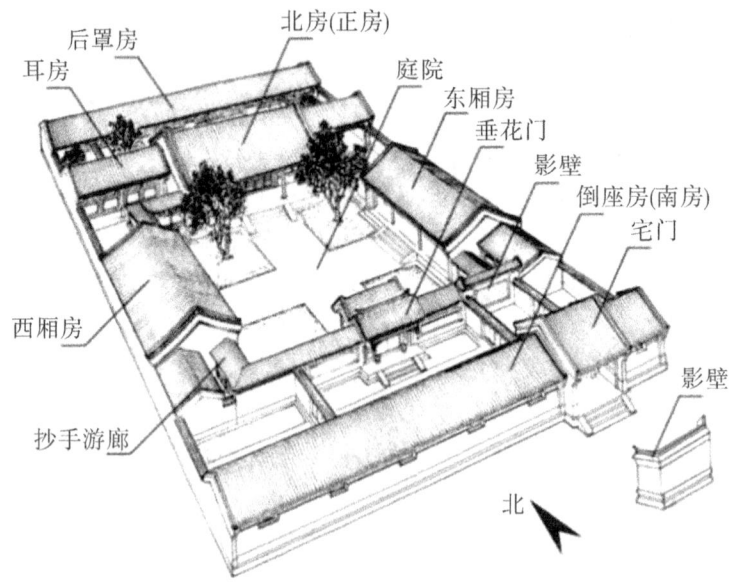

图 5-25　四合院平面图

(二) 陕北窑洞

窑洞是我国西北黄土高原上居民的古老居住形式。黄土高原的土层非常厚,有的厚达几十公里。当地人民模仿天然地洞来改良"穴居",凿洞而居,成为"窑洞",被誉为"天然的空调",最大的特点就是冬暖夏凉。传统的窑洞从外观上看是圆拱形,门洞处高高的圆拱加上高窗,冬天的时候阳光可以透进去,一直照到窑洞的内侧,

图 5-26　窑洞

让里面显得很亮堂;窑洞里面的顶部是拱形的,进去以后让人感觉开阔、舒适。窑洞的门窗装饰纹样以几何图形、回纹、菱形、正方形等简单组合图像为主,窑洞窗户造型以生活中常见的植物纹样、鸟兽纹样和民间神话传说中的蛇盘九子、寿字纹等等为主,寓意热爱生活、多子多孙、人丁兴旺,传达了人们对于生活的热情与希望。窑洞上圆下方的立面造型寓意着天圆地方。当地人悬挂五谷包寓意五谷丰登,来年也有好收成,既体现出他们纯真朴实的品质,也传达出他们对丰收的渴望。①

---

① 姚绍松,张宁,钟程,等:《浅谈窑洞建筑》,载《居舍》2020 年第 29 期,第 167~168 页。

将窑洞建筑融入幼儿园教育,可以从以下几方面着手。

第一,了解窑洞的建造材料及作用。窑洞采用原生态的黄土作为建造材料,而黄土具有良好的保温性,可以通过储热能力调节窑洞内的小气候,使窑洞内冬暖夏凉,好似开空调一般。幼儿园可以利用沙池区域,引导幼儿在沙子里探索挖窑洞。

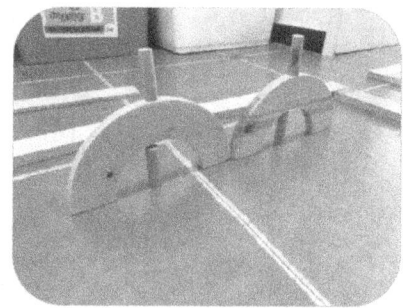

图 5-27 "圆弧门"
(来源:邯郸市委机关幼儿园)

第二,了解窑洞的外形,感受圆拱形建筑的造型美。可以利用图书、画报、照片、电影、电视的介绍让幼儿间接观察窑洞建筑图景,用语言描述或总结窑洞特点,如土黄色的、冬暖夏凉、圆弧形状……

第三,了解窑洞的特色文化,如挂五谷包寓意来年五谷丰登,窑洞窗户的图案多选择象征吉祥寓意的形象,以桂树或桂花及蝙蝠来表现福增贵子,体验人们祝福美好生活的表达方式。

(三)傣族竹楼

傣族聚居在盛产竹子的云南西双版纳地区,当地人民就地取材用竹子建成的房舍,称为"竹楼"。傣家竹楼为杆栏式的建筑,造型美观,外形像架在高柱上的大帐篷。竹楼是用各种竹料(或木料)穿斗在一起,互相牵扯,极为牢固。[①] 竹楼具有冬暖夏凉、防潮防水防震的特点。楼室高出地面若干米,潮气不易上升到室内,水也淹不到楼室上。竹楼为四方形,楼内四面通风,夏天凉爽,冬天暖和。傣家人喜欢在竹楼周围栽凤尾竹、槟榔、芒果、香蕉等,使村寨充满诗情画意。

将傣家竹楼融入幼儿园教育,可以从以下几方面着手。

第一,了解竹楼的建筑材料——竹子。顾名思义,竹楼最初是用竹子建造而成,随着时代的发展,逐渐演变为以木材为主,但还保持原始竹楼的基本形态。幼儿教师可以带领幼儿探秘竹子的生长过程、价值、用途及玩法等。

第二,了解竹楼的外形特征,感受杆栏式的建筑造型的轻盈、灵巧。幼儿园可以提供竹楼的远景图供幼儿欣赏,让幼儿较为直观地说出自己的感受。比如,竹楼像是踩着高跷的帐篷,竹楼翠绿的颜色很漂亮,竹楼看起来很凉快。

---

① 艾赣锋,朱晓辉:《游客凝视下民族村寨建筑景观变迁研究:以傣族园竹楼为例》,载《怀化学院学报》2020年第39卷第1期,第54~57页。

图5-28 竹楼

图5-29 空中楼阁
（来源：邯郸市委机关幼儿园）

第三，了解竹楼的多重功能，感受傣家人的生活智慧。竹楼既美观又实用，不仅冬暖夏凉，而且有"遮阳、避风雨、防湿、防虫兽、抗洪"的多重作用。

（四）福建土楼

福建土楼，又称客家土楼，是用泥土夯筑的木料结构建筑，是世界上独一无二的大型民居形式，素有"东方古城堡"之称。土楼建筑内沿为圆形或方形，高可达五六层，其独特的构造模式在本质上体现了人与自然和谐共处的布局。[①] 土楼最初是为防御目的而建造，围绕中央的开放式庭院，只有一个入口。一楼以上有朝向外侧的窗户。作为以土做墙而建造起来的集体建筑，土楼实际上成了村寨，常常被称为"家族的小王国"或"繁华的小城市"。土楼的外墙高大坚实，屋顶覆以瓦片，形成宽阔的屋檐。

图5-30 土楼

将福建土楼融入幼儿园教育，可以从以下几方面着手。

第一，了解土楼的外形构造，整体感知圆柱形建筑的独特造型美。幼儿园教师可以先从土楼的鸟瞰图导入，提出"这座房子的样子像什么？"的问题

[①] 汤跃然，曹波：《中国传统民居风水研究：以福建土楼为例》，载《中外建筑》2012年第4期，第49~50页。

图 5-31 "圆形建筑"(来源:邯郸市委机关幼儿园)

引发幼儿思考,如"像柱子、像水桶、像一个大洞、像蘑菇……"等。

第二,探究土楼造型的缘由及其好处。引导幼儿动脑思考,激发学习兴趣,教师可适时提出开放性问题,比如,"古人为何将房子建成这种样子""这种造型的房子有什么好处"等。

第三,用材料建构土楼造型。幼儿园建构区角投放积木、盒子、罐子等材料供幼儿创意搭建,引导幼儿学习和掌握架空、叠高、围拢、盖顶等建构技巧,促进手指精细动作的发展与具体形象思维的发展。

第四,了解客家土楼文化,感知客家人团结互助的精神。引导幼儿了解建造土楼的目的,知道客家人是一个团结一心、互帮互助的民族;了解客家人将心愿画在房间的墙壁上、写在门上等习俗。

三、幼儿园不同地域传统建筑文化浸润式教育途径

(一)融入幼儿园的主题教育活动

1. 确定主题

笔者依据我国不同地域的建筑风格,立足传统民居建筑,分别选取了 4 类建筑,即北京四合院、陕北窑洞、傣族竹楼、福建土楼,各自作为一个主题,包括主题名称、主要目标及内容。见表 5-9。

表 5-9 四类建筑的主题目标和主要目标及内容

建筑名称	主题名称	主要目标及内容
北京四合院	特别的房子——四合院	了解建筑形式、构造、功用、色彩、图案及其蕴含的文化 对建筑造型感兴趣,乐意探究和搭建 能用不同材料搭建不同造型的建筑物
陕北窑洞	特别的房子——窑洞	
傣族竹楼	特别的房子——竹楼	
福建土楼	特别的房子——土楼	

2.制作主题网络图

笔者以北京四合院"特别的房子——北京四合院"主题为例,设计两种思路的主题网络图。第一种主题网络图,依照认识—参观—保护的先后顺序预设若干主题(见表5-10);第二种按照四合院内部的构成要素预设主题(见表5-11),在主题活动开展过程中教师注意留心幼儿感兴趣的内容,及时把握和捕捉生成性的主题。

表5-10 特别的房子——北京四合院主题网络图

特别的房子——北京四合院1		
认识北京四合院	走进北京四合院	保护北京四合院
北京四合院是什么样子(外形) 盘点北京四合院里的颜色(色彩) 《北京四合院里的小时候》(绘本) 影壁(作用、图案)	参观前的小讨论 参观传统北京四合院 参观后的分享会 北京四合院的好处	保卫北京四合院 跳房子 我是小小建筑师(搭建) 我是小小建筑师(绘画)

表5-11 特别的房子——北京四合院主题网络图2

特别的房子——四合院2			
北京四合院的屋顶	各种各样的大门	影壁	各种各样的房间
参观北京四合院屋顶的造型 倾斜的屋顶(作用)	宅门(金柱大门、如意门……) 垂花门	作用和寓意 砖雕及图案	正房 厢房与耳房 游廊

3.预设主题活动

主题活动有周主题和月主题,教师可以根据幼儿园和幼儿的实际情况来预设和生成主题活动。以"特别的房子——北京四合院"为例,笔者将北京四合院作为月主题,预设了三个子主题"认识北京四合院""走进北京四合院""保护北京四合院",每个子主题均可作为周主题开展相关活动。内容具体见表5-12。

表 5-12 特别的房子——北京四合院主题活动

周主题＼活动名称	健康活动	语言活动	社会活动	科学活动	艺术活动
认识北京四合院		绘本《北京四合院里的小时候》		北京四合院是什么样子	盘点北京四合院里的颜色；影壁图案
走进北京四合院	跳房子	参观前的小讨论；参观后的分享会	参观传统北京四合院	探究北京四合院的好处	
保护北京四合院	北京四合院小卫士				我是小小建筑师（搭建、绘画）

在主题实施中，充分利用社区资源的优势，带幼儿走进北京四合院，在参观、欣赏北京四合院建筑中，进一步感知北京四合院的建筑文化，激发热爱中国建筑文化的兴趣。如：北京四合院青砖灰瓦、砖木结合、飞檐翘角的屋顶；北京四合院的门种类繁多，有月亮门、垂花门、如意门、蛮子门；正房、厢房、耳房的面阔、进深尺度各不相同，形成主次分明、错落有致的美感。通过实地参观和探究，一次次的分享和谈话，梳理出幼儿感兴趣的内容，生成系列小主题，呈现对北京四合院建筑主题的探究结果。如：幼儿对北京四合院的外形感兴趣，"北京四合院里会是什么样子？""为什么北京四合院有很多样子一样的门""为什么会有一面墙堵在大门前？"等，设计"各种各样的大门""各种各样的房间""影壁""屋顶"系列小主题。此外，幼儿可以通过自主收集资料、实地参观体验、表现和创作对四合院建筑的感知和体验，获得更多自主学习的机会。①

《3~6岁儿童学习与发展指南》中指出：幼儿艺术领域学习的关键在于大自然和社会文化生活中萌发幼儿对美的感受和体验。因此，教师在与幼

---

① 郭月霞：《挖掘社区资源，传承闽南建筑文化：闽南古厝建筑文化融入幼儿园教育实践研究》，载《知识文库》2020年第13期，第173~174页。

儿探究北京四合院的基础上,运用不同的美术表现手法表征北京四合院。如:带幼儿走进北京四合院,用写生的方式,表现北京四合院的"灰瓦红墙"和飞檐翘角的屋顶;用拓印的方式绘制出影壁的图案;等等。① 总之,在教育活动中鼓励幼儿大胆表达,尊重幼儿的想法,让幼儿用自己喜欢的方式表达对我国传统建筑的理解,并捕捉契机激发幼儿的想象,更好地促使幼儿传承、发展和创造我国的传统建筑文化。

(二)融入幼儿园的区角游戏活动

1. 建构区游戏活动

建构游戏是幼儿园活动之一,具有操作性强的特点,主要是让幼儿参与探究活动,在游戏活动中培养思维能力。在开展主题活动"特别的房子——北京四合院"过程中,幼儿在建构区有了建构"北京四合院"的兴趣,教师与幼儿共同收集建构北京四合院建筑的材料,如:小石头、鹅卵石、土包、方形的红色插塑、大小不一的红色纸砖、积木、长短不一的木板;或手绘一些建构材料(幼

图 5-32　我的汉服

(来源:邯郸市委机关幼儿园)

儿将收集的纸箱在美工区二次加工)再投入到建构游戏中。为每位参与建构游戏的幼儿赋予"建筑师"的身份,在游戏活动中进行大胆创意,自主操作。如:幼儿为了制作北京四合院灰瓦红墙的建筑风格,先是把找来的大纸箱刷成红色当作外墙,然后将外墙画上黑色的线充当一块块红砖,再将外墙固定,最后找来大纸片,涂成灰色固定在外墙上充当四合院屋顶。② 户外沙池区,幼儿探索在沙堆中挖窑洞,从最开始的挖洞塑型不成功,到后来在事先堆好的沙山下挖洞,并加入少量水塑型。从独自操作到分工合作,能用多种工具、材料或不同的表现手法表达自己的感受和想象。

总之,在建构过程中,幼儿从单独建构到整体合作建构,从建构一座北京四合院到建构土楼、竹楼、窑洞等多个传统建筑群。从根据图片简单建构到设计、规划多个建筑,追求表现建筑的细节,等等,幼儿根据主题开展的过程,

---

① 郭月霞:《挖掘社区资源,传承闽南建筑文化:闽南古厝建筑文化融入幼儿园教育实践研究》,载《知识文库》2020 年第 13 期,第 173~174 页。

② 同上。

逐步对四合院、土楼等建筑进行认知和体验,幼儿在其乐融融的建构游戏中,更喜欢古代的建筑,更乐意用建构来表现自己对我国传统建筑的认识。

2. 其他区域活动

在语言区创设"说一说"的平台。第一,让幼儿分享自己的生活经验和活动见闻,例如傣族为方便排洪和防洪水冲击,竹楼用木柱做成高架式,也有利于通风散热去湿。① 第二,让幼儿大胆、清晰地表达自己的想法和感受。例如,了解云南傣族竹楼、福建土楼和陕西窑洞和福建土楼等建筑是当地人民智慧的结晶,是善用当地天然的竹、木、黄土等材料建造出的适宜居住且又与当地环境和谐相处的经典建筑,表达自己对先人们建造物的敬佩和由衷的赞美。在与教师、同伴交谈的过程中,逐步提升语言表达能力和思维能力。

在美术区,教师投放古今中外的建筑造型图片,供幼儿参考、借鉴、再造和创造新的建筑形象。提供丰富多样的工具和材料,鼓励幼儿画一画自己喜欢的建筑;或发挥想象,设计未来的建筑造型。或以幼儿小手掌、小脚丫为原型将其巧变房子,展开想象翅膀,绘画出有趣的作品。幼儿化身小小建筑师,通过一幅幅稚嫩生动的作品展现建筑的造型,加深对我国传统建筑文化的体验和记忆。

在图书区,给幼儿提供一个温馨舒适的阅读环境,投放符合幼儿年龄特征的建筑类绘本,如《你好呀,故宫》系列图书,《北京·中轴线上的城市》《建天坛》,绘本集《建筑师的大创造》(〔日〕青山邦彦)、《乔伊想当建筑师》、《建筑大百科:千奇百怪的房子》(迪迪埃.科尼尔)等国内外绘本。此外,投放与主题绘本相关的头饰、手偶等为幼儿提供表达的机会;投放纸笔,鼓励幼儿自制创编绘本并向他人展示和讲述。

(三)融入幼儿园的环境创设

我国著名的幼儿教育家陈鹤琴先生就曾指出:"怎样的环境,就能得到怎样的刺激、怎样的印象。"② 为了让幼儿在浸润式的环境中感受传统建筑文化,老师可将教室布置成"中国民居馆",在四周的墙面张贴孩子和老师共同收集的各族民居的图片和简介,在教室展示柜上陈列民居的立体模型,孩子在建构区搭建时可以参考四周的图片和模型。此外,在安全的前提下,幼儿园走廊、过道、楼梯悬挂民居建筑模型,还可以粘贴包括故宫、布达拉宫等宫殿建筑,留园、颐和园等园林建筑,天坛、孔庙、少林寺等庙坛建筑的图片以

---

① 马佳:《中国传统民居的生态特色》,载《艺术百家》2012年第28卷第2期,第217~218页。
② 陈鹤琴:《陈鹤琴全集》,江苏教育出版社2008年8月版,第289页。

及幼儿搭建或绘画建筑的各类照片。意大利著名教育家洛利斯·马拉古齐（Loris Malaguzzi）曾提出这样一个理论：环境是孩子成长过程中除成人和同伴外的第三种老师。苏州博物馆新馆的设计者贝聿铭老先生曾表述其承接苏州博物馆新馆的设计工作与他幼儿时期在苏州园林里的生活产生的情感和从小根植

图5-33　过新年
（来源：邯郸市委机关幼儿园）

于脑海里的苏州园林与苏州城传统建筑的印象是分不开的。由此可见，建筑本身所蕴含的文化信息是可以传递的，且对幼儿的民族文化教育及未来发展起着重要的引导作用。①

值得一提的是北京乐成四合院幼儿园，它的建筑环境具有神奇的魔力，将现代元素与古老的四合院庭院式建筑相融合②，幼儿可以在环绕着古代庭院的"漂浮屋顶"运动场尽情"上房揭瓦"，也可以在斑驳温和的古老门墙下开始自己最初的学习和思考。对于新建的或翻新的幼儿园来说，可以将文化地域元素融入幼儿园的环境设计中，把承载着厚重的历史记忆和经典文化通过建筑环境传递文化，让幼儿在不知不觉中形成对传统文化的认知，让幼儿获得浸润式的文化空间体验感。

 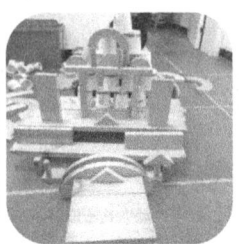 

图5-34　本土特色建筑（来源：邯郸市委机关幼儿园）

（四）融入社区、家长的合作活动

《3～6岁儿童学习与发展指南》指出：家庭是幼儿园重要的合作伙伴。我们应争取家长的理解、支持和主动参与。在开展主题探究活动之前，应通

---

①谢雅辉：《传承传统民族文化背景下的幼儿园建筑设计探讨》，载《美与时代》（城市版）2016年第11期，第36～37页。

②姚璐，乔薪臻：《基于符号互动理论的幼儿园环境空间设计研究》，载《工业设计》2020年第12期，第98～99页。

过幼儿园的家长会、发放调查问卷,与家长交流有关建筑主题活动的相关经验。并善用家长资源,为我们开展探究活动提供帮助和支持。如:幼儿参观时,家长主动提出帮助幼儿进行介绍和讲解;收集北京四合院、土楼、竹楼等影音、图片等资料,向家长征集建筑立体模型,布置于活动室的一角。另外,邀请家长助教进课堂,与幼儿交流关于传统建筑的历史和保护。或邀请家长开展亲子创作活动,制作各具特色的建筑装饰图案。善用家长资源,不仅增强幼儿园和家庭、社区的联系,调动家长参与幼儿园课程教学的积极性,也丰富幼儿园课程内容,开阔幼儿的视野。

对于幼儿园来说,社区蕴含着丰富的传统建筑文化资源,它为幼儿园开展传统文化教育提供了广阔的天地。幼儿园开展建筑文化的教育,要科学、合理运用社区资源和家长资源,让幼儿爱上传统建筑文化,让传统文化散发出教育内涵和魅力。

第六章
幼儿园传统艺术文化浸润式教育

第一节 幼儿园民间艺术剪纸浸润式教育

剪纸,又叫刻纸、窗花或剪画,具有千刻不落、万剪不断的完整性、趣味性、实用性和装饰性等特点①,它以其方便的纸张和简单的刀、剪工具,不受拘泥的造型手段,深受广大群众的喜爱,走进各个领域和人们的日常生活中。正因为剪纸具有这些特点,它不但能培养儿童的动手能力,同时可开发儿童的创造性思维,适合于儿童的学习。因此,将剪纸融入幼儿园不仅能促进幼儿的身心发展,让幼儿在活动中受到美的熏陶,教育和发展幼儿的创造力,而且还能让幼儿继承中国的传统艺术。②

图6-1 剪纸(来源:邯郸市委机关幼儿园)

一、幼儿园民间艺术剪纸浸润式教育意义

(一)有利于开发幼儿潜能,培养幼儿审美体验和创造能力

《3~6岁儿童学习与发展指南》指出:"在大自然和社会生活中萌发幼儿对美的感受和体验,丰富其想象力和创造力,引导幼儿用心灵去感受和发

---

① 沈建洲:《手工基础教程(第二版)》,复旦大学出版社2010年8月版,第24页。
② 刘桂珍:《析剪纸艺术在幼儿园教育环境创设中的运用》,载《当代教育论坛》(管理研究)2011年第9卷第12期,第50~51页。

现美,用自己的方式去表现美和创造美。"①幼儿在剪纸活动中能增强对剪纸素材的认知,获得审美愉悦感。陈鹤琴先生曾说:"应该为小孩子创造剪纸的机会,对于训练幼儿的手部肌肉群,开发大脑具有极大的帮助。"②正是在娴熟运用剪刀的基础上进行剪纸活动,使得多数孩子的潜能被激活、被开发,其进步表现在学习和生活中的方方面面。如剪纸让孩子们变得更自信、学会保持安静、动手能力增强。

著名教育家苏霍姆林斯基说:"儿童的智慧在他的手指尖上。"他认为教师要鼓励幼儿自己动手操作,培养幼儿手部精细动作和创造力的发展。如在剪纸绘图时,直线与曲线要转换;在对称剪纸中,剪纸者要考虑如何对折,如何根据自己所绘画的图案裁剪。③ 这些都需要幼儿自己动手操作、体验,考验幼儿的观察力、想象力和动手操作能力。剪纸中的设计布局和精细操作可以锻炼幼儿的精细动作能力,并促使他们在实践中不断提高。

(二)有利于促进教师角色转变,提升教师专业发展

民间剪纸艺术表现形式、手法、刀法看似简单,却又需要在反复的练习中方能实现"千剪不错,万剪不乱"④,故老师需要通过多种途径勤加练习、包括外出有针对性的参观学习,园本培训(讲座、自学、互学)等措施提升文化素养,这是其一。其二,教师要重新审视职业角色,要解放自身的价值观念,转换、体悟、认同自身的多元角色。幼儿教师在工作中要不断自我反思,进行自

图 6-2 红灯笼
(来源:邯郸市委机关幼儿园)

我提升,充分学习和全面了解剪纸文化。其三,提升幼儿园教师专业发展是当前学前教育研究和实践探索的重要内容。充分利用家庭、社区、民俗文化课程资源,创造性地开展教学活动,改变课程资源开发的思路,在面对纷繁复杂的知识更新、技艺学习、课程设计时,根据自己的特点扬长避短,充分挖掘自己的潜在能量,不断促进自身专业成长。

---

① 教育部:《3~6 岁儿童学习与发展指南》,首都师范大学出版社 2014 年 8 月版,第 57 页。
② 虞永平:《文化、民间艺术与幼儿园课程》,载《学前教育研究》2004 年第 1 期,第 31~32 页。
③ 赵文心,陈亚萍,徐向前:《幼儿园艺术领域课程资源开发的价值分析:以水族剪纸为例》,载《教育观察》2020 年第 9 卷第 20 期,第 129~132 页。
④ 汤彩萍:《幼儿园开发剪纸园本课程的价值》,载《学前教育研究》2013 年第 7 期,第 70~72 页。

(三) 有助于提升办园理念,凝练园本特色

《幼儿园教育指导纲要(试行)》明确指出:"城乡各类幼儿园应该充分利用本地区的各种教育资源,构建适合本地区幼儿发展的课程。"①因此,幼儿园要积极开发当地课程资源,打造园本特色。例如,剪纸作为园本特色活动,可以有效融合幼儿园艺术领域资源,不论是对称折剪方形、三角形,是镂空剪纸、连续剪纸,还是剪脸谱、瓷器、建筑等,幼儿会在教师的引导下完成剪纸的想象与创作。这也要求幼儿教师带领幼儿参观、了解实物,有利于幼儿在了解剪纸艺术的同时获得对其他艺术文化的认识。

在新课程改革的背景下,挖掘民族地区资源、开发特色民族课程资源、实施幼儿园教学活动是民族地区课程改革的需要。幼儿园结合当地特色实施教育要符合幼儿的年龄特点和实际需要,以促进幼儿园教学本土化,创办园本特色。

(四) 有助于弘扬民族文化,发挥潜在教育价值

剪纸艺术的传承当今面临着严峻的挑战,我们应当采取办法保护和传承民族文化。这就需要"从小抓起",开发和优化幼儿园剪纸艺术课程资源,将本地区的剪纸元素融入幼儿园艺术领域教学活动,引导幼儿充分了解家乡的民族文化,切身感受特色民族风俗,认识和热爱本民族的优秀文化,加深文化认同感和民族归属感。②

图6-3 虎虎生威 虎年大吉(来源:邯郸市委机关幼儿园)

从民间工艺的教育功能来理解,正如潘鲁生所言:"其实中国有许多优秀的东西,包括手工制作都可以加入到我们的课程当中,特别是民间艺术。我们要学习的不仅仅是一种技能的知识,更重要的是对中国传统文化的一种了解和认知。"③民间工艺是中国传统文化的凝练和精华,也是中华民族的

---

①教育部:《幼儿园教育指导纲要(试行)》,北京师范大学出版社2001年1月版,第1~5页。
②陈亚萍,冉婷,刘珊:《乡土资源融入幼儿园艺术教育活动案例集》,东北师范大学出版社2019年7月版,第194页。
③潘鲁生:《民艺回到民间去》,载《中华手工》2008年第5期,第132页。

象征符号,将民间工艺纳入基础教育无疑在潜移默化中培养着幼儿的民族认同感和凝聚力。①

二、幼儿园民间艺术剪纸浸润式教育内容

(一)剪纸艺术的文化内涵

我国的剪纸分布广,各个地区有其各自的表现手法和题材,以长江为界,大致分为以河北、山东、山西、陕西为主的北方剪纸和以苏浙地区、广州地区、四川地区为主的南方剪纸。郭沫若先生曾这样评价:"曾见北国之窗花,其味天真而浑厚,今见南方之剪纸,玲珑剔透得未有。"在广袤的中国大地上孕育着南北两个派别的剪纸风格。下面我们就从南方与北方剪纸艺术的不同来分析其文化内涵。

1. 北方剪纸

北方剪纸最具有话语权的就是陕西剪纸。陕西地区地域广阔,陕西人热情奔放。特殊的地理环境,住在窑洞的陕西人民,造就了不拘小节的剪纸风格。与南方娟丽清秀剪纸风格不同,北方的剪纸以其独特的粗犷作风,屹立于中华文化之林。陕西剪纸有一套完整的属于自己的语言文字,如虎、牛、羊都是天与太阳的象征,代表着勇气与力量。而石榴、葡萄寓意多子多孙。陕西剪纸在艺术上运用对立统一的手法,块与线构成画面的黑白灰色彩,非常具有韵律感,造型稚拙粗犷而不呆板。这正是陕西剪纸的一大特征。②

2. 南方剪纸

南方剪纸受当地山水自然风光影响,多表现出细腻的风格。南方以广东剪纸为例。广东剪纸主要由佛山剪纸、潮阳剪纸和潮州剪纸构成。广东剪纸和陕西剪纸一样,依靠自身民俗文化熠熠生辉。广东剪纸主要以花鸟鱼虫、器物等隐性诉求为主,不直白地表达自己的意思,具有隐晦的特点。南方剪纸,构图圆润饱满。如一张《百花争艳》的图纸中,一个装有五六十朵鲜花的大花篮,上面还有蝴蝶飞舞,巧夺天工,仿佛鲜活地在纸上跳跃。从这里不难看出南方剪纸在细节上精致、故事情节上的完整。北方剪纸民族气息浓烈,多率性而为,想到哪剪到哪,一气呵成之功夫让人惊叹不已;南方剪纸

---

① 赵淑芳:《民间工艺融入幼儿园课程的意义及策略研究》,西南大学2010年学前教育专业硕士论文。
② 朱瑾:《浅析中国传统剪纸艺术在产品设计领域的应用》,载《魅力中国》2017年第Z2期,第304页。

多作草图,细细勾勒,精艺巧妙,所以造成了南北方之间剪纸的差异性。①

民间剪纸是朴素的劳动人民用自己的双手来表达对美好生活的向往,对亲人朋友的祝福。在旧时,面对天灾人祸,朴素的人们似乎想不到什么办法来应对。他们只有求助于神灵,占卜甚至诅咒。因此从历史过程来看,剪纸伴随着人们经过了许多变化。随着时代的发展,剪纸蜕去了那些蛊惑的、迷信的躯壳,现代的剪纸更多的是具有装饰意义的、积极向上的艺术品。②

(二)剪纸艺术的教育内容

民间剪纸内容丰富多样,这为幼儿园开展民间剪纸教学带来了丰富的资源,同时也为教学内容的选择带来了难度。我们认为并不是所有的民间剪纸都能作为教学的内容,如:几乎所有地区的民间剪纸内容中都有涉及祭祀活动,特别是农村地区,有很多剪纸是用来祭拜鬼神的,带有较强的宗教迷信色彩,这类剪纸不适合成为幼儿的教学内容。③

对民间剪纸的内容进行分类,能够直接剔除掉的是辟邪消灾类剪纸,其他种类的剪纸虽然能作为教学内容,但是每一类剪纸所包含的类型还是比较丰富的,要想使得民间剪纸的内容变得真正适合幼儿,还需对其每一类剪纸类型进行进一步的消化和吸收,成为幼儿真正能够接受和理解,能够调动幼儿积极性、获得完美而愉悦的审美感受,最重要的是能够保证教学安全的内容。我们秉持以下四点原则筛选剪纸内容:①简单易行,幼儿能够接受的;②对幼儿身心发展具有积极意义的;③具有民间地方特色的;④具有一定操作性的,幼儿需要和感兴趣的。④ 见表6-1。

表6-1 剪纸艺术的教育内部——民间剪纸

活动主题	民间剪纸中的部分教育内容	所属领域
民间剪纸	纸可以培养幼儿的动手能力,提高双手灵活性与协调性	健康
	对剪纸内容的欣赏、对自己作品的交流与介绍可以锻炼幼儿的语言表达	语言
	库淑兰是著名的民间剪纸大师,对其的介绍可以丰富幼儿认识剪纸,可以提供幼儿合作交流的机会	社会

---

①朱瑾:《浅析中国传统剪纸艺术在产品设计领域的应用》,载《魅力中国》2017年第Z2期,第304页。

②同上。

③李浩雯:《幼儿园民间剪纸教学活动设计与实施》,大理大学2021年学前教育专业硕士论文。

④同上

续表 6-1

活动主题	民间剪纸中的部分教育内容	所属领域
民间剪纸	对称是民间剪纸的主要表现手法之一,可作为幼儿探索与体验的对象	科学
	色彩搭配、造型手法等体现了其独具民间特色的艺术风格	艺术

1. 生活中常见的剪纸

(1)窗花。窗花是民间剪纸中分布最广、数量最大、最为普及的品种,起初是民众在民俗活动和喜庆节日里贴在窗户白纸上的剪贴画,用来传达美好的寓意,后被称为窗花。窗花的题材有传奇故事、戏曲人物、生活场景、吉祥图语等,几乎包括了所有美好的事物,它们均传达了人们对生活的热情及对美好的向往,如"龙凤呈祥""凤穿牡丹""五谷丰登"等类似的吉祥图形及言语在窗花中随处可见,寓意美满,图形趣味生动。有《老鼠嫁女》《八仙过海》《刘海戏金蟾》《夸父逐日》等以民间故事为依托的剪纸作品。① 可以说,这些窗花剪纸在造型上直观性强且生动有趣,其中所表达的故事内容风趣幽默又具有一定的教育意义。将该类剪纸与幼儿语言表达相结合,能够有效地激发幼儿参与活动的热情,教师通过展现剪纸实物,组织幼儿复述这类剪纸中蕴含的民间故事,对幼儿的语言表达能力、语言组织能力都具有积极的意义。

图 6-4 老鼠嫁女剪纸　　图 6-5 龙凤呈祥剪纸

(来源:江苏省常州市金坛区刻纸研究所)

---

① 成寓寓:《中国民间剪纸类型及其图形浅析》,载《艺术科技》2017 年第 30 卷第 1 期,第 177+159 页。

图 6-6　剪窗花（来源：邯郸市委机关幼儿园）

（2）喜花。喜花主题多以"龙凤呈祥""鸳鸯嬉戏""喜上眉梢"等寓意吉祥、恩爱、美好的形象为主，常贴于新房的门窗、橱柜等处，渲染出结婚喜庆的氛围，传达出幸福美满、恩爱祥和之意。喜花的形状多样，有圆形、方形、桃形、石榴形、如意形等。喜花中运用最多的莫过于"双喜字""扣碗"等图形。双喜字剪纸是民间婚嫁、节日祝福装饰中必不可少的剪纸类型，其内涵代表了人们对新婚佳人和幸福生活的祝福。这类剪纸与幼儿的生活息息相关，是幼儿在生活中经常能够接触到的剪纸类型。

图 6-7　鸳鸯喜字剪纸　　　　图 6-8　喜鹊闹梅剪纸

剪纸艺术的造型很有讲究，婚庆时会剪"囍""龙凤呈祥"等，祝寿时会剪"福禄寿"等，祈求来年的风调雨顺，家庭幸福。[①] 人们将美好的生活愿望寄托于剪纸当中，利用借音寓意的表现手法体现作品所要表达的含义。如：作品《喜鹊登梅》寓意着喜上眉梢、喜事临门；《柿子和如意》象征着四时如意、平安幸福。通过组织幼儿欣赏这类剪纸，学习这些剪纸背后蕴含的寓意，增强他们对中国语言文化的多元理解。

---

①张琪琪：《中国剪纸艺术中的锯齿纹样研究》，上海大学 2018 年设计专业硕士论文。

2. 剪纸制作技法

（1）折。剪纸图案可分为对称型与非对称型，一般对称型剪纸图案需要将纸对折或多折，再进行裁剪，折叠次数与准确度均会影响剪纸作品的呈现效果①。左右对称类剪纸是民间剪纸中最为常见的一类剪纸，左右两边形象相同，方向相反，图形设计于折线两侧，从而剪出事物的整体造型，剪法灵活，画面生动；从整体来看其造型特征较为明显，比较符合幼儿的直观思维。②

（2）剪。"剪"是剪纸活动中最常使用的技法，可分为阳剪和阴剪。阳剪是采用推剪、游剪、段剪这三种基本技法将纸上的多余图形剪去，留下所需形状，属于实形。而阴剪是使用转折线位镂空、暗刀镂空、抠剪镂空这三种技法在纸上抠出一个图形来，属于虚形。同一幅剪纸作品既可使用阴剪也可使用阳剪，二者相互映衬以丰富作品画面。大班幼儿可以偏重对剪纸方面的表现和创造，掌握民间剪纸一些更有深度的知识技能。③

（3）撕。"撕"是运用左右手控制纸的位置与方向，通过两手大拇指与食指中指的配合，用甲片将纸撕裂，进行镂空处理的制作技法④。小班的幼儿由于年龄较小，可侧重于对民间剪纸的感知和欣赏，在技能方面以撕纸为主。

"折""剪""撕"三种制作技法便于幼儿更好地了解与掌握。民间剪纸折、画、剪的过程具有千剪不落、万剪不断的艺术特点。在剪纸的过程中，纸该如何折、线该如何画、怎样才能做到线与线之间相互连接并组成图形等问题都需要幼儿的仔细观察、深入思考、主动探究。

3. 剪纸纹样

剪纸的装饰纹样丰富，有锯齿纹、月牙纹、太阳纹、云纹、水纹、火纹、古钱纹、回字纹、螺旋纹、万字纹、花朵纹、柳叶纹、圆点、线条等，⑤使剪纸的造型丰富，具有装饰美感和深刻内涵。

（1）月牙纹。通常用来表现比较柔软、弯曲的线条。人物的衣纹和运动感就可用月牙纹来表现。常用于吉祥字中的眼、口、眉，人物四肢线条及其眼睛。

---

① 郑树林：《剪纸入门》，同济大学出版社 2010 年 4 月版，第 38—39 页。
② 李浩雯：《幼儿园民间剪纸教学活动设计与实施》，大理大学 2021 年学前教育专业硕士论文。
③ 同上。
④ 王冰：《谈撕纸画创作及其教学》，载《中国美术教育》1996 年第 7 卷第 1 期，第 12—34 页。
⑤ 张琪琪：《中国剪纸艺术中的锯齿纹样研究》，上海大学 2018 年设计专业硕士论文。

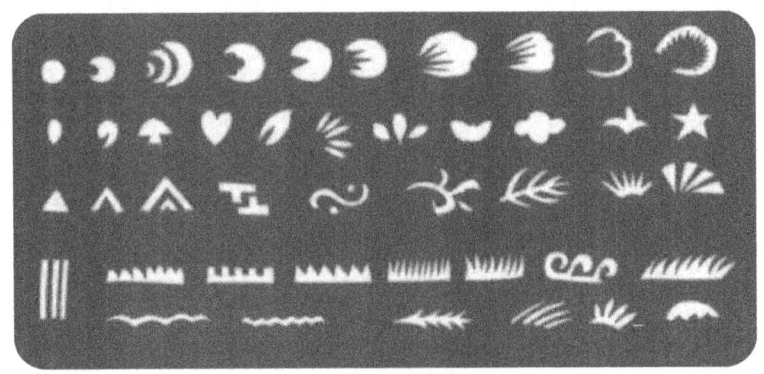

图6-9 剪纸纹样

（2）锯齿纹。通常用来表现坚硬、刺状或绒毛之类的物体。可以体现出事物的质感、量感、层次感。锯齿纹有长短、粗细、疏密、曲直、刚柔之分。要根据具体情况选择，如猫咪和小狗的毛发就要密、短；动物的鬃毛就要用粗、疏的锯齿纹表现。

（3）柳叶纹。柳叶纹，顾名思义，就是形状像柳叶的纹样。常用于植物造型、花蕊等。

（4）水滴纹。因其形状像水滴而得名。常用于花蕊、动物的局部点缀等。水变化多端，水滴纹自然也可长、可圆、可尖。

（5）云纹。云纹通常用来表现云彩或水浪等事物，有朵云、团云、行云等。朵云是比较静的云；团云的形状是朵云、行云的综合形状；行云是朵云，团云被风吹动后产生的有动感的云。

（6）太阳纹。又称圆纹，常用来表现人物、动物的眼睛、动物的鼻孔、骨骼的关节，器物结构的交点，也可用在植物的花心、花瓣和果实部分。

剪纸也反过来影响其他艺术的装饰纹样，如刺绣、染织、青铜器中，把剪纸作为一种造型工具，使图案具有对称性和整体性。

三、幼儿园民间艺术剪纸浸润式教育途径

（一）融入幼儿园的主题教育活动

1. 确定主题

我们依据我国民间艺术剪纸拟定了各年龄班的剪纸主题，包括主题名称、主要目标及主要内容，详见表6-2。

表6-2 各年龄班民间艺术剪纸主题教育活动

年龄班	小班	中班	大班
主题名称	快乐剪剪剪	美丽的剪纸	趣味剪纸
主要目标	1.欣赏、喜欢民间工艺剪纸独特的艺术风格 2.掌握使用剪刀的正确方法,并学习沿线剪纸 3.对剪纸感兴趣,愿意涂涂画画、粘粘贴贴、折折剪剪,并乐在其中	1.在欣赏剪纸艺术作品时关注剪纸的色彩、图案等特征,会产生相应的联想和情绪反应 2.能沿边基本对齐地折纸,能沿轮廓线剪出由直线构成的简单图形,边线吻合;能用绘画、捏泥等多种方式表现自己的所见所想	1.愿意和别人分享、交流自己喜爱的剪纸作品和美感体验 2.能用自己的方式表达自己对民间工艺的理解和感受 3.能创造性地制作作品 4.了解民间工艺制作者——民间艺人及普通劳动者的生活及精神
主要内容	初步欣赏剪纸艺术作品 学习基本的剪纸技能技巧,如使用剪刀、沿线剪直线及简单图形 创作剪纸拼贴画	欣赏剪纸艺术作品,感知剪纸的对称美及纹饰特征等 学习剪纸技能,如学习绘画和裁剪月牙形、锯齿形等纹饰、学习折纸、对边折和对角折剪纸 创作剪纸添画和简单的创意剪纸	欣赏剪纸艺术的作品,完成相关的调查任务,近距离接触民间剪纸艺人,感受剪纸的神奇魅力 学习剪窗花、喜花等多变的剪纸造型 大胆创作造型各异的剪纸作品
备注	重在欣赏与感知,并进行简单的剪纸技能的培养与指导	提供更多的独立探索与创造性表现的空间	

2.制作主题网络图

见表6-3。

表6-3 各年龄段剪纸主题活动安排

各年龄段剪纸主题活动安排			
子主题＼年龄班	小班	中班	大班
欣赏剪纸	《剪纸艺术欣赏》	《剪纸作品欣赏》 感知剪纸艺术与其他艺术的不同	《中国民间剪纸》

续表 6-3

子主题 \ 年龄班	小班	中班	大班
欣赏剪纸	《我喜欢……》根据"我喜欢……"的句式,围绕剪纸的美进行简单的谈话活动	调查表:我看到的美丽剪纸	《猜一猜怎么剪》
欣赏剪纸	《小画家涂颜色》学习按物体轮廓涂色	《剪纸的美在哪里》感知剪纸各类纹饰符号的特征	调查表:《我看到的美丽剪纸》
欣赏剪纸	《装扮剪纸作品》尝试用圆、曲线、笑脸、花朵等图案对单色剪纸作品进行绘画装饰	《绘画剪纸纹饰》绘画月牙形、锯齿形、心形几何图形	《剪纸的美在哪里》
学习剪纸	《怎么拿剪刀》	《剪彩虹》	任务单:剪纸知多少
学习剪纸	《我会用剪刀》学习正确使用剪刀	《剪饼干》练习沿圆形、三角形等基本图形的轮廓线使用剪刀	《我跟大师学剪纸》
学习剪纸	调查表:《剪刀的本领》	《百变折纸》(练习折纸)	《走近剪纸》
学习剪纸	《剪刀娃娃变魔术:剪面条(拉花)》	《有趣的对角折剪纸》对边折剪,发现对称剪,对称图形	《剪窗花》
学习剪纸	《剪刀娃娃变魔术:随意剪图形》	《有趣的对角折剪纸》对角折剪:剪对称图形	《镂空式剪纸》
学习剪纸			《我的朋友多》
学习剪纸			《有趣的剪纸》
创作剪纸	《剪纸贴贴乐》用随意捡出的碎纸装饰"面条""彩虹"等不同作品	《图形宝宝大变身》(剪纸添画)《我还会剪……》《创意剪纸》	

3. 预设主题活动

主题活动有周主题和月主题,教师可以根据幼儿园和幼儿的实际情况来预设和生成主题活动。以大班"趣味剪纸"为例,笔者将趣味剪纸作为月主题,预设了三个子主题"欣赏剪纸""学习剪纸""创作剪纸",每个子主题均可作为周主题开展相关活动。内容具体见图6-10。

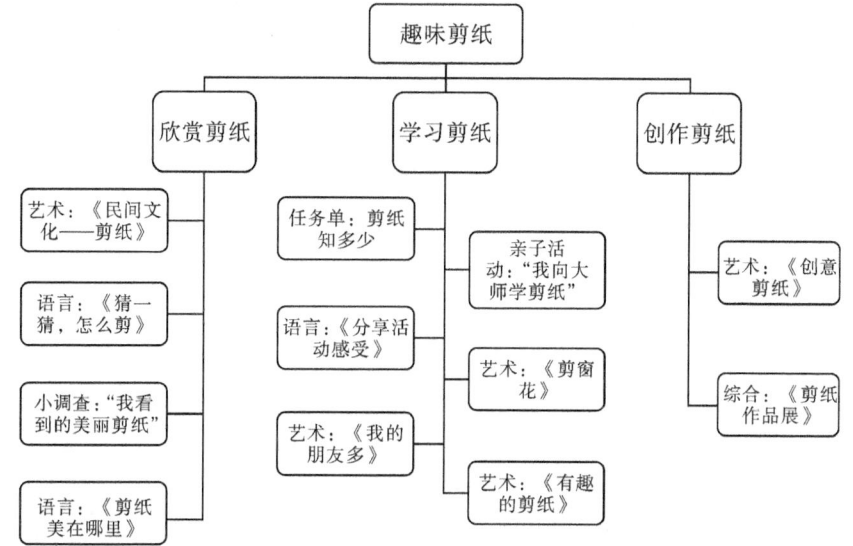

图6-10 "趣味剪纸"主题活动

或者以"趣味剪纸"作为大班的周主题之一,拟设置四个具体教育活动,参见表6-4。

表6-4 "趣味剪纸"主题教育活动

周主题	领域+具体活动	活动内容及目标
趣味剪纸	语言+艺术欣赏《老鼠嫁女》	欣赏民间剪纸,感受民间剪纸拟人、充满童趣的造型手法;幼儿在欣赏过程中的言语交流锻炼了其语言表达能力
	科学+艺术表现《有趣的对称》	通过观察比较,发现对称的特点,操作探索对称剪纸的方法,并剪出对称图案;在观察、探索中体验民间剪纸的对称和谐美
	社会+艺术创作《色彩搭配剪纸》	通过视频、图片等方式了解库淑兰及其作品,增长幼儿的见识,感受鲜艳浓烈的色彩搭配所呈现出的生命的活力,并自己动手制作剪纸,培养幼儿的动手能力
	综合《剪纸展览》	鼓励幼儿运用前几次活动所获得的经验进行创作与表现,幼儿的小组合作培养了幼儿的同伴合作意识,自由的氛围为幼儿创造力的展示提供了条件

在制定具体的教学目标时,要根据幼儿的年龄特点,心理和认知发展的特点,体现出一定的侧重性,如小班的幼儿由于年龄较小,可侧重于对民间剪纸的感知和欣赏,在技能方面以撕纸为主,大班幼儿可以偏重对剪纸方面的表现和创造,掌握民间剪纸一些更有深度的知识技能。① 在内容的选择上,以幼儿的兴趣和经验出发,选择具有可操作性的民间剪纸类型,让幼儿能够通过剪纸体验到成功的愉悦。在组织教学内容时,强调幼儿的动手操作和亲身体验,将幼儿园五大领域与民间剪纸有机地结合在一起,在教学中遵循"欣赏感知—体验学习—表现创造"这种"层进式"的模式,同时,也要关注到民间剪纸对幼儿学习和发展的整体性。幼儿剪纸的学习活动过程是从培养幼儿对剪纸的兴趣及练习使用剪刀,到练技能,眼手协调,再到将剪纸折叠一次或多次后,剪出相连的纹样的过程。②

（二）融入幼儿园的区角游戏活动

1. 剪纸区

幼儿园可以在班级里为幼儿设立剪纸区域,让幼儿在剪纸区域自由发挥想象,对作品进行创作,从而巩固剪纸艺术手法的学习。在剪纸区域内,摆放一些与幼儿年龄相适合的剪纸故事和童话形象,这样幼儿通过随处可见的物品来丰富剪纸的艺术处理方法。幼儿在作品创作过程中,通过浓厚民间气息的艺术作品身临其境来感受剪纸艺术的美。幼儿从最初的剪线条扩展到剪各种图形,最后到能够独立大胆地进行折剪,剪纸技能和审美能力不断提升。③

2. 图书区

一方面,教师可结合幼儿园绘本故事,根据故事内容让幼儿利用剪纸的方式自己制作情景和道具,进行表演游戏,实现绘本、剪纸、游戏的三重融合。另一方面,教师可以投放相关幼儿读物,如我国原创剪纸绘本《春生的节日》系列、《七彩云美德绘本系列:别小瞧我!》、融入传统窗花元素的民间故事绘本《老鼠嫁女》等,让幼儿领略图画书中的剪纸元素及其独特的艺术美。

3. 游戏活动

我国民间剪纸记录着很多好玩有趣的民间体育游戏,如《翻花绳》《划

---

① 李浩雯:《幼儿园民间剪纸教学活动设计与实施》,大理大学 2021 年学前教育专业硕士论文。
② 刘桂珍:《析剪纸艺术在幼儿园教育环境创设中的运用》,载《当代教育论坛》(管理研究)2011 年第 12 期,第 50~51 页。
③ 陆卫萍:《幼儿教育中融入剪纸艺术的教学探讨》,载《传播力研究》2020 年第 4 卷第 16 期,第 126~127 页。

船》《跳房子》等民间剪纸作品,是民间劳动人民智慧的结晶,教师在开展民间剪纸活动时可以组织幼儿体验该类游戏的玩法,将自己喜欢的游戏制作成剪纸,让幼儿在玩中学、学中剪。①

(三) 融入幼儿园的环境创设

第一,教师创设开放互动式的剪纸游戏环境。如:在幼儿园的门厅中设置剪纸作品,楼梯中设置带有剪纸的"脚印",提醒幼儿上下楼梯的时候放慢脚步、注意安全。在教室之内可以设置小动物或者是植物的剪纸图案,将各种动植物的剪纸融入教室环境,这样可以潜移默化地培养幼儿剪纸文化意识,并使其积极参与剪纸活动,调动学习兴趣,提升参与的积极性②。

图 6-11　剪纸作品(来源:邯郸市委机关幼儿园)

第二,教师巧用"剪纸长廊"营造艺术环境。幼儿园可以在楼梯走廊的两侧,悬挂和展示一些独具深厚底蕴的剪纸大师艺术作品,作品要根据节日和四季的不同定期地进行更换。如"端午节悬挂赛龙舟等作品""元旦悬挂跨新年的作品"等。在小、中、大班的教室门口以及向外延伸的走廊中,幼儿园悬挂幼儿创作的一幅幅充满童趣稚嫩的剪纸作品,让家长感受自己孩子的成长足迹,从作品中看到幼儿从稚拙到惟妙惟肖的作品,真实感受到幼儿的心灵手巧、聪明伶俐。③

第三,教师巧用幼儿剪纸作品布置和美化环境。把幼儿创作出来的剪

---

①李浩雯:《幼儿园民间剪纸教学活动设计与实施》,大理大学 2021 年学前教育专业硕士论文。
②钱娜:《剪纸活动在幼儿园教育中的开展》,载《文渊》(中学版)2019 年第 25 卷第 2 期,第 779 页。
③陆卫萍:《幼儿教育中融入剪纸艺术的教学探讨》,载《传播力研究》2020 年第 4 卷第 16 期,第 126~127 页。

纸作品运用到环境布置中,让孩子真正得到自我展现的机会,这样既能使孩子感受到"主人"的地位,增强孩子的自信心,激发对剪纸的兴趣,体验成功感和自豪感。①

图6-12　剪贴花(来源:邯郸市委机关幼儿园)

(四)融入社区、家长的合作活动

其一,邀请区域之内专业素质较高、技艺高超的剪纸艺人到幼儿园中与幼儿之间相互沟通,并邀请家长参与剪纸活动,不仅可以激发幼儿的参与兴趣,还能营造出良好的剪纸文化氛围。其二,幼儿园号召家长收集一些精美的剪纸作品,投放到班级剪纸展览区供幼儿近距离观察,调动学习兴趣。其三,组织

图6-13　过年啦
(来源:邯郸市委机关幼儿园)

幼儿实地探访剪纸艺术馆,近距离体验剪纸非遗传承人的剪纸过程,感受剪纸艺术品的魅力。

第二节　幼儿园陶瓷文化浸润式教育

器以载道,中国陶瓷文化璀璨辉煌。对中国陶瓷文化的学习和认识,是弘扬优秀传统文化、坚定文化自信的重要途径。

---

①刘桂珍:《析剪纸艺术在幼儿园教育环境创设中的运用》,载《当代教育论坛》(管理研究)2011年第12期,第50~51页。

一、幼儿园陶瓷文化浸润式教育意义

（一）有助于增进幼儿对陶瓷文化的了解，增强民族自尊心和自豪感

中国陶瓷文化蕴含着继承发展、创新进取的精神。历代制瓷匠们发挥他们的智慧和勤劳烧造出各种古彩陶瓷，如恢宏壮观的秦兵马俑、风格迥异的汉代陶俑、闻名世界的青花瓷等等，赏心悦目，精巧绝伦。[①] 通过了解千年制瓷史和丰富的陶瓷文化，古人的智慧、勤劳、质朴将激发幼儿爱家乡、爱祖国的情感以及民族自尊心和自豪感。

图6-14　磁州窑活动（来源：邯郸市委机关幼儿园）

（二）有助于陶冶幼儿的情操，提升观察力和审美情趣

陶瓷艺术品具有丰富的教育价值，将其融入幼儿园课程，能够促进幼儿的观察力和艺术塑造能力，帮助幼儿更好地关注美、发现美、表现美、创造美。而且，这些艺术品的图案也蕴含着人们对美好的期望与向往，体现着一种积极向上的生活态度，有助于幼儿开朗乐观性格的形成。在学习和欣赏陶瓷艺术过程中，幼儿也得到了美的熏陶，这种对美的体验渗透进其他事物和体验过程，于幼儿日常审美能力的提升有所增益。

（三）有助于培养幼儿的空间感知力，发展动手操作能力和创新能力

相较于二维平面来说，作为立体艺术造型的陶瓷器物有助于培养幼儿空间感知能力。制瓷的材料来源于大自然，再加上"玩泥"是幼儿的天性，当幼儿手中握住一团泥，对他们来说是多么轻松、愉快，他们敢于创造，敢于表达[②]，更能唤起自身的天性和发现生活中的真、善、美。

中国古陶瓷从原始制陶材料和简陋的制作条件，逐步发展到利用各种工具，使用瓷土、高岭土和各种釉料，运用划花、刻花、剔花、印花、雕塑、彩绘等不同方式，创造出各种风格和样式的陶瓷装饰艺术，[③]使陶瓷艺术常变常

[①] 高守雷：《陶瓷文化的素质教育功能及实现途径研究》，载《艺术教育》2015年第3期，第3页。
[②] 朱红梅：《区域游戏中幼儿创新精神培养的研究》，载《天津教育》2021年第17期，第73～75页。
[③] 高守雷：《陶瓷文化的素质教育功能及实现途径研究》，载《艺术教育》2015年第3期，第261～262页。

新,始终充满发展活力。教师可以通过儿歌、故事来讲述我国陶瓷的历史,了解关于中国陶瓷的趣闻轶事,让幼儿在陶瓷的不断更新换代中发展敢于创新、善于创新、乐于创新的精神。教师可以用橡皮泥、彩砂等代替陶土陶泥,降低活动成本,让幼儿用橡皮泥制作"瓷器"。孩子们用橡皮泥捏出花瓶、瓷盘后,教师可以继续引导,"小朋友们,我们开动脑筋想一想,动手捏一捏,除了花瓶和瓷盘我们还能变出什么,我们比一比谁'变'的花样最多"。在教师的鼓励和启发下,孩子们陆续做出瓷酒杯、筷子、勺子、各种鸡、狗、兔、鱼等小动物,可谓五花八门。这样的活动充分激发了幼儿的想象力和创造力,让陶瓷游戏更富创新内涵。

(四) 有助于开发园本课程,丰富园本教育素材和资源

幼儿园着眼于将陶瓷文化融入幼儿园区域活动的园本课程,突出幼儿园的个性,进一步提高整个幼儿园的办学质量。同时,有利于拓宽幼儿园课程研究领域,丰富和完善幼儿园课程理论研究,使幼儿园课程更加注重国家课程、地方课程和幼儿园课程的结合。①

中国陶瓷文化源远流长,作为"瓷国",各地域保留的本土陶瓷文化资源更是异彩纷呈。中国石器时代的彩陶、唐代绚丽夺目的三彩,宋代雅致唯美的青瓷、元明时代的绚丽青花及清朝丰富多彩的五彩瓷等色彩、造型、图案各异的陶瓷②,为在幼儿园教育中开展陶瓷文化教育提供丰富的素材。

图 6-15 磁州窑活动(来源:邯郸市委机关幼儿园)

(五) 提升教师的陶瓷艺术素养

《幼儿园教育指导纲要》提出:幼儿教师不再仅仅是"教书先生",还应是"专家型、高素质、创新型具有奉献精神与合作能力的人"。教育质量的高低与教师素质息息相关,促进教师自身发展的重要途径有外部条件、资源等,

---

① 莫如钰:《传统手工艺融入幼儿园大班区域活动个案研究》,贵州师范大学 2020 年学前教育专业硕士论文。

② 张晓娜:《初中历史教学中的陶瓷文化教育研究》,华中师范大学 2020 年学科教学(历史)专业硕士论文。

但教师提升自我的根本之道是树立终身学习理念并把它实践到位。①

由于陶艺活动是一个较为复杂的过程,从泥料准备、制作成型、上釉烧成等流程来看,其步骤繁多复杂,这就需要专业性很强的教师参与并辅助幼儿完成其陶艺创作。② 因而,教师应不断地提升、完善自己,丰富传统手工艺专业知识,提升传统手工艺素养。其一,可以通过专题学习、参观调研、线上网课、关注并阅读陶艺公众号等途径了解陶瓷的发展历史;陶瓷技艺的种类与特点、制作方法;陶瓷对世界的影响和地位、后继与传承、发展现状等,知道陶瓷技艺包括刻花、印花、堆贴、透雕等,提升自己的传统手工艺文化修养,真正做到终身学习。其二,参观陶瓷博物馆或走进制瓷工坊,了解陶瓷悠久的历史和陶瓷的生产制作过程,亲自动手学习拉坯、雕塑、彩绘等,体验制作陶瓷的过程与乐趣,提升陶瓷冶炼技能。③

二、幼儿园陶瓷文化浸润式教育内容

中国有着璀璨的陶瓷历史,无论是中国石器时代的彩陶、唐代绚丽夺目的三彩,还是宋代雅致唯美的青瓷、元明时代的绚丽青花及清朝丰富多彩的五彩瓷,都是中国人的骄傲。④

(一)认识陶瓷

1. 陶瓷的起源

陶瓷文化发展的源头可以追溯到原始社会。在开垦和接触土壤的过程中,古代劳动人民逐渐认识和掌握了黏土的可塑性。火与泥的结合有了新的创造。⑤ 可以说,陶器的发明与人类对火的应用分不开。因此,我们运用幼儿喜闻乐见的方式和能够理解的方式,讲

图 6-16 讲解磁州窑历史
(来源:邯郸市委机关幼儿园)

---

①莫如钰.传统手工艺融入幼儿园大班区域活动个案研究[D].贵州师范大学 2020 年学前教育专业硕士论文.
②孙兰,郑先觉:《中国少儿陶艺创新教育发展研究》,载《湖南包装》2021 年第 36 卷第 3 期,第 162~164 页。
③许玉珍:《在幼儿园区域活动中开展陶瓷艺术教育的实践研究》,载《亚太教育》2016 年第 21 期,第 9~10 页。
④孙兰,郑先觉:《中国少儿陶艺创新教育发展研究》,载《湖南包装》2021 年第 36 卷第 3 期,第 162~164 页。
⑤张晓娜:初中历史教学中的陶瓷文化教育研究[D].华中师范大学 2020 年学前教育(历史)专业硕士论文.

述陶瓷的起源,向幼儿介绍反映中国人发明瓷器的传说故事,萌发幼儿对民族的自豪感和热爱之情。

2.陶瓷的发展

我国陶瓷的发展,从商代出现原始瓷到唐代的近两千年间,一直以青瓷为主,从唐代开始形成的"南青北白"至两宋时期,中国的陶瓷审美一直是以釉色为主流,如龙泉窑的青瓷、越窑的秘色瓷,装饰手法以刻花、划花、印花为主,如宋代磁州窑、登封窑、吉州窑的装饰技法。①

以青花瓷为例,青花瓷即白地青花瓷器,其最显著的特点就是色彩简单,但却韵味十足,百看不厌。青花瓷除了绘有花草、山水和人物的图案外,也有反映民俗和宗教的内容。如儒家汉书青花。② 我们去除民族宗教方面的内容,有选择性地引导幼儿了解瓷器上绘制的人物、动植物类的图案及其寓意。景德镇的传统瓷器分为日常用瓷、陈设瓷以及仿古瓷,造型有盆、瓶、炉、洗、盘、碗、罐、盒等。我们可以组织幼儿欣赏和了解各种各样的陶瓷造型,探讨瓷器的用途,带着幼儿寻找身边的陶瓷。还可以引导幼儿自主设计瓷器造型、绘制花纹等,让幼儿在创造中体会国粹的经典,激发幼儿内在的潜能、探究欲及创作灵感。

图6-17　青花牡丹纹梅瓶　　　　图6-18　唐三彩

3.陶瓷的历史故事

陶瓷文明的发展历程不是一蹴而就的,是无数先人智慧的结晶。不论是瓷器的发明还是制作瓷器的技术的逐渐革新,蕴藏着一个时期、一个地

---

①施茜,王一伟:《元青花装饰纹饰风格及其形成背景》,载《中国陶瓷》2010年第46卷第2期,第75~78页。

②杨莉:《从歌曲〈青花瓷〉浅谈"青花瓷文化"的传承与弘扬》,载《中国陶瓷》2010年第46卷第1期,第72~74页。

图 6-19 邯郸美食(来源:邯郸市委机关幼儿园)

域、一批制瓷人的历史或传说故事,如陶瓷的来历、古人精湛的制瓷故事等。

(二) 制作陶瓷

1. 陶瓷的制作过程

明代《天工开物》中列举了制瓷生产过程有舂土、澄泥、造坯、汶水、过利、打圈、字画、喷水等各道工序,"共计一坯工力,过手七十二,方克成器"。简而言之,陶瓷制作技艺复杂,在完成原料的选取步骤之后,还要经历练泥、拉坯、印坯、利坯、晒坯、刻花、施釉、画坯、烧窑等一系列步骤,在风干之后才能真正成品。① 我们可以组织幼儿实地探访窑址或参观陶艺博物馆,了解传统手工匠人制作陶瓷的过程,"身临其境"般地感受古老传统的制瓷文化以及手工匠人超群的技艺。有条件的幼儿园,可以提供制作陶艺的机会,让幼儿用手触摸陶土,感受固定在转盘上的陶土的"变身"过程,感受陶土在幼儿手中变换出千奇百怪的造型的乐趣……

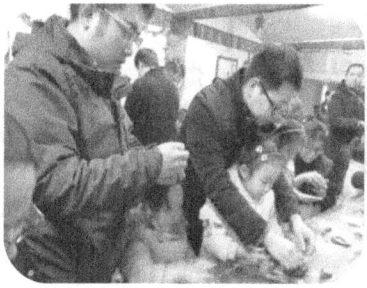

图 6-20 制作瓷器(来源:邯郸市委机关幼儿园)

2. 陶瓷的图案纹样

中国瓷器纹样,除了美观,还有寓意,包括人物纹、动物纹、植物纹、器物纹、字样纹等。比如,植物类题材有竹、桃花、牡丹、荷花、牵牛花、兰花、梅

---

① 李艳华,高雪皎,刘晓玲,等:《基于赣文化的项目式中学化学校本课程开发:以景德镇陶瓷文化为例》,载《化学教与学》2021 年第 6 期,第 81~84 页。

花、松树等,以写实和写意装饰表达出对自然饰物的向往,呈现吉祥的寓意。① 动物类题材也是陶瓷装饰中较为重要的角色,常见的有蝴蝶、鲤鱼、鹤、马、喜鹊、虎、孔雀等,意象动物形态也是常见的题材,如龙凤、麒麟等,通常是与植物纹结合在一起使用,形成新的寓意吉祥的图案②。吉祥图案作为中国传统文化重要组成部分,具有独特艺术魅力。这些纹样常以谐音、谐意、象形、组合四种形式出现,可谓是"图必有意,意必吉祥"。

 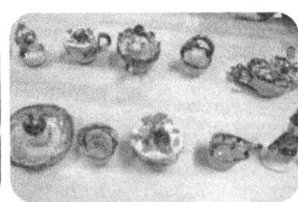 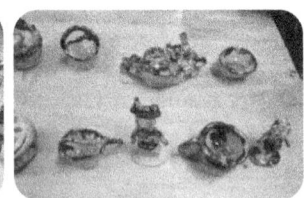

图6-21 "我的瓷器"(来源:邯郸市委机关幼儿园)

我们可以组织幼儿认识瓷器上不同的图案,了解图案中所包含的内容和寓意。比如,"太平有象"图案中是大象驮宝瓶,寓意天下太平、五谷丰登。因为"象"与"祥"字谐音,"瓶"与"平"字同音,故大象在图案中常被赋予更多吉祥的寓意,并据此衍生出了许多吉祥的成语与图案,诸如吉祥如意、太平有象、万象更新等③。除了引导幼儿自主或分组探究,知道不同瓷器纹饰背后的秘密,还可以引导幼儿观察和发现图案中花纹的排列规律,并绘画花纹,运用花纹进行创作和装饰其他作品。

三、幼儿园陶瓷文化浸润式教育途径

(一) 主题教育活动体现陶瓷文化

1. 确定主题

我国是瓷器的故乡,全国各地都零星分布着大小的陶瓷产区,具有地域特色的陶瓷手工业遗产。幼儿园若处在陶瓷文化特色鲜明的地域,可以开展具有当地特色的陶瓷文化教育活动,如河北邯郸的磁州窑曾是古代北方最大的民间民窑,以生产白釉黑花瓷器闻名。那么当地的幼儿园可以开展关于磁州窑瓷器的相关主题活动。

---

① 游佳丹:《天然饰物在陶瓷装饰艺术中的应用》,载《湖南包装》2021年第36卷第3期,第91~93页。
② 张婉玉:《醴陵釉下五彩日用瓷意象符号装饰应用与设计研究》,湖南师范大学2017年设计专业硕士论文。
③ 高亦婷:《浅谈中国传统吉祥图案象文化在现代设计中的应用》,载《西部皮革》2020年第42卷第9期,第102~103页。

笔者依据我国不同时期的瓷器工艺,选择了四种比较有代表性的瓷器,即青瓷、唐三彩、青花、五彩瓷,各自作为一个主题,包括主题名称、主要目标及内容。见表6-5。

表6-5　四种瓷器文化的主题教育活动

陶瓷名称	主题名称	主要目标及内容
青瓷	瓷器的鼻祖	了解中国陶瓷文化,感受与欣赏陶瓷的艺术美,激发民族自豪感 了解瓷器的名称及其色彩、图案、造型等特征,并能自主地表现、模仿与创造
唐三彩	探秘国宝唐三彩	
青花	古韵青花	
五彩瓷	美丽的五彩瓷	

2. 制作主题网络图

选择和确定主题活动的内容之后,接下来就是制作主题网络图。① 笔者以青花瓷"古韵青花"主题为例,设计主题网络图。见表6-6。

表6-6　青花瓷"古韵青花"主题网络图

主题名称	古韵青花			
子主题名称	我和青花瓷做朋友	探秘青花瓷	陶艺乐趣多	刮起一阵"青花风"
具体活动名称	初识青花瓷 青花瓷家族 青花瓷的纹饰 瓷宝宝本领大	绘本《清清白白的欢喜》 参观前的小讨论 参观博物馆 我眼中的青花瓷	好玩的瓷土 陶艺体验 陶瓷杯	美丽的青花瓷瓶(绘画) 我是小小设计师 我是小小快递员

3. 预设主题活动

我们以"古韵青花"为例,笔者将青花瓷作为月主题,预设了四个子主题"我和青花瓷做朋友""探秘青花瓷""陶艺乐趣多""刮起一阵'青花风'",每个子主题均可作为周主题开展相关活动。内容具体见表6-7。

---

①陈福静:《园本课程中渗透的"三大三小"》,载《今日教育:幼教金刊》2015年第6期,第26~27页。

表6-7 以"古韵青花"为例预设主题活动

活动形式 周主题　活动名称	健康活动	语言活动	社会活动	科学活动	艺术活动
我和青花瓷做朋友		初识青花瓷；宝宝本领大	青花瓷家族	青花瓷图案及花纹	
探秘青花瓷		绘本《清清白白的欢喜》；参观前的小讨论	参观博物院陶瓷展区；我眼中的青花瓷		
陶艺乐趣多	好玩的瓷土		陶艺初体验		制作陶瓷杯
刮起一阵"青花风"	我是小小快递员		我是小小设计师		美丽的青花瓷瓶

《3~6岁儿童学习与发展指南》中强调"幼儿的语言能力是在交流和运用的过程中发展起来的……鼓励和支持幼儿与成人、同伴交流,让他们想说、敢说、喜欢说"。为发展幼儿语言能力,教师可设计"初识青花瓷""瓷宝宝本领大""绘本《清清白白的欢喜》""参观前的小讨论"等语言活动。如在主题活动前期进行"初识青花瓷",使幼儿初步了解青花瓷,对其产生兴趣;"瓷宝宝本领大"是基于幼儿与家长共同调查瓷器用途,以小组形式商议并总结瓷器的用途……以巩固和拓展幼儿的学习经验。对于社会领域的教育活动来说,教师可充分利用家长和社会资源,设计"参观博物馆""陶艺初体验""我眼中的青花瓷"活动。如"参观博物馆"是发挥博物馆的公共教育功能,组织幼儿和家长共同探访博物馆,丰富幼儿对青花瓷的认知经验。"陶艺初体验"是让幼儿亲身体验陶泥工艺,效仿陶艺手工者制作各种陶艺制品,感受陶土在手中肆意转动并根据自己所想逐渐成形的乐趣。

孩子的想象不是凭空产生的,而是根据观察、感觉到的信息在头脑中形成表象,然后进行联想、加工、改造而成的。那么对于艺术领域的教育活动来说,教师可设计"美丽的青花瓷瓶""我是小小设计师""制作陶瓷杯"等活动,旨在通过欣赏体验—设疑推进—幼儿内化拓展—提升创作的环节为幼儿营造一个充满创造性的学习空间,使幼儿运用圆形、菱形、波浪线、心形等线条和图案逐步创造青花瓷的美。"美丽的青花瓷瓶"使幼儿在绘画过程中感受瓷瓶的造型美、色彩美,丰富对青花瓷的了解,从而激发他们的绘画兴趣,体验创作的乐趣。①

为了让幼儿更好地动手实践,了解陶瓷制作流程,掌握一定的瓷艺制作技巧,在家长的配合之下,我们可以利用周末时间带幼儿去瓷厂和陶瓷体验馆,让幼儿与陶瓷师傅近距离接触,认真观察瓷盘师傅制作瓷器的整个过程,还可以让幼儿当小小瓷艺工,尝试学习拉坯、注浆、贴花、给瓷器上色等。②

(二)区域游戏活动延伸陶瓷文化

幼儿园区域活动是贯彻、落实"以幼儿为本,以游戏为基本活动"的重要途径,把陶瓷文化融入幼儿园区域活动,不仅有助于继承和发展传统文化,丰富区域活动内容和游戏环境,亦对幼儿身心的健康成长大有裨益。

1. 美工区

在美工区开展陶瓷艺术活动,运用美术活动中的绘画、装饰、塑造等手法,使幼儿在探索和操作陶瓷资源的过程中发现美、欣赏美、表现美。③ 例如,摆放若干瓷盘、瓷罐、瓷碗等供幼儿欣赏,并提供废旧酸奶瓶、透明塑料杯、白色盘和碗等材料让他们画瓷器,或者投放伞、风筝、扇子等材料供幼儿创作青花瓷或磁州窑瓷黑白式风格的作品。还可以利用彩泥、瓷土等材料,引导幼儿通过观察瓷器外形、图案等,运用团圆、拍按压、搓拧捏、卷、盘、镶嵌、连接、团绕等技能塑造物品(有条件的幼儿园,可以单独设置陶艺区),发展幼儿手部精细动作,锻炼手指灵活力。

除了用彩泥、瓷土塑造物品外,我们还可以开展装饰瓷器、欣赏活动和体验活动等。比如装饰瓷器的活动中,被装饰的瓷器有盘子、花瓶、杯子等等,装饰的方式内容包括印画、撕纸贴装饰、贴花纸、彩绘、拓印、自然物粘贴、线描装饰、青花瓷装饰、橡皮泥造型装饰等等,可以说身边的任何物品到了孩子的手上,都是装饰的好材料,都能使原本空白的瓷器大放异彩。④

---

① 郑娟:《运用信息技术进行美术教学的优势》,载《小学时代》(教师)2012年经5期,第105页。
② 张淑贤:《借鉴 STEM 教育理念有效组织陶艺活动》,载《福建教育》2020年第33期,第48~49页。
③ 许玉珍:《在幼儿园区域活动中开展陶瓷艺术教育的实践研究》,载《亚太教育》2016年第21期,第9~10页。
④ 同上。

2. 语言区

在活动区交流分享对中国或某地区陶瓷文化的认识，教师可以引导幼儿与家长一起收集有关某类陶瓷的图片、文字、音像、照片等资料汇编成图或制作成册，在语言区引导幼儿向同伴介绍自己的经验和见闻，如交流参观过的陶瓷博物馆的印象、向同伴展示瓷器的照片等。另外，教师可以投放关于与"陶瓷"主题相关的绘本，如《陶瓷男孩》《小青花》《青青白白的欢喜》《泥人阿喜》等，让幼儿与同伴共同阅读、观察、欣赏和小声交流绘本内容。

3. 音乐区

在音乐区可以投放各种陶瓷制作的乐器，如陶笛、陶箫、瓷盘、瓷碗等，让幼儿与这些音质各异、音调不同的材料进行积极、有效的互动，如伴随美妙的音乐敲击瓷器，感受瓷器独特的声音美。还可以聆听《中国陶瓷之歌》《青花瓷》《白凤凰之歌》《磁州窑之歌》《中国白》等歌曲，幼儿载歌载舞，在优美的乐曲中感受陶瓷艺术的美，感受陶瓷艺术的伟大与神奇。

4. 科学区

首先，在科学区利用图片展示瓷器的发展历史。然后投放大量不同时期的仿真瓷器，引导幼儿按时间年代进行分类，帮助幼儿理解物质的需求与时代的发展息息相关，社会的发展与我们的生活环环相扣（帮助幼儿初步了解人们的生活与自然环境的密切关系）。

其次，利用多媒体，如手机视频、图片呈现制作瓷器流程，引发幼儿探索兴趣；然后准备泥浆、模具、围巾、套袖等辅助材料，让幼儿萌发动手操作的欲望。我们还为幼儿提供石膏模型及各种颜色的水，引导幼儿发现石膏模型吸水的"本领"，从而萌发探索和观察的欲望；然后让幼儿自主选择制作泥浆并进行注浆活动，帮助孩子了解瓷器成型的秘密，体验获得成功后的喜悦。

最后，投放准备好的图画册，册1呈现专注造型方面的有代表性图片，如制壶、葫芦瓶、s瓶、高足杯等，帮助幼儿发现瓷器造型的不同，其功能也有所不同，提高观察能力和鉴赏能力；册2呈现专注瓷器纹路方面的有代表性图片，如几何纹、卷草纹、回纹、云纹、蝙蝠纹、鱼纹等，帮助幼儿发现纹路的艺术美，拓展幼儿的学习经验；册3呈现专注瓷器人物图案方面的有代表性图片，如文姬归汉、三顾茅庐、八仙过海、婴戏图等，帮助幼儿理解历史人物，感受生活中的艺术美，提高审美修养。关键是教师还要投放幼儿操作的相关作业纸，引导幼儿把看到的、感受到的表达出来，呈现在作业纸上，如尝试画出陶瓷的造型、瓷器上的图案，自由创造瓷器造型和图案，等等，然后再将这抽象的具体化，利用准备好的陶泥、彩泥制作成品并进行展示。帮助幼儿了解瓷器的主要分类及它们的主要特点和用途,为创作活动积累经验与素材从而萌发创作欲望。幼儿自主选择活动内容以及活动后作品的展示,不仅能够体验到和同伴一起活动的乐趣而且还增加获得成功感的机会,增强自尊心和自信心。

陶瓷艺术有关的活动不只在这几个区域开展,其他区域也都能够开展,我们老师要敢于挖掘材料,创造机会和条件,支持幼儿自发的艺术活动和勇于创新夸张的创作,相信陶艺艺术活动会在每一个区域生根发芽,百花齐放,百家争鸣。

(三) 环境创设蕴藏陶瓷文化

1. 班级环境创设

《幼儿园教育指导纲要》中提及"环境是重要的教育资源,应通过环境的创设和利用,有效地促进幼儿的发展"。师幼共同参与班级环境的创设,增加幼儿的归属感。班级陶瓷相关主题墙及吊饰等都由教师负责设计,将布置的任务分配给幼儿,甚至在布置时采用部分幼儿的陶艺作品,在幼儿进行活动时,能够从环境中感受到归属感,会认为这是他们自己的作品,是属于他们的空间,这种归属感会让儿童的身心更加放松,从而在活动中表现得更加自我,乐于将自己的内心打开。[1]

图 6-22 我的瓷器
(来源:邯郸市委机关幼儿园)

2. 公共环境创设

(1)公共走廊。我们既可以陈列精美的陶瓷工艺品,将展示柜+陶瓷作品+作品照片加以组合;也可以用各种幼儿绘制的陶瓷杯组成一面别致的装饰墙;抑或是用陶瓷瓶来插花,摆在幼儿园的一角装点环境;或是用陶泥直接做成班级牌、安全标识牌等,发挥一定指示作用;可以将陶瓷作品固定在走廊墙面上,用色彩线条和图案进行装饰;还可以将幼儿制作的作品挂在走廊的墙面上[2],造型不同,表情各异,童趣盎然,挂在走廊的墙面处迎接客人,

---

[1] 金琳:《幼儿园环境设计和文化打造的策略与研究》,载《文化产业》2021年第16期,第121~122页。
[2] 夏洁:《破碎依旧美丽:美国幼儿园环境中陶的运用》,载《早期教育》(美术版)2011年第1期,第20~21页。

营造亲切温馨的氛围。

（2）楼梯过道。在楼梯的一面墙壁上，可以自下而上地创设一组系统的有关陶瓷种类、制作陶瓷工艺流程等内容的幼儿活动照片，把楼梯设置成会"说话"的展示长廊；在楼梯的另一面墙上，可以分别展示各班幼儿美术作品及参加各类活动的照片，同时还可以开辟"我与陶瓷师傅在一起"等专栏，每月推选几幅幼儿的作品与大师的作品放在一起，以示奖赏和激励，让孩子们从中发现自己、了解自己，体验成功、找到自信。

我们可以打破常规思维，将陶瓷的碎片或者破碎的陶瓷加以利用做装饰，比如，在楼梯台阶、楼梯扶手上用碎陶片、石子拼摆、粘贴或镶嵌，组合成一幅美丽的富有创造力的图案。也可以在楼梯墙面上用幼儿制作的盘子、碟子、杯子等根据不同的颜色摆成各种造型。

图6-23　我的作品（来源：邯郸市委机关幼儿园）

第三节　幼儿园戏曲文化浸润式教育

一、幼儿园戏曲文化浸润式教育意义

（一）有利于传承中华优秀文化，培养幼儿文化认同感

面对越来越多元化的文化教育，戏曲艺术的传承与发展面临重大的挑战。幼儿教师作为幼儿教育实施的主导者，开发和研究出适宜幼儿园的戏曲教育则更加有利于我国戏曲艺术的传承。

教育作为文化传承、发展和创新的重要手段，对中华文化的繁荣昌盛起着至关重要的作用，对培养下一代社会公民的文化自信发挥着举足轻重的力量。在幼儿园开展戏曲教育，接受戏曲教育的熏陶，从小培养民族文化的传承者，使幼儿初步感受戏曲文化的魅力，了解戏曲文化的基本知识，建立和保持对戏曲文化的兴趣,以此培养幼儿对本民族文化的认同感。①

（二）有利于教师丰富戏曲文化方面的知识,提升教师的专业能力和综合素质

俗话说"活到老学到老",幼儿教师在面对不断变化的教育环境时要不断地学习。首先,在进行戏曲教育教学时,教师要有责任意识,认同戏曲对幼儿的教育价值,从而不断地学习、研究戏曲和其教育教学。其次,教师本身要对某一种或几种戏曲有所了解,了解戏曲的艺术特点,熟悉戏曲的经典曲目,丰富教师本身艺术知识;最后,教师在进行戏曲的教育教学中要不断地思考、

图6-24 "我来试试"表演后台
（来源:邯郸市委机关幼儿园）

研究,对于自身的教学能力、教研能力都是有很大的提高。② 幼儿园可以聘请相关人员对教师进行定期培训或开办讲座,帮助教师了解戏曲的精髓。

（三）有利于丰富幼儿园教育内容,完善各级各类戏曲教育

中宣部、文旅部、教育部、财政部联合出台了《关于戏曲进校园的实施意见》（以下简称《实施意见》),多策并举推广戏曲教育,尽管该文件中并未将幼儿园教育归入此教育层次中,但并不意味着幼儿园不需要中华优秀传统文化教育。《幼儿园教育指导纲要（试行）》中明确指出要"充分利用社会资源,引导幼儿实际感受祖国文化的丰富与优秀,感受家乡的变化和发展,激发幼儿爱家乡、爱祖国的情感"。③ 可见,在幼儿园开展中华优秀传统文化是必要的。在"戏曲进校园"风向标引领下,近年来全国各级各类学校的戏曲教育活动相继展开,唯独幼儿园阶段的戏曲教育较少。故将戏曲文化渗透于学前教育领域中有一定的现实意义,在一定程度上弥补了戏曲文化传承的阶段性缺失,完善各级各类戏曲教育。④ 另一方面,发挥戏曲独特的功效和教育价值,补充和丰富幼儿园教育内容,打造幼儿园特色,同时也可为我

---

①翟迎旭:《幼儿园戏曲教育的现状、问题及对策研究》,山东师范大学2019年学前教育专业硕士论文。
②孟晓宇:《浅谈幼儿教师进行黄梅戏教育教学的现状及困惑》,载《科学大众》（科学教育）第5期,第80页。
③翟迎旭:《幼儿园戏曲教育的现状、问题及对策研究》,山东师范大学2019年学前教育专业硕士论文。
④同上。

国的戏曲艺术的蓬勃发展注入新的血液。①

（四）有利于加强幼儿素质教育，促进幼儿全面发展

1. 锻炼幼儿身体素质，促进幼儿体能发展

戏曲艺术在漫长发展中形成一套程序式的基本功法和表演技巧，即所谓的"唱、念、做、打"，其中"做功"和"打功"的都是以身体表演为基础，需要掌握和运用各种舞蹈化的身段动作。纵然戏曲种类有三百余种之多，其表演技巧和动作也不尽相同，但就动作的基本功而言，腿功和腰功是必不可少的。腿功有"一腿扶千斤"之说，主要动作有压、踢、悠、劈、搬、抬等；腰功有倒立、担涮、翻身等动作，利用腰部力量带动四肢活动，"气沉丹田，头顶虚空，全凭腰转，两肩放松"②是形体动作的基本要领。幼儿在练习时大可不必要求每种动作都规行矩步，达到规范和专业的标准，而是以锻炼腿部、手部肌肉，放松关节，活动筋骨，掌握对身体部位的控制力为主要目的，以此锻炼幼儿的身体素质，促进幼儿身体健康发展。此外，除身体上的锻炼外，戏曲基本功的训练更能使幼儿精神饱满，神采奕奕。③

2. 丰富幼儿道德情感，促进幼儿道德发展

戏曲作品的中心思想一般带有鲜明的时代特征，反映了一定时期的社会现实。在戏曲传承与发展中，虽然时代背景不同、作品主旨不同、剧种风格迥异，但优秀的戏曲作品却无不蕴含着中华民族优秀文化的内涵："天下兴亡、匹夫有责的担当意识，精忠报国、振兴中华的爱国情怀，崇德向善、见贤思齐的社会风尚，孝悌忠信、礼义廉耻的荣辱观念等。"④发挥戏曲艺术的教化作用，让幼儿在戏曲文化的熏陶之下，无形中受到中华传统美德的感染，能潜移默化地树立幼儿的民族自尊心、民族自豪感，对幼儿的人生观和价值观产生影响，带给幼儿积极的正能量，促进幼儿德育发展，弘扬我们中华民族仁爱、礼让、勤劳、勇敢等传统美德。

3. 陶冶幼儿审美意识，促进幼儿美感发展

戏曲最突出的属性即是艺术性。"歌舞演故事"是戏曲的基本特征，再结合服饰、灯光等舞美的渲染和烘托，进而呈现一个完整的舞台故事。无论是极具民间色彩和地域特色的戏曲音乐、亦动亦静的戏曲舞蹈，还是生动夸张的脸谱妆容、华容精美的戏曲服饰，都带有浓郁的中华传统文化的美感。

---

① 陈聪：《运用中国戏曲元素丰富幼儿园艺术教育的实践研》，载《中外交流》2020年第27卷第19期，第256页。

② 郭卫生：《戏曲演员基本功训练漫谈》，载《大舞台》2010年第11期，第62页。

③ 翟迎旭：《幼儿园戏曲教育的现状、问题及对策研究》，山东师范大学2019年学前教育专业硕士论文。

④ 胡建明：《谈谈"戏曲进校园"的教育价值》，载《上海教育》2018年第3期，第88页。

在戏曲教育中,幼儿通过听、看、模仿、操作来了解戏曲文化,在戏曲艺术的感染力中陶冶审美意识,提高审美情操,促进美育发展。[①]

 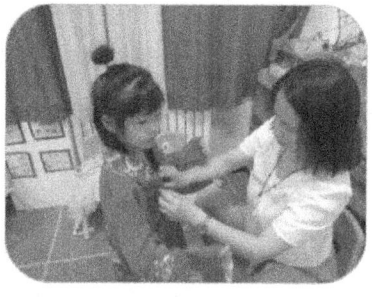

图6-25 我要穿戏服(来源:邯郸市委机关幼儿园)

二、幼儿园戏曲文化浸润式教育内容

戏曲是中华民族独有的艺术类型,是中华文化和中国传统艺术的瑰宝。戏曲种类丰富,不仅有京剧、越剧、黄梅戏等颇负盛名的剧种,也有诸如花鼓戏此类极具民间特色的地方小戏。我们主要介绍非常典型的中国传统戏剧类型,即京剧、越剧、黄梅戏、评剧、豫剧五大剧种。

1. 京剧

京剧综合了文学、表演、音乐、武术、脸谱等多个方面的特点,经由民间艺人及表演艺术家的长期实践,形成了一套独具特色的程式化体系。它以西皮、二黄为主要腔调,唱腔委婉,念白有韵,并融入武术技巧,表演精致细腻,虚实结合。京剧以其唱、念、做、打四大表现手法,生、旦、净、丑四大行当,以及红、黑、蓝、绿、白等各色脸谱为特色,位列中国戏曲三鼎甲"榜首",是最具代表性的戏曲剧种。经典剧目有《霸王别姬》《空城计》《贵妃醉酒》《四郎探母》等。

图6-26 《霸王别姬》　　　　图6-27 《贵妃醉酒》

[①]翟迎旭:《幼儿园戏曲教育的现状、问题及对策研究》,山东师范大学2019年学前教育专业硕士论文。

2. 越剧

越剧是继京剧后中国第二大戏曲种类,有"第二国剧"之称,是国家首批非物质文化遗产。越剧以唱为主,通常是"才子佳人,以歌抒情",曲调优美婉转、圆润流畅,常用的伴奏乐器是长笛、越胡、古筝等典型的江南丝竹乐器,带有江南水乡浓郁的灵秀之气,表演典雅唯美,善于刻画人物的思想感情。越剧的舞美多以柔和、淡雅的色彩和柔软的质料为主,与越剧悠扬婉转的曲调相配合。经典剧目有《梁山伯与祝英台》《红楼梦》《西厢记》等。

图6-28 《红楼梦》

图6-29 《梁山伯与祝英台》

3. 黄梅戏

黄梅戏旧称"采茶戏"或"黄梅调",唱腔悠扬清新、委婉流畅,以明快的抒情曲调为主,极富表现力。黄梅戏的唱腔分为花腔和平词两大类。其语言以安庆方言和江淮方言为主,唱词多为七句式或十句式,如著名唱段《女驸马》的唱词即为七句式。黄梅戏的伴奏乐器最初几乎只用打击乐器,即黄梅戏中所谓的"三打七唱"。另外,黄梅戏中对歌或对舞的形式常见。黄梅戏的经典剧目有《天仙配》《女驸马》《打猪草》等。

图6-30 《女驸马》

图6-31 《天仙配》

4. 评剧

评剧形成于100多年前的河北唐山一带,在河北地方小曲"对口莲花落"基础上演化而成,旧称"平腔梆子戏",俗称"唐山落子"或"蹦蹦戏"。评剧以唱为主,以说为辅,节奏活泼,吐词清晰,唱词简单直白,浅显易懂,表演朴实无华,具有浓厚的生活气息和乡土气息,也有更强烈的现实性和批判性。著名的评剧选段有《报花名》《小二黑结婚》《刘巧儿》《杨三姐告状》等。

图6-32 《报花名》

5. 豫剧

豫剧起源于河南,是以河南梆子为原型逐渐发展而来,其唱腔铿锵有力、抑扬顿挫,曲调简洁明快,语言清晰明了,节奏鲜明强烈,表演恢宏大气。豫剧塑造的人物往往刚柔相济、气血阳刚、热情奔放,形象立体鲜明,情感浓郁强烈。豫剧的故事除以现实生活为题材外,还有很大一部分取材于历史小说和演义故事。豫剧的伴奏在过去曾有"一鼓二锣三弦手,梆子手钹共八口"的说法,而伴奏的"三大件"演变为板胡、二胡和琵琶。著名的豫剧剧目有《花木兰》《穆桂英挂帅》《观灯》等。

图6-33 《花木兰》　　　图6-34 《穆桂英挂帅》

三、幼儿园戏曲文化浸润式教育途径

（一）融入幼儿园的主题教育活动

1. 确定主题

我们依据我国不同地域的剧种，立足有代表性的传统戏剧类型，分别选取了五类典型戏曲，即京剧、评剧、豫剧、越剧、黄梅戏，各自作为一个主题，包括主题名称、主要目标及内容。见表6-8。

表6-8　五类典型戏曲的主题教育活动

戏曲名称	经典剧目	主要目标及内容
京剧	《小放牛》《大闹天宫》《沙家浜》《三岔口》《四郎探母》等	了解戏曲的发展历史、服装道具、主要伴奏乐器、经典剧目的名字和故事情节以及著名的戏曲艺术家；欣赏、演唱戏曲的选段，感受戏曲唱腔的特点，学习戏曲中基本的动作技巧，能够进行简单的表演
评剧	《报花名》(《花为媒》选段)、《送元宵》(《花为媒》选段)等	
豫剧	《观灯》《花木兰》《穆桂英挂帅》等	
越剧	《正月十五是元宵》《九斤姑娘》等	通过调查与交流、欣赏与表演唱等活动，初步了解我国的戏曲，萌发对中国民间地方戏曲的喜爱之情，产生探究与表演的愿望
黄梅戏	《谁料皇榜中状元》《天仙配》《对花》等	

2. 制作主题网络图

笔者以京剧主题为例，设计三个子主题，详见主题网络图。见表6-9。

表6-9　以京剧为题制作的主题网络图

京剧		
我知道的京剧	京剧脸谱	我是小戏迷
我的京剧印象 学做小记者 京剧起源 京剧欣赏	欣赏脸谱 绘画脸谱 戏说脸谱 走进戏曲博物馆	京剧大师梅兰芳 学唱京剧(唱词唱腔) 京剧表演[碎步(花旦)] 京剧体操

其中，子主题"京剧脸谱"设计了若干教育活动，帮助幼儿理解各种色彩脸谱代表的人物特征，逐渐让幼儿体验脸谱形式的对比、协调、对称、均衡、节奏和韵律等美的规律。见表6-10。

表 6-10 "京剧脸谱"主题教育活动

特征	关于脸谱的具体内容
颜色	红(关羽),黑(包拯、李逵),黄(典韦),蓝色、绿色(窦尔敦),白色(曹操)
图案	月牙(包拯),太极图(姜维),构形图案(窦尔敦),红白猿猴脸(孙悟空)
构图	整脸(红整脸关羽、黑整脸包拯、白整脸曹操)、三块脸瓦(红三块瓦脸姜维、花三块瓦脸窦尔敦)、破脸(郑子明),丑角脸谱(蒋干白豆腐块脸)
性格	红(忠勇),黑(正直、粗鲁),黄(残暴),蓝色、绿色(暴躁),白(狡诈)

幼儿通过脸谱欣赏、脸谱绘画、脸谱制作及京剧表演的形式来展现生活中的美和内心世界的美。《幼儿园教育指导纲要(试行)》提出"要避免仅仅重视表现技能或艺术活动的结果,而忽视幼儿在活动过程中的情感体验和态度的倾向",京剧脸谱,是根据某种性格、性情或某种特殊类型的人物采用某些色彩的。红色的脸谱表示忠勇士义烈,如关羽;黑色的脸谱表示刚烈、正直、勇猛、粗率,甚至鲁莽,如包拯、李逵;黄色的脸谱表示彪悍、阴险、凶狠残暴,如典韦;蓝色或绿色的脸谱表示一些刚强骁勇、粗犷、桀骜不驯的人物,如窦尔敦;白色的脸谱一般象征阴险狡诈的坏人,如曹操。

教师通过开展欣赏这些色彩各异的脸谱活动,引导幼儿学会从颜色判断京剧人物哪个是"忠诚"的人,哪个是"勇猛"的人,哪个是"狡猾"的人,孩子们感到很神奇。"京剧脸谱"活动强调了艺术和生活的联系,也强调了艺术活动中的情感熏陶,这让我们看到了一种人文性的幼儿艺术教育在这样的欣赏活动中,孩子们不仅赏识到京剧脸谱的色彩美,同时,他们的艺术情感也得到了熏陶。[1]

3. 预设主题活动

主题活动有周主题和月主题,教师可以根据幼儿园和幼儿的实际情况来预设和生成主题活动。以"京剧"为例,笔者将京剧作为月主题,预设了三个子主题"我知道的京剧""京剧脸谱""我是小戏迷",每个子主题均可作为周主题开展相关活动。内容具体见表 6-11。

---

[1] 曾婷,刘雪茹:《浅谈京剧艺术走进幼儿园课堂的意义》,载《课程教育研究》2017 年第 35 期,第 35 页。

表6-11 以京剧为主题预设主题活动

活动形式 周主题　活动名称	健康活动	语言活动	社会活动	科学活动	艺术活动
我知道的京剧		我的京剧印象 京剧起源	学做小记者		欣赏京剧《红灯记》选段
京剧脸谱			走进京剧博物馆	欣赏脸谱	绘画脸谱 戏说脸谱
我是小戏迷	京剧体操	京剧大师梅兰芳	京剧表演〔碎步〕（花旦）		学唱京剧（唱词唱腔）

（二）融入幼儿园的区角游戏活动

1. 剧场表演区

幼儿园剧场区的布置是为了更好地促进幼儿的表演，在剧场表演区的布置上包含布景、舞美、音乐、音响、演员、化妆等要素。① 比如，在"戏曲小舞台"开展过程中，首先要根据戏曲主题活动创设剧场环境，包括舞台道具、观众席位等物质性准备工作。另外教师设置剧场规则，保证剧场表演安全、有序进行，比如编制戏曲入场券。在剧场区定期更新剧场表演海报，将最新进行的表演以多彩、有趣的海报形式告知幼儿。在戏曲表演开始时，表演的准备工作要充分，比如演员化妆、演员服装、售票等工作，在戏曲表演进行时，戏曲剧情的开展，需要发挥教师的智慧和幼儿的自主性开展进行。在剧场表演结束后，教师开展及时讨论活动，让表演者自评、观众评价、家长评价、教师评价。②

2. 戏曲艺术展示区

在戏曲的学习中，幼儿逐渐了解戏曲，为了展现某一戏曲对幼儿身心产生的影响，展示戏曲带给幼儿的身心变化，可以根据幼儿发展的需要设置此展示区，旨在及时发现幼儿园各班级开展戏曲教育活动的状况，了解本班幼儿学习效果，帮助家长了解幼儿在戏曲学习中的表现。

我们可以从以下三个方面进行创设，第一是戏曲艺术活动照片。戏曲

---

① 姬瑞丽：《幼儿园大班京剧课程的构建》，山东师范大学2017年学前教育专业硕士论文。
② 同上。

艺术照片主要包括戏曲艺术家、戏曲剧场表演活动照片、幼儿学习戏曲的照片,通过戏剧照片的呈现,增强幼儿对戏曲的认识,提高幼儿表演自信心,激发幼儿兴趣。第二是戏曲手工艺术作品。在这个小区角中,占据着戏曲艺术展示区的大部分,将幼儿在学习戏曲中,动手制作绘画的戏曲作品及时地张贴在这个区域,幼儿在欣赏自身作品与他人作品中发现自身不足,及时改正或看到自身优点提升学习积极性,另外戏曲作品展示也提供了幼儿家长了解幼儿的一个重要途径。第三是展示幼儿戏曲表演全程。在幼儿园戏曲艺术展示区的最显眼的地方,有条件的幼儿园可以安装多媒体一体机,及时上传更新播放幼儿的戏曲表演视频。①

3. 其他区域

(1)美工区。幼儿为脸谱、折扇、戏曲衣服上色或绘制图案,可以用扎染的方法染制布帐、旗、飘带等,还可以让幼儿尝试着自己制作简易官帽、头饰、鞭子,或是为戏曲中的人物(花木兰、穆桂英)绘制服饰等。

(2)建构区。幼儿为戏剧经典曲目制作道具,搭建主要场景。如主题活动豫剧《花木兰》活动,幼儿在了解故事情节的基础上,为花木兰搭建军营和城墙,自制马鞭等内容。

(3)图书区。幼儿教师投放关于戏曲的绘本,赏国粹艺术,品传统文化,在心中埋下一颗特别的种子,感受戏曲的魅力。如《这就是中国戏曲》及其系列丛书《中国戏曲启蒙绘本》,从戏曲发展史、戏曲行当、服饰、道具、名家等戏曲知识为出发点,让幼儿领略传统戏曲艺术的魅力与神秘。如《昆曲折子戏绘本》,幼儿在沉浸故事的同时,欣赏昆曲的独特美感。

(三)融入幼儿园的环境创设

1. 教室环境

幼儿园教室环境创设的区域主要包括教室主题墙、教室天花板、教室门窗、教室活动区。教室主题墙的布置根据幼儿教师每周选择的戏曲课程主题元素来设置,比如教学主题是京剧脸谱,主题墙可以用各种各样的脸谱进行装饰,主题墙根据教授内容每周进行更新,可以是豫剧片段中故事、人物、道具、乐器的手工制作作品或者是绘画作品,或者在教室墙面上展示幼儿京剧演出照片以及其他剧组大型演出时的剧照。教室的吊饰,每个班级可以选择不同的戏曲元素进行布置,比如京剧的脸谱手工作品的吊饰或者京剧剪纸吊饰等。②

---

① 姬瑞丽:《幼儿园大班京剧课程的构建》,山东师范大学2017年学前教育专业硕士论文。
② 同上。

图 6-35　脸谱(来源:邯郸市委机关幼儿园)

2. 区域环境

幼儿园可以开设表演区、美工区、学唱区、乐队角、化妆区、游戏区、图书区等戏曲区域活动,在各个区域里,摆放相应的道具,如在表演区可以投放京剧面具、桌面椅帔、各种髯口、袍服、短衣等道具;在美工区投放脸谱、服饰、器乐的制作材料,带领幼儿在各个区域中,享受戏曲带来的快乐,发挥幼儿活动的自主性。在图书区教师可以投放简单戏曲故事图书,让幼儿了解戏曲中经典的故事和人物。①

图 6-36　幼儿园区域环境(图片来源:邯郸市第二幼儿园)

3. 公共环境

幼儿园的公共环境创设包括幼儿园大厅、走廊、楼梯墙面等。幼儿园走廊顶端可以设置选择代表中国元素的吊饰,走廊过道的墙壁上,可以选择戏曲人物、京剧脸谱、戏曲服饰及乐器等图片以及幼儿园教师与幼儿的美术作品展示,形成艺术一条街。在楼梯墙面可以放置戏曲艺术家剧照或者幼儿园戏曲表演剧照,也可以在幼儿园大厅摆放触摸一体机,随时播放京剧、评

---

① 姬瑞丽:《幼儿园大班京剧课程的构建》,山东师范大学 2017 年学前教育专业硕士论文。

剧、黄梅戏等音乐供幼儿家长或幼儿欣赏。①

图 6-37　楼廊折纸脸谱
（图片来源：邯郸市第二幼儿园）

图 6-38　面谱簸箕画
（图片来源：邯郸市第二幼儿园）

此外，将戏曲元素渗透在幼儿一日生活中，幼儿园教师可以利用幼儿集体活动如晨间活动、用餐、餐后散步、户外活动、起床后、幼儿离园等时间，播放戏曲音乐曲牌，供幼儿欣赏感受，如《夜深沉》。让幼儿在优美音乐的气氛中保持轻松愉快的心情，逐步在与环境的互动中获得丰富的审美体验，产生对戏曲艺术的认同感和喜爱之情。

（四）融入社区、家长的合作活动

幼儿园应定期在社区活动中组织或参加戏曲艺术表演活动或者戏曲票友会。加强幼儿园戏曲教育宣传工作，将戏曲教育活动情况，通过艺术表演等活动方式，传达给社会，发扬传统文化的同时，让社会了解幼儿园戏曲教育，获得社会对幼儿园戏曲教育的支持，增强教育工作者及幼儿对戏曲的艺术兴趣，提供师幼展现艺术才能的机会。②

当然，戏曲艺术作用的发挥离不开家庭。家庭对幼儿的影响是长期的、全方位的、潜移默化的。幼儿园也应鼓励家长学习戏曲相关知识，激发家长对戏曲的兴趣，感知戏曲的精神实质，获取家长对戏曲艺术的认同。同时，能在家庭中努力创造充满艺术气氛的环境，加强同幼儿园方面的合作，共同创建充满戏曲艺术气息的家庭氛围。③

此外，幼儿园应该加强同幼儿家长的沟通，通过开展戏曲讲座，鼓励幼儿家长学习戏曲艺术知识，增强幼儿家长对戏曲艺术的兴趣，从而认识到戏曲的教育价值；鼓励家长参与幼儿园的戏曲艺术环境创设中，组织家长戏曲

---

① 姬瑞丽：《幼儿园大班京剧课程的构建》，山东师范大学 2017 年学前教育专业硕士论文。
② 同上。
③ 同上。

兴趣组,收集有利于幼儿发展的戏曲教育资源,为幼儿园开设戏曲教育活动提供物质资源支持。幼儿园应积极开展幼儿戏曲表演活动,让家长感知戏曲艺术带给幼儿的身心变化,获取家长对戏曲艺术教育的认同。总之,幼儿园工作者应发挥幼儿园、家庭、社会各方面力量共同促进幼儿发展,努力营造戏曲艺术教育环境。①

---

① 姬瑞丽:《幼儿园大班京剧课程的构建》,山东师范大学2017年学前教育专业硕士论文。

第七章

幼儿园传统体育文化浸润式教育

第一节 幼儿园传统民间体育游戏浸润式教育

传统民间体育游戏作为我国优秀的民族文化遗产,具有鲜明的中华民族传统体育特色。它作为中华民族传统体育的一部分,所表现出来的形式多样,内容丰富,简单易行,并且通过游戏所带来的娱乐性和趣味性等特点,符合幼儿的身心发展规律,最贴近他们的实际生活经验,能充分发挥儿童的天性;而且其积淀的文化底蕴,以及折射出的民族精神风貌还能够帮助幼儿感受中华优秀传统文化的魅力。

一、幼儿园传统民间体育游戏浸润式教育意义

(一)激发幼儿对体育活动喜爱及亲社会的积极情感

传统民间体育游戏是在特定文化背景下,由劳动人民开发、加工,并在民间创编和传承的嬉戏活动。它具有简易性和游戏性特点:一方面,游戏形式简单、有趣,幼儿容易学会;另一方面,游戏过程中,幼儿身体得到方方面面的锻炼。故传统民间体育游戏浓厚的趣味性、丰富多样的内容和形式、愉快有趣的情境,完全符合幼儿爱玩、爱动、易模仿的特点。

社会性是指人与人之间的交往,能够认识和了解社会行为规则,并学会调控自己身体行为的一种心理特征。传统民间体育游戏一般以团体形式组织为主,每一项游戏活动的开展都需要2~3个以上的人员进行合作和配合,游戏中与同伴进行语言交流,游戏规则的协调,相互的模仿、学习,以及与他人相处和合作。孩子们在游戏中还可以调解与人相处的矛盾,及时调整情绪和一些过激的行为。例如,"老鹰捉小鸡",孩子需要对父母这个社会角色进行体验和扮演,对自己的孩子实施保护。"我们都是木头人",孩子们必须在读完童谣后保持一个姿势,这对于一些不具有一定自控能力的孩子来说,他们不得不为了游

戏而选择忍耐。就这样,传统民间体育游戏中孩子们必须学会在游戏中根据规则来控制自己的行为,学会结合游戏规则进行各种关系的协调和配合。每个幼儿在游戏中都扮演着不同的角色,在角色中潜移默化地学到更多的集体生活经验,便于幼儿养成相互谦让、相互合作与相互关心的习惯。这个学习过程能够激发幼儿对体育活动的喜爱及亲社会的积极情感。①

图7-1　户外活动(来源:邯郸市委机关幼儿园)

(二)有助于同我国其他传统文化共生与互动

民间体育游戏有着悠久的地域历史与文化传统,在不同历史发展时期,它的形式和内容得到不断地完善和发展,并渗透在社会生活的点点滴滴,与生活、习俗、节气、物候等息息相关,许多游戏寓教于乐、充满智慧,从古代一脉相承流传至今,具有鲜明的民族文化习俗特色。② 例如"舞龙",它是我们中国的传统文化活动,主要是通过舞龙的方式来传递一些美好的祝愿以及对平安的祈求。"赛龙舟"作为一种传统体育活动,还是一种培养团队精神的方式以及对传统历史文化的继承。所以,在幼儿园中开展民间体育游戏,不仅能让幼儿感受中国传统的文化,还能了解历史典故。民间体育游戏中还蕴含着一些民间童谣,童谣内容简单易懂,语言便于朗诵,与日常生活相接近,如:小孩儿小孩儿你别馋,过了腊八就是年;腊八粥,喝几天,哩哩啦啦二十三……不仅能够增强幼儿的语言表达能力,还能在无形中让幼儿感受到地域风俗习惯,以及有着重要研究价值的乡土文化。还有很多童谣的内容包含着各种各样的动植物名称和不同地域的方言。③ 因此,幼儿园开展民间体育游戏,可以让孩子们在快乐游戏过程中,在认同本地文化的同时与其他传统文化进行共生与互动。④

---

①姚锐:《湘西幼儿园"体智能课程"民族民间体育资源开发研究》,吉首大学2020年体育学专业硕士论文。
②高金燕:《传统民间游戏》,中国传媒大学出版社2017年11月版,第1~2页。
③方珠伴:《民间童谣与学龄前儿童人文素质培养研究》,载《新西部》2018年第24期,第120~122页。
④盛慧慧:《幼儿园开展民间体育游戏的调查研究》,吉林外国语大学2019年学前教育专业硕士论文。

（三）有助于发挥教师在民间体育活动中的带动性和参与性

《幼儿园教育指导纲要（试行）》强调，教师要结合本地、本园、本班的实际情况来选择可行的教学内容。然而李姗泽指出，全国许多幼儿园教学内容缺乏地方特色。儿童很难在现实生活中体会教育的内容；这就导致幼儿在认识现实世界时，有时会产生一定的困惑。[1] 民间体育游戏是由民间开发的，经过一代代人传承下来，中国地域辽阔，每个地方的民间体育游戏的种类和形式有所不同，它在传承中具有很强的地方特色，它是独特的地域文化的结果，然而当地的老师生活在其中，有着丰富的地方游戏经验，在教学中完全可以把具有很强的地方特色的传统民间体育游戏融入幼儿园课程中，借助传统民间体育游戏独有的玩性教育理念，运用趣味性、灵活性的教学方式，单人游戏、集体游戏、亲子游戏等丰富的教学组织形式，激发幼儿参与体育运动的积极性，提高幼儿掌握传统民间体育游戏技能的主动性，加深幼儿对地方民族文化的了解和认识，促进中华传统文化的传承和发展。既能满足国家的要求，还能为幼儿园体育活动的开展提供丰富的素材。[2]

图7-2 "投壶""后羿射日""手可触明月"活动（来源：邯郸市委机关幼儿园）

（四）有助于发挥传统民间体育教育活动中"环境"的作用

陈鹤琴先生认为："怎样的环境，就得到怎样的刺激，得到怎样的印象，教育上的环境，在教育的过程中，起着一定的作用。"《幼儿园教育指导纲要（试行）》第一部分总则中指出："城乡各类幼儿园都应从实际出发，因地制宜地实施素质教育，为幼儿一生的发展创造良好的条件。"由此可见，"从实际出发"和"因地制宜"是当前幼儿园设计课程的重要原则之一。民间体育游戏来源于民间和人们的日常生活，是由民间开发的，在这种特殊"环境"的作用下，经过一代代人的传承和发扬，使得每个地方的民间体育游戏的种类和

---

[1] 李姗泽：《学前教育应重视中华民族优秀传统文化：论民间游戏在幼儿园课程资源中的地位和作用》，载《课程·教材·教法》2005年第5期，第31~35页。

[2] 姚锐：《湘西幼儿〈体智能课程〉民族民间体育资源开发研究》，吉首大学2020年体育学专业硕士论文。

形式有所不同。比如蒙古族民间游戏摔跤、赛马、射箭，布依族体育游戏挤油渣、丢糠包，毛南族体育游戏猴鼓舞，等等。环境是"不说话的老师"，教师要积极为幼儿创设与民间体育游戏教育相一致的优质环境，为幼儿提供开展民间体育游戏的机会和条件。我们当地的教师挖掘出优秀民间体育游戏的精髓，并将其融入幼儿园教育活动之中，传承具有很强地方特色的体育游戏，展现独特的地域文化。

（五）有助于践行"三全育人"理念

2017年年初，中共中央办公厅、国务院办公厅印发的《关于实施中华优秀传统文化传承发展工程的意见》，是新中国成立以来，党和政府出台的第一个以传承和发展中华优秀传统文化为主题的文件。文件提出将中华优秀传统文化进课堂，进教材，进师生头脑。随后中共中央、国务院《关于加强和改进新形势下高校思想政治工作的意见》提出的坚持全员全过程全方位育人（简称"三全育人"）的要求。"三全育人"即全员育人、全程育人、全方位育人。其核心是培养高素质人才，提高人才培养质量。目标是以立德树人为中心，培养德、智、体、美、劳全面发展的社会主义建设者与接班人。①。

优秀传统文化内涵丰富、包罗万象，能够为"三全育人"奠定良好的基础。幼儿园课程应充分发挥优秀传统文化的育人作用，积极开展经典阅读推广活动，引导幼儿与家长领略优秀传统文化的魅力。幼儿园教学可把优秀传统文化融入新生入园教育，引导幼儿与家长减轻入园焦虑，树立正确的入园三观，家长支持老师，老师支持孩子，孩子健康成长；把优秀传统文化融入阅读推广活动，提升幼儿与家长的文化素养；把优秀传统文化融入家园合作服务，培育幼儿吃苦耐劳、勤奋钻研、诚实守信的精神。② 幼儿园将理论联系实际，把优秀传统文化融入各项日常教育工作，构建无缝衔接的全程育人服务模式，提高优秀传统文化的育人效果。

二、幼儿园传统民间体育游戏浸润式教育主要内容

乌丙安先生把"民间游戏"定义为："民间游戏是指流传于广大人民生活中的嬉戏娱乐活动，俗语称'玩耍'。"游戏是游艺民俗中最常见的、最普遍的、最有趣味的娱乐活动。它主要流行于少年儿童中间和节日里成年人娱

---

① 张文风：《对高校"三全育人"的若干思考》，载《学校党建与思想教育》2018年第4期，第60~61页。

② 张国胜：《论优秀传统文化在大学生思想政治教育中的运用》，华中师范大学2014年思想政治教育专业硕士论文。

乐节目之中。"[1]

我国是一个多民族国家,少数民族发展历史悠久,拥有众多独具魅力的民间体育游戏。每个民族都有自己本民族的游戏,少数民族儿童民间体育游戏把民族民俗风情渗透在幼儿园课程中,是幼儿园传统民间体育游戏的重要内容。

(一) 布依族体育游戏:挤油渣[2]

1."挤油渣"游戏的文化背景

在以前各家经济状况都不太好,家里基本上没有什么收入。一家一般都是几个孩子,父母没有钱给孩子买衣服,孩子穿的基本上都是旧衣服。到冬季的时候,孩子也没有厚的衣服可以穿,都会被冻得发抖,手、脚都会被冻僵。孩子去上学时为了取暖,就自发地进行了"挤油渣"游戏。

图7-3 "挤油渣"游戏
(来源:邯郸市委机关幼儿园)

2."挤油渣"游戏的主要内容

选择好一堵墙,幼儿背靠墙壁站成一排。幼儿使用肩部力量往中间挤,被挤出来的幼儿回到队伍的两端继续往中间挤。在挤的过程中,幼儿可以一起说着"挤油渣,挤油渣,挤油渣,挤出油来炸粑粑"。要强调的是,幼儿只能用肩部力量去往中间挤,不能够相互推搡。

3."挤油渣"游戏对幼儿发展的价值

(1)可以锻炼幼儿的肩部力量,锻炼幼儿身体,利于幼儿身体健康。

(2)培养幼儿团结协作的精神,幼儿需要一起用力进行游戏,游戏才精彩。

(3)让幼儿感受集体游戏的快乐,幼儿在游戏中与同伴一起积极进行游戏。

4."挤油渣"游戏的指导

(1)教师要选择安全、开阔的区域,便于游戏的开展。

(2)指导在中间的幼儿保护好自己。

(3)指导幼儿正确使用肩部的力量。

---

[1] 乌丙安:《中国民俗学》,辽宁大学出版社1985年8月版,第343~345页。

[2] 梁小丽:《幼儿园游戏理论与实践:贵州民族地区幼儿园儿童民间游戏的应用》,西南交通大学出版社2018年6月版,第99页。

(二) 毛南族体育游戏：猴鼓舞①

1. 毛南族"猴鼓舞"游戏的文化背景

毛南族"猴鼓舞"发展至今，除了在丧葬活动中可以看到，在毛南族的一些节日活动中也可以看到。另外，2008年贵州省平塘县申报的"打猴鼓舞"已经被列入第二批国家级非物质文化遗产名录。

2. "猴鼓舞"游戏的主要内容

猴鼓舞的表演分为男子独舞、双人舞和多人舞共三种形式，在跳的过程中皮鼓和铜鼓是必须要有的。表演者的双手都拿着木棍，可以两根棍子在身体前方相互击打、在身体后方相互击打等。表演者也可以仅手里拿着木棍左右地跳跃，不用木棍相互击打。在整个猴鼓舞中，表演者根据皮鼓击打的节奏来

图7-4 儿童在玩"猴鼓舞"游戏

调整自身猴鼓舞动作的节奏，表演者的动作中还有模仿猴子的动作，这些都充分体现了毛南人质朴、勇敢、粗犷的品质。

3. 制作"猴鼓舞"的游戏材料及过程

"皮鼓"：选择一根粗壮的木头，把木头的里面掏空作为鼓身，并在鼓身的最上面覆盖上一层牛皮，使其紧固在上面不会掉下来即可。

"木棍"：选择长度适宜、粗细适宜的木棍即可。

4. "猴鼓舞"游戏对儿童发展的价值

（1）有利于幼儿热爱自己本民族的文化，在游戏过程中让儿童更加深切体会到毛南族勇敢、质朴的精神。

（2）在游戏中幼儿可以充分发挥自己的想象力，按照自己的意愿做动作。

（3）多人舞中让幼儿感受到集体游戏的快乐，幼儿之间相互配合、协作完成游戏。

5. "猴鼓舞"游戏的指导

（1）教师指导幼儿大胆发挥自己的想象，大胆做舞蹈动作。

---

① 梁小丽：《幼儿园游戏理论与实践：贵州民族地区幼儿园儿童民间游戏的应用》，西南交通大学出版社2018年6月版，第111页。

(2)教师可以指导幼儿利用木棒做不同形式的动作,丰富动作形式。

(3)教师可以指导幼儿模仿猴子的动作,让幼儿自己发挥想象力,使得游戏更加精彩。

(三)水族体育游戏:捡子①

1."捡子"游戏的文化背景

"捡子"也称"捡石子",在贵州省的水族地区,当地有着丰富的自然资源,幼儿自娱自乐,利用小石子进行游戏。这丰富了水族幼儿的游戏活动内容,充分利用了自然资源。

2."捡子"游戏的主要内容

捡子所需的场地、游戏材料很简单。只需一块类似于棋盘大小的平滑场地,所用的材料就是砂石路上或河滩上捡的如拇指般大小的小石子,经过加工使其变得又圆又滑并且大小近似相等即可。石子颗数有四颗、五颗、七颗、九颗或更多,这取决于手的大小,两手合起来,能捧住就可以。它主要分为向上抛一颗石子和向上抛多颗石子两大类型,比赛的时候双方棋子要一样多。玩法有:"捡小子""架桥""大把子"等。在余暇时间和课余时间都可看到孩子们三五成群玩捡子游戏。参与人数不限,当人数少于四人时进行单人循环,否则把人分成人数相等的若干组,组数不限,进行分组循环,随意性很大。

具体玩法以"捡小子"为例:先将自己手中的四个石子中的一个往上抛,同时扑下三个石子,然后拿一只手的手心接住下落的棋子,接着又往上抛子,在上抛棋子运动的过程中,把刚才散落地上的棋子捡起。根据规则的要求有时捡一个,有时捡两个或三个。

图7-6 捡子游戏进行中

玩"捡石子"游戏时,他们往往一边玩一边唱"捡子童谣":三子亏,亏三子;三子落,捡二着;二着落,捡小子;小子落,一把抓。

3."捡子"游戏对儿童发展的价值

(1)锻炼幼儿手部力量的发展,以及幼儿手部大肌肉、小肌肉的发展。

---

① 梁小丽:《幼儿园游戏理论与实践:贵州民族地区幼儿园儿童民间游戏的应用》,西南交通大学出版社2018年6月版,第108页。

(2)培养幼儿的逻辑思考能力,在捡子游戏过程中,幼儿需要考虑捡石子的策略,以增加自己赢的机会。

(3)培养幼儿的观察能力,参与游戏的幼儿需要观察对方是否遵守游戏规则,否则不能够顺利进行游戏。

4."捡子"游戏的指导

(1)教师要指导幼儿掌握捡子的技巧,正确使用手部力量。

(2)教师要指导幼儿考虑好捡子的顺序,以利于游戏的顺利进行。

(3)教师要指导幼儿熟悉"捡子童谣"。

(四)苗族体育游戏:"八人秋"①

1. 苗族"八人秋"体育游戏的文化背景

在贵州省铜仁市松桃苗族自治县,每年立秋这天是苗族的"赶秋节",在"赶秋节"上,当地都会玩玩"八人秋"。关于"八人秋"有一个传说。

据当地人讲述,从前有个孩子是个孤儿,他父母在他很小的时候就已经死去。有一天他看见一只老鹰嘴里叼着绣花鞋,他就把老鹰射了下来。他心想做绣花鞋的人,一定是一位心灵手巧的姑娘。于是他就做了一个"八人秋",在赶秋节上供大家玩耍,便于他找到绣花鞋的主人。最终他在赶秋节上找到了绣花鞋的主人,俩人喜结连理,结成了终身伴侣。

图7-6 苗族"八人秋"体育游戏

在当地玩"八人秋"时,秋架上分别坐着四男四女,秋架下有两个人负责转动秋架。按照当地"八人秋"的游戏规则,即"竖秋千八人坐,谁转上面就唱歌",当转动的秋架停下来时候,坐在秋架最上面的人要唱歌。

2. 苗族"八人秋"体育游戏的主要内容

(1)由10个幼儿进行游戏,其中8个幼儿坐在秋架上,2个幼儿转动秋千。

(2)当秋千停下来以后,在最上面的幼儿就唱歌或者表演其他节目。

---

① 梁小丽:《幼儿园游戏理论与实践:贵州民族地区幼儿园儿童民间游戏的应用》,西南交通大学出版社2018年6月版,第102页。

3. 制作"八人秋"的材料及过程

"八人秋"是以一根圆木为主轴,利用工具在主轴上凿四个两两相对的孔。在孔里插上约3米长的木棒,形成4个对称的秋架。在秋架的顶端用木块相接,成为秋架的横轴。利用牢固的粗绳绑在横轴上,在绳子的下方再放上一个踏板。在进行"八人秋"游戏过程中,还需要使用两个三脚架把秋架支撑起来,利于秋架的转动。

4. "八人秋"游戏对儿童发展的价值

(1)锻炼幼儿手部力量,促进手部大肌肉、小肌肉的发展,进而促进幼儿身体健康发展。

(2)培养幼儿勇敢、不怕困难的良好精神品质,幼儿坐在秋架上,当秋架转动的时候,幼儿需要勇敢的精神才能够坚持到最后。

(3)培养幼儿团结合作的精神,在"八人秋"游戏中,幼儿须轮流坐在秋架上和轮流转动秋千。

5. "八人秋"游戏的指导

(1)教师引导幼儿轮流交换角色。

(2)教师指导幼儿坐在秋架上时,注意手要紧握绳子。

(3)教师强调游戏中的安全问题。

6. "八人秋"游戏的创新

(1)秋架的高度可再调低点,使其与幼儿身高相适宜,便于幼儿园游戏的开展。

(2)增加游戏规则,确定轮流角色的规则。

(五)仡佬族:打篾鸡蛋[①]

1. 仡佬族"打篾鸡蛋"游戏的文化背景

在遵义市当地的仡佬族充分利用丰富的竹子资源,用竹子编织成"篾鸡蛋",在长期的生活过程中,逐渐形成了"打篾鸡蛋"游戏。而且"打篾鸡蛋"在2007年已经被列为贵州省第二批省级非物质文化遗产,因此非常有必要探讨仡佬族"打篾鸡蛋"游戏在幼儿园的应用。

2. "打篾鸡蛋"游戏的主要内容

"保蛋窝"玩法:游戏前首先划定中线,两端边角为本方蛋窝,在中线抛球后双方开始争抢"篾鸡蛋",除了打、踢、抓、绊等伤害性动作不能用以外,

---

[①] 梁小丽:《幼儿园游戏理论与实践:贵州民族地区幼儿园儿童民间游戏的应用》,西南交通大学出版社2018年6月版,第115页。

其他合理动作均可使用,获球方要在最短的时间里把"篾鸡蛋"放入对方蛋窝,进球后要在中心重新开球。

"打斗"玩法:不分队别,人数也没有限制。游戏开始前首先由一人将"篾鸡蛋"尽量扔到远处,然后众人集体奔跑过去抢夺,抢到者接着又把"篾鸡蛋"向另一方向扔,如此反复,看谁在规定的时间里抢到"篾鸡蛋"的次数多,次数多者获胜。

图7-7 正在进行的"打篾鸡蛋"游戏

3. 制作"打篾鸡蛋"的游戏材料及过程

"篾鸡蛋"是仡佬族人们就地取材,以楠竹或金竹细篾编制而成的,外形酷似鸡蛋,小的如拳头,而大的宛如足球,一般来说"篾鸡蛋"的重量不超过250克。"篾鸡蛋"还有实心和空心之分,实心"篾鸡蛋"内塞稻草、碎布、旧棉等物,空心"篾鸡蛋"内装铜钱或石子,抛接时还会发出"沙沙"的响声。"篾鸡蛋"的外壳一般会涂上各种颜色,好像一个个彩球。

图7-8 编制好的"篾鸡蛋"

4. "打篾鸡蛋"游戏对儿童发展的价值

(1)有利于培养幼儿手、眼协调能力。"保蛋窝"玩法需要幼儿看准对方"蛋窝"所在的位置,加上手部力量的使用,才能够准确地把"篾鸡蛋"放入"蛋窝"。

(2)可以培养幼儿的团结协作能力。"打斗"玩法需要各队人员之间相互配合,进攻方将篾鸡蛋打在对方身上落下,本方再拿住篾鸡蛋就算游戏成功。

5."打篾鸡蛋"游戏的指导

（1）教师指导幼儿掌握"打篾鸡蛋"的不同玩法，游戏中幼儿可以按照自己的意愿选择不同的玩法。

（2）教师要向幼儿讲述清楚游戏的规则，让幼儿明确游戏规则。

（3）教师指导幼儿相互之间的合作、交流，便于游戏顺利进行。

（六）赫哲族体育游戏："插草球"①

1.赫哲族"插草球"体育游戏的文化背景

赫哲人善于捕鱼，尤善叉鱼。叉草球原是将一个草球扔到水里，一个人用长杆在水中拨打草球，使其在水中游动，叉鱼者用叉来叉水中的草球，叉着即为得胜。后来是让草球在草地上向前滚动，参加者掷叉将其叉住，以叉中多少定胜负。

2.赫哲族"插草球"体育游戏的主要内容

参加游戏者分成甲乙两个组，人数相当，每个队选出一个自己的指挥。用草扎一个如同碗大的草球，凡是参加游戏的人，每人手拿一支扎枪，一声号令，游戏开始，先由甲方一人将草球抛向空中，待草球从空中落下来的时候，全体参加者一齐向前叉草球，哪个组插中，哪个组得分。然后再由乙方一人抛草球。经过多次反复，分数逐渐拉开，得分多的组就胜利了。

图7-9 "插草球"游戏

图7-10 "传球"游戏图片

3.赫哲族"插草球"体育游戏对儿童发展的价值

（1）发展幼儿手眼协调能力和控制能力。

（2）锻炼幼儿手部力量，促进手部大肌肉、小肌肉的发展。

（3）培养幼儿勇敢、不怕困难的良好精神品质。

4."插草球"游戏的指导

（1）教师指导幼儿掌握插草球的技巧，正确使用手部力量。

---

①范乾辉：《民族传统体育与跳跃投掷类游戏》，载《科技资讯》2016年第18期，第136页。

(2)教师引导幼儿轮流交换角色。

(3)教师强调游戏中的安全问题。

5."插草球"游戏的创新

(1)"插草球"游戏有安全隐患,因此把叉子换用呼啦圈,"圈球"游戏。

(2)增加游戏规则,确定轮流角色的规则。

三、幼儿园传统民间体育游戏浸润式教育途径

《幼儿园教育指导纲要(试行)》指出,"要科学合理地安排一日活动",并且使安排的一日活动做到动静交替,各个活动能自然、不突兀地过渡。尽量减少幼儿的无效等待时间。民间游戏较其他游戏而言,最大的特点就是自主性较强,它不受人数、场地和时间的界限。我们教师只要做到给幼儿提供丰富的游戏资源供他们自主选择,教会他们一些简单的游戏规则,幼儿就可以利用他们在一日活动中的点滴时间自由游戏。

(一)传统民间体育游戏在五大领域课程中的渗透

1. 传统民间体育游戏在社会领域课程中的有效渗透

(1)传统民间体育游戏"小马运粮"。这个游戏以故事介入,利用故事的内容激发幼儿共情"小马"及产生助人为乐的意愿,于是孩子们变身"小马"去运粮。运粮的路途中一共经过四个地方,第一个进入森林,它要绕过树桩(小椅子)走出森林,第二个是跳过一个小土堆(沙袋),接下来是要爬过一块草地(软垫子),最后要跨过一条河(两根绳子)。现在的孩子从未吃过苦,许多事情都是大人一手包办,遇到困难就会束手无策,因此,从小应该培养孩子的独立意识,在熟悉了小马运粮的这个故事后,激发幼儿在游戏活动中的共情心理、竞争意识和助人为乐的能力,孩子们将通过爬、钻、绕,建立战胜困难克服困难的决心和信心,在游戏过程中小朋友们学会了互帮互助、团结合作,在今后的生活中勇于面对困难。

图 7-11 空中小马运粮

(来源:邯郸市委机关幼儿园)

图 7-12 捉迷藏

(来源:邯郸市委机关幼儿园)

(2)"捉迷藏"游戏①,是多个幼儿一起玩,幼儿自己分配好角色(即躲和找)。可以是幼儿自己商量轮流担当不同角色,也可以是幼儿用"石头剪刀布"决定,赢的幼儿就是躲的人,输的幼儿就负责找。

游戏开始时,负责"找"的幼儿背对"躲"的幼儿,不准许偷看"躲"的幼儿,否则就是违反游戏规则。负责"躲"的幼儿快速找到隐蔽的地方躲起来,躲起来的幼儿快速和同伴们相互换外套,目的在于让找的幼儿产生视觉混淆,增加游戏的难度。几分钟后,负责"找"的幼儿开始去找"躲"的幼儿。幼儿在躲和藏的过程中,需要不断奔跑,这可以促进幼儿的动作发展,并使其具有一定的力量。培养幼儿团结协作的能力,幼儿需要协商哪些地方更隐蔽,不容易被发现,才能够使得游戏时间延长。可以培养幼儿的自控能力和注意力,"躲"的幼儿要控制自己不发出任何声音,"找"的幼儿要集中自己注意力尽快找到"躲"的幼儿。在游戏过程中,还可以让两个幼儿一起找藏的幼儿,稍微改变一下游戏规则。让两个找的幼儿相互合作,躲的幼儿也会更加谨慎。整个游戏过程,在锻炼幼儿动作协调性的同时,都需要儿童之间相互合作、相互理解,通过商议决定角色分配才能够完成整个游戏。在玩耍期间通过合作、分享等游戏体验促进儿童亲社会性的发展。

2. 传统民间体育游戏在语言领域中的有效渗透

(1)"木头人"游戏。② 当一个幼儿宣布游戏开始后,所有幼儿一起边走边念儿歌:

我们都是木头人,

不准说话不准动,

不准走路不准笑。

当儿歌念完后,幼儿就不能够再动了,只能保持姿势不变。若是有幼儿动了,那么动了的幼儿则算游戏失败。"木头人"游戏在语言的刺激下锻炼幼儿的自控能力,幼儿要控制自己不动才能够取得游戏的胜利。我们还可以在幼儿念儿歌时候可以按照自己想法,自由地做动作,在游戏中增强幼儿动作灵敏性的同时发展幼儿的语言表达能力及理解能力。

(2)"编花篮"游戏。③ 该游戏至少需要三个幼儿参加,一般3~6人最

---

①梁小丽:《幼儿园游戏理论与实践:贵州民族地区幼儿园儿童民间游戏的应用》,西南交通大学出版社2018年6月版,第105页。

②同上书,第104页。

③同上书,第109页。

图7-13 "我是一个木头人"游戏(来源:邯郸市委机关幼儿园)

为适宜。首先幼儿站成一个圈,手依次搭在前面幼儿的肩上,幼儿伸出右脚,依次勾住前一个幼儿脚弯曲的部位,直到最后所有的幼儿都已经勾完。在游戏过程中,幼儿还要一边玩游戏,一边念儿歌:

编、编、编花篮,
花篮里面有小孩,
小孩的名字叫花篮,
站得稳,跳得齐。
马兰花开二十一,
二五六二五七,
二八二九三十一,三五六三五七,
三八三九四十一;
九五六九五七,
九八九九一百一。

游戏中,若是有幼儿的脚掉下来了,这个幼儿算游戏失败,则退出游戏,其他幼儿继续游戏。幼儿做动作同时念好听有趣的童谣,使得幼儿情绪愉悦,增加游戏兴趣,在锻炼动作的同时发展幼儿的语言能力以及感受语言的魅力。

3. 艺术领域中的有效渗透

(1)"跳竹竿"游戏。"跳竹竿"也叫"打竹舞",是黎族的民间体育游戏之一。每逢过年过节,黎族同胞便身着艳丽的民族服装,欢聚在广场上,跳起"打竹舞"来。跳竹竿时,8根长竹竿平行排放成四行,竹竿一开一合,随着音乐鼓点的节奏,不断地变换着图案,4~8名男女青年随着或快或慢的节奏,在交叉的竹竿中,灵巧、机智、自由地跳跃,当竹竿分开时,双腿或单脚巧妙地落地,不等竹竿合拢又急速跃起,并不时地变换舞步做出各种优美的舞蹈动作,参加舞蹈的青年男女,一边跳舞一边由小声到大声地喊着:"哎——

喂、哎——喂",大大增添了热烈气氛。幼儿在游戏的过程中,发展身体动作的平衡性、协调性以及灵敏性,同时感受到音乐的魅力,动作伴随着音乐的节奏进行,音乐的灵动性更让幼儿积极主动、愉快地参与游戏活动,体验到与同伴合作游戏带来的快乐。

(2)"丢手绢"游戏。游戏开始前,大家利用"石头剪刀布"或其他的方法推选出一个丢手绢的小朋友,其余的人围成一个大圆圈蹲下。游戏开始,大家一起唱起"丢手绢"歌谣,被推选为丢手绢的人沿着圆圈外行走或跑步。在歌谣唱完之前,丢手绢的人要不知不觉地将手绢丢在其中一人的身后。被丢了手绢的人要迅速发现自己身后的手绢,然后迅速起身追逐丢手绢的人,丢手绢的人沿着圆圈奔跑,跑到被丢手绢人的位置时蹲下,如被抓住,则要表演一个节目,可表演跳舞、讲故事等。如果被丢手绢的人在歌谣唱完后仍未发现身后的手绢,而让丢手绢的人转了一圈后抓住,就要做下一轮丢手绢的人,他的位置则由刚才丢手绢的人代替。丢手绢游戏过程中,童谣的加入增加了游戏的趣味性,幼儿在唱的过程中锻炼了跑的动作,既培养了幼儿的音乐感,又增强了幼儿的体质。幼儿在轻松、愉悦的环境中结束活动,让幼儿意犹未尽,期待下次活动。

图7-14 "丢手绢"游戏(来源:邯郸市委机关幼儿园)

4.传统民间体育游戏在科学领域中的有效渗透

(1)"老狼老狼几点了"游戏。参加游戏的幼儿可以拉手围成圆圈,老狼站在圈的中间。这个传统游戏中,我们可以进行创编加入一个元素"时钟",游戏开始首先来感知钟面,通过讨论发现1到12的数字及数字的排列规律;游戏开始拉手围圆的孩子开始转圈走动,并齐声问:"老狼老狼几点了?""老狼"则将时钟的表针拨到一点,举起并回答说:"一点了。"然后又问:"老狼老狼几点了?"老狼回答说:"两点了。"这样继续下去,直到"老狼"回答"天黑了"或"12点了"时,孩子就可以四散跑,"老狼"报表盘放在地上转身追捕。

孩子们在游戏中不仅锻炼了四散奔跑的能力,而且还认识了整点时间,培养幼儿的数字概念。

图7-15 "老狼老狼几点了"游戏(来源:邯郸市委机关幼儿园)

(2)"踩影子"的游戏。幼儿排成两纵队,观察每个小朋友的影子,小朋友走到哪里,自己的影子就跟到哪里,引导幼儿找自己的伙伴做踩影子的游戏,一人踩,一人想办法躲避,不让别人踩到自己的影子。

幼儿在游戏中通过自己的躲、闪、跑,尽量不让自己的影子被伙伴给踩住。游戏中不仅发展幼儿躲闪能力而且幼儿能够初步感知影子与光的关系,发现有光的地方才有影子,获得有关影子的具体经验,体验与同伴合作探索的乐趣。

5.传统民间体育游戏在健康领域中的有效渗透

球类运动是传统民间体育经典游戏之一。孩子对球类运动的喜欢可以说是天生的,在孩子面前放一个球,孩子都会本能地用小脚去踢或小手去碰。球类运动不仅符合孩子的生理、心理特点,更是有利于孩子的身心发展。首先,球类运动促进孩子手眼协调。球类运动的玩法很多,运球、踢球、接球、拍球,每一种玩法都是让孩子全身心参与运动,起到全身锻炼的作用,更重要的是手、眼要协调,起到强身健体、促进大脑发育的作用。其次,球类运动促进孩子运动协调能力的发展。玩球的时候需要跑、跳、拍,这些动作的多次反复,可以帮助孩子发展运动技能,提升孩子的运动协调能力。再次,球类运动可以提高孩子的判断能力。孩子要想玩好球类运动,就必须要判断好球的运动方向,看清对手将球踢向哪里,从而快速做出反应,只有这样才能接到球,才能继续游戏,这样多次反复,可以对孩子的头脑判断能力起到很大的帮助,提升孩子的判断能力。最后,球类运动可以提升孩子的团体合作精神,促进人际关系的和谐、融洽。

第七章 幼儿园传统体育文化浸润式教育

图 7-16 拍球、羊角球比赛（来源：邯郸市委机关幼儿园）

图 7-17 拍球 S 路线走、足球赛（来源：邯郸市委机关幼儿园）

附：球类体育游戏列表[①]

表 7-1 球类体育游戏汇集

球类名称	游戏名称	游戏规则与玩法	适合的年龄段
皮球	好玩的皮球	1. 每个幼儿一个球，看谁拍的球多 2. 互动时引导幼儿探索皮球还可以怎样玩 3. 引导幼儿发掘一种皮球有趣的玩法，并进行正确示范，然后请幼儿练习玩法	小班
	蚂蚁搬豆	老师介绍游戏的玩法，将幼儿分组，每两人一个小组，站在同一条起点线上，两个小朋友用背夹上球学一学螃蟹走路，以哨声为准，到达终点后原路返回，交给下一组小朋友，依次进行，最先完成一轮的一队获胜，途中皮球掉下来，应放回身体原位继续前进	小班

[①] 湛自强：《足球游戏对 5~6 岁幼儿粗大动作发展的实验研究》，云南师范大学 2021 年体育专业硕士论文。

续表 7-1

球类名称	游戏名称	游戏规则与玩法	适合的年龄段
皮球	夹球走跳	幼儿每人一个皮球,将球夹在两只脚内侧,站在起点线上,听到教师口令后,幼儿以最快的速度向终点线方向跳,以最快跳到终点线的幼儿为胜;或将幼儿分为几组,排头的幼儿把球夹好,听到教师口令后,迅速地往终点线跳,到点后将球抱着回来交给下一个幼儿,交完球的幼儿站在本队队尾,以此类推,以最快跳完的小组为胜	小班、中班
篮球	赶小猪	幼儿分组纵队站好,游戏开始,每组幼儿沿各自跑道起跑,沿途钻圈三个,用羽毛球拍赶动篮球向前行进,再绕过障碍物至折返标志处,返回至起点,以先者为胜。钻圈时,要求将圈从头钻至脚下。只有第一排幼儿拿球和棍。第一排将"小猪"赶到指定的终点,再赶回来,交给第二排的幼儿,然后排到队尾后面。幼儿依次游戏,比一比,看哪一组的"小猪"最听话,哪一组的速度最快 注意:赶小猪时,手不能碰球,球不能离拍	小班
	小猴滚球过隧道	幼儿分成两队,相对站立,两人一组为一队,两手搭在对方的双肩上,上体前倾,做成"隧道"。两脚分开,"小猴"把球滚进"隧道",随即一前一后,依次钻进"隧道",当球滚过"隧道"后,两人再将球从"隧道"内滚回,并在"隧道"尾部搭成"隧道",排头一队"小猴"接球后立即向"隧道"内滚球,然后重复第一对小猴的动作。游戏依次进行,直至最后一对小猴滚完球钻出"隧道"。练习边滚球边向前走,提醒幼儿不要走得太快,不要碰到同伴	小班、中班
	小猪闯关	1. 幼儿弯腰双手推滚小猪(篮球)直线走 2. 幼儿沿着"S"形的线弯腰双手推滚小猪前进 3. 幼儿推滚小猪滚过平衡木。 规则:幼儿在地滚球的过程中双手不可以离开小猪	小班、中班
	攻城	将积木(或者轮胎)垒高扮成"城墙",比如第一层4个,第二层3个,第三层2个,第四层1个。让孩子站在两米远的地方扔球,"城墙砖块"倒得越多,得分越高。当孩子用一只球将所有的积木(或者轮胎)都掷倒的时候,城就攻下来了	小班、中班

续表 7-1

球类名称	游戏名称	游戏规则与玩法	适合的年龄段
篮球	点炮仗	幼儿分组进行游戏,一组运球去点炮仗(奶罐),炮仗点着了在它爆炸以前我们要运着球找个安全的地方躲起来,另一组幼儿运着球去吹灭炮仗(推倒奶罐),两组幼儿重复点炮仗,重复吹灭炮仗 规则:在点炮仗时和吹灭炮仗时不可以停止拍球	大班、中班
	"传"越火线	请幼儿面对面拉开距离站成两排,胸前传接球,让球从线上穿越,对方来接球 规则:传接球时动作要规范,不可以出现双手抛球和抱球	大班
	你攻我防	请幼儿分成A、B两组来进行游戏,先由A组的小朋友来运小猪(篮球)攻向猪圈(呼啦圈),途中B组的小朋友来防,如果A组的小朋友能顺利将小猪运回猪圈那么就记录A组得一分,但如果途中让B组的小朋友抢断了小猪那就记B组得一分。比完一轮后A、B交换角色来进行第二次比赛,最后大家一起来数数算算哪一组胜利	大班
足球	小熊运南瓜	故事引入,小熊种了很多南瓜,秋天丰收了,现在将南瓜运回家,用脚运球绕过塑料瓶子障碍物,在场地对面摆放拱形桥作为小熊的家 规则:在游戏过程中不能用手抱球跑	中班
	听话的球球	老师指定位置小朋友开始运球,一吹哨子就马上把球用脚踩住停下来,能用脚停下来的为胜利者,继续参加比赛,不能用脚停下来的为失败者,淘汰出局,还能坚持到达终点者为赢,赢的小朋友得到老师笑脸 注意:及时指导与纠正小朋友停球动作,怎样才能停好球。然后再进行第二次游戏比赛	小班、中班
	跃过龙门	1. 将幼儿分组,第一个幼儿把足球运到牛奶箱后,第二个幼儿开始出发 2. 将足球踢进呼啦圈后,在呼啦圈内踢球进足球框的就赢 3. 先后有序地排队进行游戏	中班、大班

续表 7-1

球类名称	游戏名称	游戏规则与玩法	适合的年龄段
足球	足球小子	1. 讲解比赛规则：分两队，每队有一位守门员；胸饰同一颜色为的是同一队队员；比赛时将球射进对方球门才得1分；不能推、抓对方队员，手不能直接触球，违反规则将处以点球 2. 分组进行球赛（教师做裁判，适当调整比赛，提醒幼儿遵守游戏规则）	中班、大班
	赶着球儿跑	规则玩法：教师讲解，幼儿自由练习本领（双脚自由交替控球），吹哨集合，集合后跟老师节奏练习直线行进间双脚交替控球，最后分成四组进行比赛，直线行进间双脚交替控球到标识条上定点射门后跃龙门捡球。（射门距离2米、3米，龙门高度 30 cm）	大班
羊角球	我爱羊角球	1. 呼啦圈先摆放好 2. 幼儿边推羊角球边过障碍物 3. 根据呼啦圈的摆放，坐到羊角球上跳过呼啦圈	小班、中班、大班
	海豚夹球	幼儿用腿部夹着羊角球向前爬行进行比赛。分成三关，每一关有相对应的胜利者，胜出的小朋友可以继续闯关，最后的赢者可以获得冠亚军奖牌。第一关：幼儿直接夹着"海豚"从起点爬到终点；第二关：幼儿沿着"S"形线的障碍物夹着"海豚"（羊角球）前进。第三关：夹球来回运送规定的食物到篮子里 规则：在运送"海豚"的过程中，球不能掉	中班、大班
	螃蟹转	幼儿用自己的腹部（肚子）为身体的轴心，使身体平趴在羊角球上转动，看谁转的时间长，转得最稳，在教师的指令下，进行时针或顺时针转动，也可趴着不动，看谁趴的时间长，只能以腹部为轴转动，不能用手脚支撑转动	中班、大班

6. 每一个领域教学开始阶段的有效渗透

在每一个领域教学开始的阶段导入传统民间体育游戏，可以激发幼儿的兴趣，集中幼儿的注意力。如美工活动前，和幼儿做手指游戏：

一个手指头呀，变呀变呀变，变成毛毛虫呀，

上爬爬，下爬爬，左爬爬，右爬爬；

两个手指头呀,变呀变呀变呀,变成小剪刀呀,
上剪剪,下剪剪,左剪剪,右剪剪。

我们可以根据领域的活动内容,将民间体育游戏与教学内容做适当的整合,让幼儿置身于游戏的情境中,达到具体活动的培养目标。民间体育游戏教育资源在各领域教学中的渗透能扩展幼儿园教学资源,丰富教学内容,激发幼儿学习兴趣和探索望,于无形中传承民族文化。

(二) 传统民间体育游戏在一日生活过渡环节的渗透

幼儿园一日生活过渡环节包括入园后、离园前、进餐前、午睡前等时间,时间较短,我们可以有效利用这些时间将传统民间体育游戏渗透。我们可以选择一些不受时间和空间限制的民间体育游戏,既可以使各个环节过渡自然,同时也能促进幼儿的发展。

1. 入园晨间活动

幼儿入园后先在操场上自选器械进行体育锻炼,接触到户外的新鲜空气和温暖的阳光,慢慢活跃了幼儿的神经系统、呼吸系统和心血管系统,然后在专职体育教师带领下进行器械操、武术操或太极操等活动,家长和老师的加入为幼儿营造出"全民"运动的氛围,即使在寒冷的冬天,幼儿也愿意提前入园加入晨间锻炼活动。经常接触户外活动,使幼儿有机会接受稍冷、稍热或有风天气的锻炼,会对环境有更强的适应能力,幼儿的情绪也将更加积极和稳定,同时孩子们也能够很快融入新的人际关系环境。以一周为周期,将走、跑、跳、投掷等活动均衡地分布在一周时间内,促使幼儿不断改进走、跑、跳等基本动作的质量,获得相关的经验,从而促进身体的均衡发展。[1] 四季转换、天气的变化都为体育教学活动创造了契机,用自然力提高幼儿身体对外界环境变化的适应能力,增强幼儿对疾病的抵抗能力。

2. 进餐前活动和离园前活动

进餐前的活动时间和离园前活动时间都不是很充足,活动地域和活动人员也都受限制,因此不适合做身体活动量大的活动。我们可以选择一些不受时间和空间以及人员限制的游戏,既可以使各个环节过渡自然,同时也能促进幼儿发展的传统民间体育游戏。如进餐前可以进行指星星、黑白配、猜手指、翻手绳以及手指游戏等,发展幼儿听觉能力、手部小肌肉或手眼协调能力,创设温馨的进餐环境;离园前也可以利用这些游戏稳定幼儿情绪,

---

[1] 邵谦:《幼儿园浸润式体育活动中教师支持性教学策略的研究》,载《儿童与健康》2019 年第 7 期,第 15~16 页。

获得愉快的心情和体验,有助于幼儿安静有序地离园。

3. 午睡前活动

幼儿园午餐后至午睡前这段时间是不可缺少的环节,我们根据以静为主、动静交替的原则,合理地多形式地组织安排幼儿活动,例如,脚跟脚尖踢、大雨小雨、红灯路灯小白灯等传统民间体育游戏,避免剧烈运动,有助于午餐的消化和吸收,预防积食,发展幼儿合作能力,稳定情绪,有助于睡眠。

图7-18 "炒豆豆""捞小鱼"游戏(来源:邯郸市委机关幼儿园)

一日生活过渡环节及相应开展的民间游戏种类与目的具体见表7-2:

表7-2 民间游戏种类与目的

一日生活过渡环节	适合开展的传统民间体育游戏	游戏目的
入园晨间活动	老鹰抓小鸡、老狼老狼几点了、滚铁环、跳绳、跳房子、跳竹竿、丢手绢等	适应新环境,保持愉快的情绪,融入新的人际关系环境
进餐前活动	手指游戏、抓五子、拉大锯、翻绳、黑白配、剪刀手头布、打手背、指星星、脚跟脚尖踢等	创设温馨的进餐环境,发展小肌肉或手眼协调能力
离园前活动		预防积食,发展幼儿合作能力,稳定情绪,有助于睡眠
午睡前活动	捞小鱼、找朋友、木头人、炒豆豆、钻山洞等	稳定情绪,获得愉快的心情和体验,安静有序地离园

(三)传统民间体育游戏在户外大区域活动中的渗透

幼儿园开展传统民间体育游戏的必要条件是要拥有一个良好的环境,包括场地、设施、器材、时间等,这就需要不断完善幼儿园的硬件设施。首先,我们可以创设一个较为固定的游戏场地,与户外大区域活动有效融合起来,以班级为单位轮流到固定的游戏场所,在老师的引领下做预设的传统民间体育游戏。如丢手绢、滚铁环、投房子、老鹰抓小鸡等游戏。见表7-3。

表7-3 户外大区域活动场地

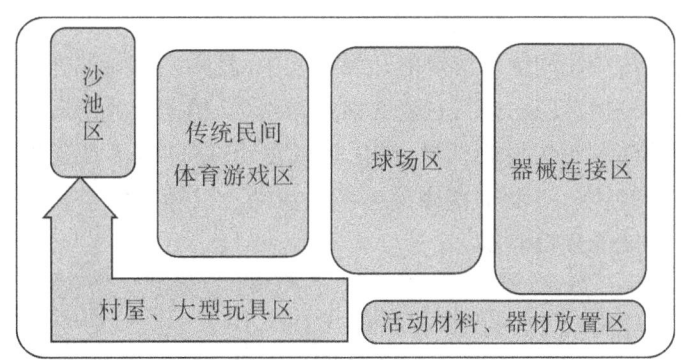

表7-4 中班年级组学期计划安排表

	周一	周二	周三	周四	周五
入园活动	户外自由大区域				
上午	区域下的户外活动:以班级为单位轮流活动				
	中一	中二	中三	中四	中五
	中五	中一	中二	中三	中四
	篮球游戏	传统民间体育游戏	体育专课活动	沙池乐园	器械连接
	教育活动				
餐后活动	轻音乐、散步、手指游戏、小游戏、谈话等活动				
下午	教育活动				
	户外自由大区域				
常规培养	家长配合事项				

其次,区域活动具有自主性、自由性、个性化等特点,可以在户外的角落放置一些活动材料,配备相应的器材和设施,为传统幼儿体育游戏在幼儿园的开展提供充足的物质保障。鼓励幼儿开展传统民间游戏。鉴于户外区域

活动具有自由性、指导间接性等特征,可以充分发挥和挖掘幼儿参与传统民间游戏活动的潜能,根据游戏的具体需要,自制游戏材料,体现出教育的创新,激发幼儿的想象力与创造力。[1]

最后,在传统民间体育游戏的开展过程中,教师应该对幼儿的游戏和活动的情况随时进行观察,进行正确的引导与帮助,根据幼儿游戏情况的发展变化,不断调整游戏的投放材料,优化区域设计,使区域活动更加针对幼儿的发展需求和特点,不断丰富和深化区域活动。以幼儿的全面发展为最终目标,促进游戏的良性发展。

图7-19　户外器械区(来源:邯郸市委机关幼儿园)

(四) 传统民间体育游戏在主题教育活动中的渗透

主题活动目前已经成为实施幼儿园课程的一种主要形式,因此,传统幼儿体育游戏要与主题活动进行有机结合。幼儿教师要精心挑选那些主题有意义、与幼儿经验联系紧密、能吸引幼儿参与的传统幼儿体育游戏,将其纳入幼儿园主题活动计划,拓展幼儿园课程的内容,使传统幼儿体育游戏整合到幼儿园现有课程体系中。

将传统民间游戏融入幼儿园主题活动中,使二者有效结合。下面用具体的案例说明二者是如何融合的。

主题活动——中秋享乐会

活动目标:积极参与中秋节的民俗体验活动,感知传统文化的丰富内涵。

活动时间:9月17日上午9:00。

参加人员:穿汉服的大班幼儿。

---

[1] 李彩霞,赵桑前:《传统民间游戏在幼儿园一日活动中的实施策略探讨》,载《课程教育研究》2019年第42期,第180~181页。

表 7-5 "中秋享乐会"项目具体安排

项目	场地位置	物品准备	活动玩法
投壶	树屋滑梯前空地	花桶 3 个、一米线、羽箭 54 根（2 场）、小贴纸	1. 小朋友需出示体验卡,盖章后再进行游戏 2. 游戏分 3 组,每位教师负责一组 3. 每为小朋友 6 根羽箭,站在一米线外,投中即可获得一个小贴贴(奖品)
猜灯谜	国旗台东侧两树之间	绳子、灯笼、灯谜纸条若干	1. 每位小朋友可到灯谜区挑选 1 个灯谜,自行取下 2. 取下灯谜后找老师盖章、猜谜、兑奖
后羿射日	操场东	儿童弓箭（弓 8 把、箭 24 根）、自制大小太阳 10 个、一米线	1. 小朋友需出示体验卡,盖章后再进行游戏 2. 小朋友领取 3 根箭,站在 1.2 米线外进行游戏 3. 小朋友将 3 根弓箭,射中 3 个太阳为胜利
众星拱月	操场西南角	粘粘球 50 个、轮胎(涂色)、蓝色筐子 4 个	1. 游戏分 2 组,每位小朋友 5 个粘粘球,站在线外 2. 将球依次投进轮胎孔内即为胜利,投掷时不得越过起止线 3. 游戏结束后,捡回散落的球,找老师盖章
手可摘明月	操场西两树之间	小铃鼓 10 个	1. 小朋友们自主参与游戏 2. 向上蹦跳,手拍铃鼓

儿童民间游戏以不同的途径和方式融入幼儿的全部生活中,这几种方式是彼此渗透互补并密不可分的,相互关联着,而不是各自孤立的,它们侧重于幼儿身心全方面的发展。在幼儿与周围环境相互作用的过程中,这些不同的教育活动方式组成并充实了幼儿的完整生活,促进幼儿身心全面和谐的发展。①

图 7-20 "后羿射日""手可摘明月""投壶"活动(来源:邯郸市委机关幼儿园)

---

① 巩玉娜:《传统民间游戏与幼儿园课程构建》,山东师范大学 2012 年学前教育专业硕士论文。

第二节　幼儿园太极文化浸润式教育

《周易·系辞》提出："太极,易有太极,是生两仪。"又《太极图说》开篇即言"无极而太极",意思是"太极本无极",也就是说太极是万物的本原。太极文化作为中华优秀传统文化之一,有着鲜明的文化符号,蕴藏着东方文化内涵,它是一代一代前人的基础上不断发现、发明创造积累得来的。它的发展在不断变化中螺旋上升,这个持续发展的过程既体现出中华民族的民族性,又在一定程度上反映出时代性。太极文化的文武之道、阴阳之道、中和之道、刚柔之道、疾缓之道、弱强之道、天人合一之道,涵盖了古老东方的传统智慧,是一个自成体系的独立文化群。① 将太极文化引入现代幼儿园教育不只是进行幼儿园太极文化体系系统构建,同时可以对幼儿园课程文化进行丰富,促使其产生幼儿园太极文化浸润式教育意义。

一、幼儿园太极文化浸润式教育意义

(一) 感知太极文化,强身健体,传承传统文化

太极拳历史悠久、底蕴深厚,是中华民族传统的强身健体方式之一,《易经》中"阴阳之理、中医经络学",融合道家气息的"导引""吐纳"完全符合人体生命活动规律和大自然变化规律。太极拳的运动特点:中正安舒、轻灵圆活、松柔慢匀、开合有序、刚柔相济、以柔克刚,以静待动,以圆化直,以小胜大,动如"行云流水,连绵不断"。经医学、生理、生化、解剖、心理、力学等多学科的研究证明,太极拳不仅对人的生理机能、身体素质和控制行为的情绪、毅力等心理素质有明显良好作用,而且还能恢复和强盛人的心、肺、肝等器官的正常功能。② 3~6岁的幼儿正处于发育的黄金时期,骨骼、肌肉、韧带的结构和功能还没有发育完善,身体的各方面素质都需要锻炼,通过练习太极拳可以刺激骨骼生长,不仅能锻炼幼儿的肌肉、韧带的柔韧性,还能提高他们的反应灵敏度,使身体各方面素质得到很好的提升,身体更加健康,不容易生病。

太极拳可以让人拥有一个通透的身体,像镜子一样去感受这个世界,它

---

① 黄继林:《太极文化在校园文化建设中的价值研究》,载《农家参谋》2020 年第 21 期,第 289 页。
② 陆克俭:《幼儿园早操的改革思考与实践创新》,载《早期教育》(教师版)2011 年第 Z1 期,第 7~8 页。

具有"内外合一""形神兼备"的特点。幼儿在练习太极拳的历程中,内外兼修能够感受到很多做人的道理,平和礼让便是其中之一,长期坚持,更能稳定情绪,培养良好的自控能力,提升自信心。同时,幼儿的生理、心理、思维等方面也会得到迅速发展,早期运动兴趣的形成将直接影响到他们太极文化意识的发展。因此,在幼儿期开始进行太极文化方面的熏陶和教育有益于幼儿身心健康发展,同时会产生对传统文化的亲近感,萌发对于祖国文化的热爱和民族自豪感。[①]

(二)浸润其中,家园一致,促进亲子之情

在当今稳定和谐的社会中,在美丽的晨曦和晚霞中,我们到处可见打太极拳、练太极剑和太极扇的人们,他们穿着统一的传统衣饰,手拿传统器械,在传统的音乐中练习,孩子们通过五官感受到音乐的美及其动作的美,沉浸在其中,有的幼儿跃跃欲试,有的幼儿痴迷观赏。太极的艺术性、观赏性、趣味性,大家有目共睹,它已经不是老人的专属,各年龄段都有兴趣学习。练习太极扇讲究静心、沉着、内省,幼儿在练习过程中,充满了好奇心和求知欲,一边沉浸在艺术的海洋中陶冶情操,一边自控中性情稳定、心情愉悦。随着音乐舒缓走势,或你来我往"随曲就伸""舍己从人",或两两推手"粘连黏随",成为一种融洽感情、乐此不疲的交流情感的活动。正如《大趋势》一书中提到的,"每当一种新技术引进社会,人类必然要产生一种加以平衡的反应,也就是产生一种高情感"。太极以静心养性,动中求静的运动方式,作为一种高情感活动是非常可取的。

我们的孩子和老人聚在一起练习太极拳、太极扇或太极剑时,创造了一种全新的"环境",民主、文明的练拳、交流、说笑,和谐、自由、相互尊重,其乐融融。在切磋中练习,不仅锻炼了身体,而且以其绵缓斯文的运动风格增强人与人和谐相处的观念,促进了亲子之情。

(三)加强教师素养,一呼一吸,弘扬民族精神

太极文化进校园以后,教师便成为传承太极文化的重要载体,教师们必然会进行太极文化的学习,必然会与太极高手"零距离"接触。教师们学习太极拳,从无到有,从有到精,每招每式,每拳每腿都要精心练习,虚心请教。教师们可以利用课余时间互相切磋、加强练习,还可以利用寒暑假、节假日组织开展太极拳比赛活动,以此加强教师学习太极的热情,提高对太极文化的认识,增强教师素养。于是教师在领悟太极博大精深文化内涵的同时,便

[①] 唐娟娟:《幼儿园武术教育浅谈》,载《考试与评价》2016 年第 6 期,第 60 页。

会引领幼儿了解中华传统文化的博大精深。教师在进行教学时,需要将太极书面化的教学语言变成生动的幼儿特有语言,并通过动作真实的演练形式来引发幼儿的兴趣,触动幼儿主动学习的能力和天生的模仿能力,进而帮助幼儿掌握正确的太极运动动作,理解每一个运动指令。教师与幼儿之间的互动,以及太极刚柔并济的招式,调动幼儿的精、气、神,使幼儿得到健康的体魄与积极向上的精神,建构出优良的心理品质,丰富太极文化内涵,推进素质教育向纵深发展。

太极文化不仅仅是一种教育,更是一种生活方式,一招一式间,传承的是传统武德,一呼一吸间,弘扬的是民族精神。幼儿是一张白纸,幼儿教育中的每一种色彩、每一个图案都是在教师的引导和帮助下绘制的。因此,幼儿素质的提升必然会受到教师素养的影响,教师积极借助我国特有的太极文化来开展幼儿教育,必然促使幼儿在参与太极文化的过程中感受到东方文化内涵,中华文化的博大精深,进而在演练过程中实现知识、体能、民族自信的全面提升。

(四)丰富课程资源,一招一式,构建园本课程

自教育部发布《完善中华优秀传统文化教育指导纲要》以来,幼儿教育领域中,开始挖掘传统民间活动中的重要内容来丰富幼儿园课程资源。其中传统民间游戏和民族体育活动的教育价值的开发就是其中的一个重要内容,包括太极文化,其内容的丰富性、多样性、系统性也为丰富幼儿园体育活动的内容和形式提供可能。

《幼儿园工作规程》规定:"幼儿园应当积极开展适合幼儿的体育活动,正常情况下,每日户外体育活动不得少于1小时。"在这1小时体育活动中,太极拳、太极剑、太极扇及太极武术操等作为一项有益于幼儿身心健康发展的体育活动,应占有一席之地。同时在实践过程中,幼儿太极文化课程遵从《幼儿园教育指导纲要(试行)》的规定,在健康领域里,与语言、社会、科学、艺术等其他四个领域的内容相互渗透,同时促进幼儿知识、情感、态度、能力、技能等方面的健康发展。

太极进校园(幼儿园)活动,把太极文化融入幼儿园的体育活动,在提升幼儿身体素质和心理素质的同时,使其深入了解中华传统文化的博大精深,推动素质教育的全面发展。

(五)提升文化自信,认同自律,建构和谐社会

太极文化源于中国周易文化的阴阳论,又受到中国道教"道法自然"、儒学"中庸"文化的深刻影响,并结合了兵家的虚实论,中医的经络、俞穴、气血、导引,藏象学说等中华优秀传统文化的精髓,太极在中国哲学中,也被当

作融合和包含一切事物在内的形而上的哲学本原范畴,很多符号都可以算在太极体系内,如阴阳、五行、八卦、气、运、意、形等。太极文化的本质也是调和矛盾、化解矛盾,在矛盾中找寻一种微妙的平衡,最终达到"天人和谐""天人合一"的至高境界,是探讨人类高尚生活的规律。① 在信息时代飞速发展的今天,文化自信沁入人心,追其本质,终是追求一种人与自身、人与自然社会的和谐思想,一条和谐共存发展的道路。而太极文化无论是从技术层面来讲,还是从思想层面、理论层面来讲,都时时刻刻传达着这种和谐的理念和价值。因而我们坚信太极文化,坚持太极运动,就是在坚持中华优秀传统文化,就是坚持文化自信。太极文化不仅是中华优秀传统文化孕育的优秀产物,也是提升文化自信的象征。

二、幼儿园太极文化浸润式教育内容

太极文化是中国传统文化,具体来说,太极文化包括太极拳、太极扇、太极武术操、太极成语操、太极亲子操。

(一)太极拳

太极文化是中华文化宝库中夺目的瑰宝,而太极拳是太极文化在武术上的结晶。太极拳是中华民族传统文化传承的一个特殊载体,更是青少年儿童极好的运动项目。见表7-6。

表7-6 少儿太极拳动作要领

少儿太极拳 (选自中央电视台少儿频道《智慧树》)			
序号	分解动作	动作影像	分解提要
(一)	起势		1. 左脚开立 2. 双臂前举 3. 屈腿按掌
(二)	抱球		1. 转体撒手 2. 抱手收脚

---

① 高金鹏:《健康中国背景下太极拳和太极文化的推广策略》,载《武当》2021年第4期,第368页。

续表 7-6

序号	分解动作	动作影像	分解提要
（三）	左揽雀尾		1. 左侧上步 2. 弓步推掌
（四）	抱球		1. 转体撤手 2. 抱手收脚
（五）	右揽雀尾		1. 右侧上步 2. 弓步推掌
（六）	捋		1. 体回后坐 2. 侧身回捋
（七）	挤		1. 转体搭手 2. 弓步前挤
（八）	单边		1. 转体勾手 2. 转体上步 3. 弓步推掌
（九）	提手		1. 转体后坐 2. 勾脚提手

续表 7-6

序号	分解动作	动作影像	分解提要
（十）	独立打虎		1. 勾脚提腿 2. 分掌提捶
（十一）	掩手肱捶		1. 屈蹲开步 2. 正体搭手 3. 左右肱捶
（十二）	抱球		1. 转体撤手 2. 抱手收脚
（十三）	白鹤亮翅		1. 跟步抱手 2. 后坐转体 3. 虚步分手
（十四）	收势		1. 翻掌分手 2. 垂臂落手 3. 并步还原

（二）太极扇

太极扇是一种风格独特的武术健身项目，它融合了太极拳与其他武术项目、舞蹈的动作，太极与扇的挥舞动作结合，刚柔并济、可攻可守，充满了飘逸潇洒的美感与武术的阳刚威仪，是同时具有观赏性及艺术性的健身运动。接下来，以歌曲《中国功夫》为例，分解太极扇的动作要领。见表 7-7。

表 7-7　太极扇动作要领

太极扇			
歌词	分解动作	动作影像	分解提要
卧似一张弓	起势 （开步抱扇）		1. 左脚开步抱扇，两手环抱胸前 2. 扇骨竖直，扇顶向上
站似一棵松	斜飞式 （侧弓步举扇）		1. 分手划弧，提脚抱手 2. 右脚向右开步，两手交叉 3. 重心右移成右侧弓步，右手向上举扇与头同高，左手向下按掌与胯相平
不动不摇 坐如钟	白鹤亮翅 （虚步亮扇）		1. 向左转腰摆扇 2. 向右转腰分掌 3. 曲步亮扇（正南侧立开扇）
走路一阵风	黄蜂入洞 （进步刺扇）		1. 抖腕合扇 2. 摆扇，收扇，提脚 3. 转身上步，收扇，收到腰间 4. 弓步向前平刺，右手心向上（方向正东）
南拳和北腿	哪吒探海 （转身下刺扇）		1. 后坐，收扇 2. 扣脚，提腿，转身 3. 弓步下刺扇，上体略向前倾（方向正南）
少林武当功	金鸡独立 （独立撩扇）		1. 收脚转身绕扇，至头部侧上方 2. 转身上步分手绕扇 3. 提腿独立摇扇（正东）

续表 7-7

歌词	分解动作	动作影像	分解提要
太极八卦连环掌	力劈华山（翻身劈扇）		1. 落脚合扇 2. 盖步转身按扇至左腹前 3. 转身绕扇上举至头顶 4. 弓步前劈扇,扇沿向下（方向正东）
中华有神功	灵猫捕蝶（转身抢压扇）		1. 转身摆掌至正西方向 2. 上步直臂抢扇翻腰 3. 退步,弓步压扇 4. 翻手反压扇（方向正东）
卧似一张弓	坐马观花（马步亮扇）		1. 虚步合扇 2. 退步抢扇反穿扇,弓步向西 3. 反身穿刺 4. 马步亮扇（西偏南30度）
站似一棵松	野马分鬃（弓步削扇）		1. 转腰合手合扇 2. 弓步削扇,方向转向正西,扇顶与头平,手心向上,左手按在侧后方
不动不摇坐如钟	雏燕凌空（并步亮扇）		1. 扣脚转腰穿掌 2. 摆臂并步亮扇,左手置于腰间,扭头挺胸,转看左侧
走路一阵风	黄蜂入洞（进步刺扇）		1. 摆掌收扇至腰间,转向上步 2. 弓步直刺,扇高与胸平（正东）

续表 7-7

歌词	分解动作	动作影像	分解提要
南拳和北腿	猛虎扑食（震脚推扇）		1. 收扇震脚，两手紧贴腰间，虎口斜向上 2. 弓步推扇
少林武当功	螳螂捕蝉（戳脚撩扇）		1. 转腰绕扇 2. 分手绕扇 3. 踔脚撩扇，斜立开扇（正东）
太极八卦连环掌	勒马回头（盖步按扇）		1. 合扇转身 2. 盖步按扇
中华有神功	鹞子翻身（翻身藏扇）		1. 翻身绕扇 2. 摆花绕扇 3. 退步藏扇（正东）
棍扫一大片	坐马观花（马步亮扇）		1. 抡臂举扇 2. 反身穿刺 3. 马步亮扇（正南偏西）
枪挑一条线	举鼎推山（马步推扇）		1. 转腰收扇收脚 2. 马步（方向正南）推扇（正西）

续表 7-7

歌词	分解动作	动作影像	分解提要
身轻好似云中燕	神龙回首（转身刺扇）		1. 转身（方向正东）收扇，两手收至腰间 2. 弓步平刺
豪气冲云天	挥鞭策马（叉步反撩）		1. 撤脚绕扇 2. 上步绕扇 3. 擦步反撩扇，腰向右拧，反手立扇，开扇
外练筋骨皮	立马扬鞭（点步挑扇）		1. 转身挑扇 2. 点步推扇（正西）
内练一口气	怀中抱月（歇步抱扇）		转身歇步（正南）抱扇
刚柔并济不低头	迎风撩衣（并步贯扇）		1. 上步合扇分手 2. 并步贯扇，朝南，头看正东
我们心中有天地	翻花舞袖（云手劈扇）		1. 摆扇穿手 2. 云扇摆掌 3. 侧弓步劈扇，偏东南，头看正西

（三）太极武术操

"太极武术操"以调动起来幼儿的精、气、神，使幼儿得到健康的体魄与昂扬向上的精神为宗旨。依据幼儿的心理、生理和年龄特征，以传统太极拳和传统武术等精华动作组合而成，配合时尚的音乐律动以运动操形式表现，使幼儿在操练中感受到音乐与动作的完美结合。见表7-8。

表7-8 太极武术操动作要领

太极武术操			
（选自中央电视台少儿频道"智慧树"）			
歌词	分解动作	动作影像	分解提要
嘿,功夫宝宝们快站起来我们一起练武功吧	预备式		身体自然直立,两脚并拢
敬礼	抱拳		两脚并拢,两手环抱胸前
礼毕	立正		身体自然直立,两脚并拢
嘿	起势		双手握拳在腰间,两脚并拢
哈	马步		左脚开步,马步蹲势

续表 7-8

歌词	分解动作	动作影像	分解提要
嘿哈嘿哈	出拳		先左后右,交替出拳
嘿	收势		双手握拳在腰间,两脚并拢
坐如钟	马步		左脚开步,马步蹲势,双手合十
站如松	立掌		两臂侧平举立掌,两脚并拢
功夫宝宝	拍手		胸前拍手,两脚并拢
棒棒棒	点赞		两臂平举,大拇指点赞,两脚并拢
昂首	开步		两臂胸前交叉,右脚开步

续表 7-8

歌词	分解动作	动作影像	分解提要
挺胸	开臂		两臂向下,打开到身体两侧
折如弓	马步		马步蹲,左臂折臂
快如风	马步		马步蹲,右臂折臂
功夫宝宝	拍手		胸前拍手,两脚并拢
棒棒棒	点赞		两臂平举,大拇指点赞,两脚并拢
快乐	开步		两臂胸前交叉,右脚开步
冲冲冲	开臂		两臂向下,打开到身体两侧

续表 7-8

歌词	分解动作	动作影像	分解提要
抱拳	抱拳		两脚并拢,两手环抱胸前
冲拳	冲拳		冲拳,两脚开立
下掌	下掌		下掌,两脚开立
勾手	勾手		勾手,两脚开立
功夫宝宝	拍手		胸前拍手,两脚并拢
棒棒棒	点赞		两臂平举,大拇指点赞,两脚并拢
昂首	开步		两臂胸前交叉,右脚开步

续表 7-8

歌词	分解动作	动作影像	分解提要
挺胸	开臂		两臂向下,打开到身体两侧
嘿	起势		双手握拳在腰间,两脚并拢
哈	马步		左脚开步,马步蹲势
嘿哈 嘿哈	出拳		先左后右,交替出拳
嘿	收势		右手握拳在腰间,左手握拳在上方,两脚并拢

（四）幼儿园园本课程——太极成语操

"太极成语操",顾名思义,即太极与成语相结合,根据幼儿年龄特点和兴趣需要,对传统文化资源进行重新组合,寻求资源配置与幼儿教育的最佳结合点。弘扬传统文化,丰富幼儿文化生活,塑造幼儿的正确的身体姿态,展现幼儿积极进取,奋发向上的精神风貌,呈现幼儿继承和发扬祖国传统文化的探索精神和坚韧不拔的美好品质,推进素质教育向纵深发展。

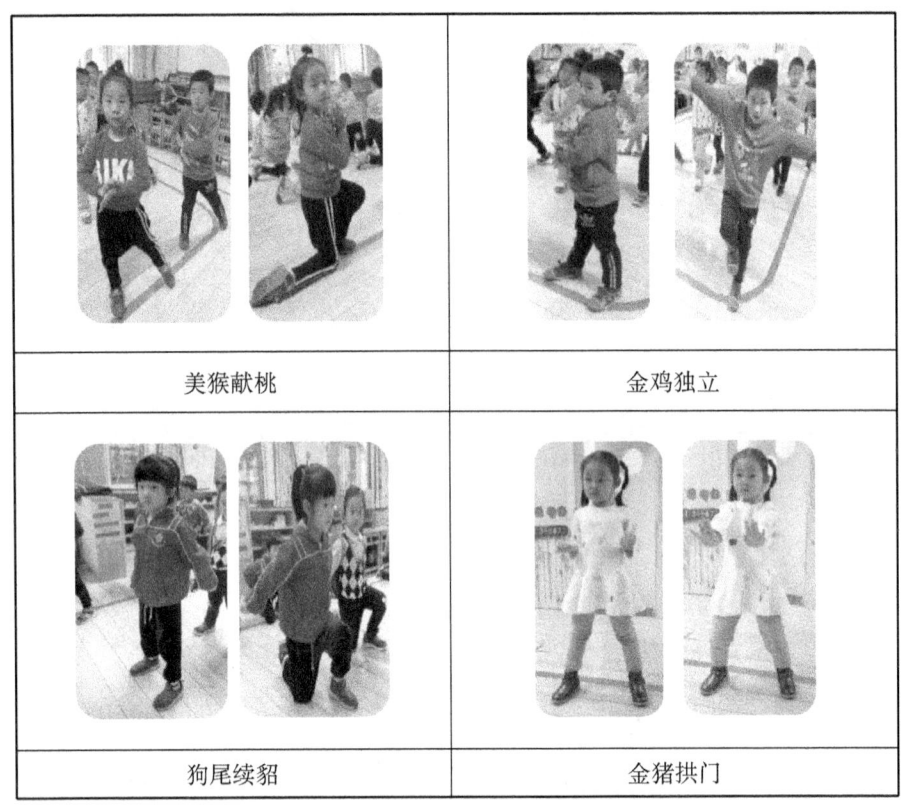

图 7-21　太极成语操（来源：邯郸市委机关幼儿园）

（五）太极拳亲子操

血浓于水，亲子之情虽与生俱来，但由于现代社会竞争的日趋激烈，年轻的父母大多把大部分精力都用在工作及不断学习、提高上，亲子间的接触不再如往日般频繁，与孩子共同游戏的时间更是明显减少。家长可以抽个晴空万里、风和日丽的周末与孩子共同进行一次太极拳亲子操活动，和孩子这样的相处方式会让孩子更加爱家长，也会让家长那颗因工作而疲劳的心得到片刻的安宁，享受真正的快乐。

太极拳亲子操由家长与孩子配合完成居家力量、柔韧、协调性等身体素质练习以及体能训练，旨在通过双人配合，在欢快愉悦的练习中提高身体素质，发展体能，促进健康。

太极拳亲子操活动寓教于乐，寓知识于游戏中，同时开发孩子的智力，提高其动手能力、反应力、创造力，使孩子能在德、智、体、美、劳各方面得到全面发展。

三、幼儿园太极文化浸润式教育途径

太极不仅仅是一种运动形式,更是一种悠久、稳定、颐养性情和强身健体的重要传统文化形式。2017年,两会明确提出要拓展校园文化,加大优秀传统文化的传播。其中特别提到传统体育方面,比如太极文化进校园。太极运动的开展不仅能强健幼儿体魄,还能将太极文化的基因植根于幼儿心灵。因此,幼儿园教师应积极尝试将太极文化的教学与幼儿教育相结合帮助幼儿建立学习兴趣、提升太极文化技能、建立太极文化自信。接下来将从三个方面简述幼儿园开展太极运动的有效途径。

(一)太极文化在幼儿园环境中的渗透

《幼儿园教育指导纲要(试行)》中指出:"环境是重要的教育资源,应通过环境的创设和利用,有效地促进幼儿的发展。"环境创设是一面会说话的墙,积极发挥隐性课程的作用。这里的环境创设包含内在环境和外在环境。内在环境就是精神环境,温馨的人文环境,家园合作的温馨环境。通过太极文化相关影视视频的观看,帮助幼儿感受到太极拳的博大和气势;通过师幼、幼幼、亲子之间的互动、探讨、理论,萌发幼儿对太极文化的兴趣。

外在环境就是场地的环境布置硬件设备等,幼儿园可以大胆创设太极活动的环境,一走进幼儿园,就能感受浓浓的太极之风。比如说走廊吊饰,可以选用太极活动剪影,可以悬挂美丽多变的太极图案,可以借鉴惟妙惟肖的太极鱼;各楼层的走廊墙壁上是古色古香传统花边,各班的主题墙的布置也是以太极风为主,每个班级的区角都创设一个关于太极活动的区域角,有太极小人、太极剪纸、太极图手工制作、太极手法步法图、太极音乐欣赏、太极舞蹈欣赏等等,以视图的形式、手工操作的方式展示在幼儿面前,潜移默化地让幼儿感受太极氛围,进而帮助幼儿建立太极文化参与和学习的兴趣。

(二)太极文化在课程中的渗透

《幼儿园教育指导纲要(试行)》指出:"教育活动的组织形式应根据需要合理安排,因时、因地、因内容、因材料灵活地运用。"教师在设计太极文化教学活动时,首先要分析和了解幼儿的年龄特点和发展水平,而后依据幼儿园近期教育的目标以及幼儿学习与发展的实际需要,确定鲜明的活动主题,制订明确、具体的活动目标,选择适宜的活动内容,提供充分的活动准备,设计有效互动的活动过程,最后还需要关注教学活动后的适当延伸与评价。

1. 分析及了解幼儿的年龄特点和发展水平

3~6岁幼儿身体各器官系统的生长发育尚未完善,呼吸、循环、运动、消化等机能还较为柔弱,所以容易出现"食欲不振""体弱易病"的现象;幼儿一日之中喜怒哀乐等情绪多变,常"喜之过激,哀之过分""破涕为笑,乐极生悲"。这种情绪过度、极端的波动会超过幼儿身心机能所能调节的阈值,引起身体气血、脏腑功能及行为控制的失调,久而久之就容易造成幼儿"食欲不振,精神萎靡,免疫力下降,环境适应力差,虚弱多病"的状况;3~6岁幼儿的平衡、协调、灵敏等运动素质差,骨骼柔软,肌肉柔嫩和乏力,所以该年龄阶段的儿童特别容易发生擦伤、挫伤、扭伤、摔伤等意外运动事故。而太极活动是有氧运动,孩子能在习练太极拳的过程中,做到气沉丹田,起吸落呼,蓄吸发呼,能调节孩子的呼吸系统,从而使孩子的血氧含量增高、肺活量增大,体魄强健,促进孩子在生长期的营养和发育;太极动作柔和缓慢、轻沉兼备、快慢相间,动静结合就是调心、调身、调息的过程,练习的同时疏通经络,促进肌肉筋骨的发育。① 针对这些问题,笔者认为,幼儿园体育应在现有"发展动作""促进生长发育"的基础上,研究、开发其养生、保健和体疗功能。

模仿,是孩子们一种重要的学习方式。教师在幼儿园推行太极教育时可以通过教师演示太极拳的方式来帮助幼儿顺利掌握太极拳的标准动作;教师应该积极结合幼儿的年龄和接受程度,选取简化版的太极活动来开展教学。

2. 确定鲜明的活动主题

《幼儿园教育指导纲要(试行)》中强调,"城乡各类幼儿园都应从实际出发,因地制宜地实施素质教育,为幼儿一生的发展打好基础"。教师依托本土太极文化资源与园所实际教育教学,在传承民间文化和把握课程园本化趋势基础上,将太极文化引进幼儿园,运用弹性的教学方法与幼儿园语言、艺术、科学、社会、健康等五大领域紧密整合。

太极文化教学活动的主题就是我们通常说的活动名称。为了表明教学活动的主要内容,同时也是为了引起幼儿对活动的兴趣,在确定活动主题时,应尽量做到鲜明具体、简洁明了、突出内容,同时也要生动有趣,最好从幼儿的角度来命名。如小班主题活动"太极宝宝棒棒棒",中班主题活动"太极武术操",大班主题活动"爱家乡、爱太极"等。幼儿主题教学活动既可以是单一的小主题,例如"太极扇"等,也可以是围绕一个综合主题生成的系列活动,例如一级主题名称"我爱我的家乡";二级主题名称系列活动"爱家乡、

---

① 张富香:《太极拳是送给孩子的健康礼物》,载《体育健康》2016年第12期,第118页。

爱太极";三级主题系列活动"我知道的太极文化""传承太极文化""保护太极文化",并按照"初步了解产生兴趣——亲子共查分享资料——实地参观杨、武式太极拳发源地(永年)——谈话分享我知道的太极文化——亲身感受太极文化的内涵——共同商讨保护传承太极文化"的基本思路有序开展班级主题活动。见表7-9。

表7-9 "爱家乡,爱太极"主题活动内容框架

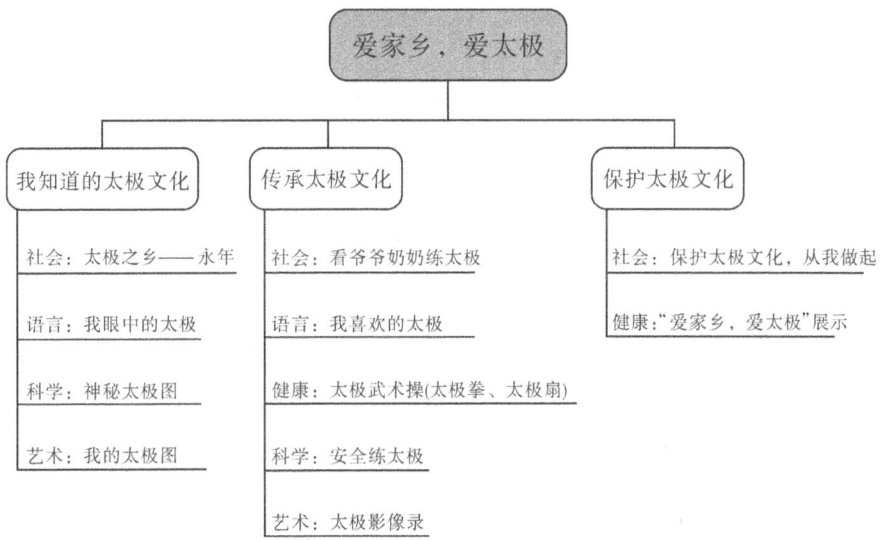

3. 制定明确、具体的活动目标

活动目标指引着整个活动设计的方向,是活动设计中的重要一环,也是幼儿学习与发展评价的重要依据。幼儿教学活动的目标应符合本班幼儿实际发展水平与发展需要,目标的制定应准确具体、简洁清晰,具有可操作性,切忌大而笼统、模棱两可。

幼儿园太极文化课程具体设计依据《幼儿园教育指导纲要(试行)》和《3～6岁儿童学习与发展指南》进行,将幼儿园太极文化课程分为三个学段水平,即水平一:3～4岁学龄段(小班);水平二:4～5岁学龄段(中班),水平三:5～6岁学龄段(大班)。以形式多样、生动有趣的太极文化游戏为基本活动方式贯穿其中,培养幼儿参与体育活动的兴趣,掌握基础的运动技能,发展幼儿的身体素质,促进幼儿形成健康体态,消除不良情绪体验,培养勇敢自信心理品质,建立安全感和信赖感,培养爱国主义和集体主义观念,以达到促进幼儿身心全面发展的目标。

《幼儿园教育指导指南(试行)》认为幼儿教育应作为一个整体进行,要注重语言、艺术、科学、社会、健康这五个领域之间、目标之间的相互渗透和

整合,促进幼儿身心全面协调发展。所以,在太极文化教育内容的选择中,我们可以将经典的语言故事编成一些成语太极武术操,来发展幼儿的语言能力;也可以让幼儿模仿十二生肖进行太极武术操创作,培养幼儿观察自然进行动物分类的科学能力;还可以用音乐、舞蹈配上太极武术动作,用剪纸做一些太极武术动作造型等,对幼儿进行艺术熏陶;还可以做一些亲子武术游戏,让幼儿在积极健康的社会活动中获得安全感和信任感,在良好的社会文化环境的熏陶中懂得遵守规则,形成认同感和归属感。①

4. 提供充分的活动准备

一个完整的太极文化教学活动需要教师事先做好多方面的准备工作,其中既包括物质方面的准备和环境的创设,也包括教师在专业知识积累和经验上的储备,此外,还需要帮助幼儿做好经验和心理方面的准备。只有这样,才能使教学活动顺利进行,并促使幼儿在活动过程中收获必要的知识和能力。

5. 设计有效互动的活动过程

太极文化教学活动的过程是将活动内容有效展开和具体运用教学方法的过程,其目的是实现活动目标,可谓是健康教学活动设计中最为关键的部分。教师需要从预设的活动目标和内容出发,做到心中有目标,眼中有幼儿,充分调动幼儿活动中的主体性,将幼儿的体验、探索、讨论、操作、游戏、练习等多种学习方法有机地结合起来,加强教师与幼儿之间的互动,有效地对幼儿进行健康方面的引导。

(1)教师演示,掌握动作。教师在进行太极拳教学时,首先需要选取幼儿易于掌握的、适用于初学者进行学习的太极拳拳谱来开展太极拳教学,并通过课堂上的教学演示来帮助幼儿掌握正确的、到位的太极拳动作。例如,通过动作拆解的方式进行太极拳动作展示,改变教程中类似"打开双脚,与肩平齐"这种专业性话语,而是采用孩子们易于理解的"打开我们的两只脚,使两只脚分别踩在地砖的两条线上"的太极拳教学话术来开展教授。

(2)视频环创,建立兴趣。随着教育教学改革的进一步深化和信息技术的不断发展,多媒体教学越来越多地被广大教师采用,成为一种重要的教学形式。我们可以利用多媒体或微课的形式,请幼儿进行观赏与太极相关的影视作品。通过太极相关影视作品的展示让幼儿对太极文化建立基本的认知和感受,并促使幼儿在太极活动的动作观察、气势感受过程中建立太极拳探究兴趣,进而产生太极运动参与的积极性和主动性。最终,幼儿将在兴趣

---

① 姚亚行,耿海潮,张献科:《"健康中国2030"背景下幼儿园武术课程标准化研究》,载《武术研究》2021年第6卷第8期,第85~88页。

的带动下主动投入到太极拳的学习中。

(3) 开展活动,提升自信。当幼儿对于太极拳练习建立了基本的探究兴趣,在教师的引导下掌握了基本的太极拳动作与招式后,幼儿园可以将太极文化与课间操的健身理念相融合,创编太极操在全园推行。教师在幼儿园每日的早操活动中加入太极拳运动,并促使幼儿在早操练习过程中建立太极拳练习自信和展示自信。

6. 活动后的适当延伸与评价

健康教学活动的目标不是某一次活动就能达到的,而是一个长期、持续的过程,需要一以贯之,健康教学活动之后的适当延伸必不可少。例如:将健康教育活动的内容适时延伸至区域活动、游戏活动或生活活动中,引导幼儿在不断的练习中提高能力,养成行为习惯;也可以将相关内容进一步延伸至家庭中,通过家园的紧密合作更好地促进幼儿的健康成长。

在健康教学活动后,适时地对幼儿进行分析和评价也很重要,由此可把握幼儿在相关方面的学习和发展状况,为进一步提高幼儿的健康认知水平以及养成健康行为与习惯提供依据。教师可以依据健康教学活动的目标,拟定出相关的评价内容,通过对幼儿活动后表现出来的态度、行为和习惯等进行观察,并与幼儿进行交流,分析和评价幼儿的学习与发展状况。①

(三) 太极文化在区域活动中的渗透

丰富多样的区域游戏活动是幼儿喜闻乐见的主要活动,在幼儿教育中发挥着独特的作用,也是当前幼儿园教育的一大亮点。例如:教师可以在建构区放置太极图及太极动作小人,幼儿在进行游戏的时候不仅可以发挥小肌肉动作的灵活性与协调性,而且同时可以感受太极文化的神奇之处;教师可以在表演区放置太极扇、太极剑、太极球及服装等,幼儿可以在自由地进行表演时体验和感受愉悦的情绪,这有助于幼儿积极情绪的发展;教师可以在娃娃家、医院等角色区放置太极动作小人,幼儿进行游戏的时候学习如何与同伴交往,发展社会交往的能力;教师可以在美工区进行太极剪纸活动,并播放太极音乐,使幼儿感受传统音乐无限魅力。

邯郸地处太极拳五分天下生其四(陈、杨、武、孙、吴五大脉系邯郸兼其四)的区位优势,幼儿园可以专门在户外开展太极文化区域体育活动,让幼儿了解、感受地方特色太极。不仅能激发幼儿运动的兴趣,满足幼儿多种运动的需要,发展幼儿的身体素质和基本动作,而且还能促进幼儿个性、情绪

---

① 刘馨:《幼儿园健康教育资源 健康生活》,人民教育出版社2017年7月版,第29页。

情感和社会性的良好发展。

（四）太极文化在家庭、社区中的渗透

《幼儿园工作规程》指出："幼儿园应当主动与幼儿家庭沟通合作，为家长提供科学育儿宣传指导，帮助家长创设良好的家庭教育环境，共同担负教育幼儿的任务"，"幼儿园应当加强与社区的联系与合作，面向社区宣传科学育儿知识，开展灵活多样的公益性早期教育服务，争取社区对幼儿园的多方面支持。"

幼儿园是社区中的一分子，社区是幼儿园的大家庭，得天独厚的地理位置和活动空间可以为幼儿园提供丰富的教育资源。幼儿园组织的太极文化主题活动可以邀请家长参与，家长和幼儿一起去太极文化发源地进行亲子实地感受活动，可以进行亲子展示太极操活动；家长和社区还可以主动参与到幼儿园太极文化主题活动中来，如有太极专长的家长或社区人员到幼儿园进行太极动作指导；幼儿园也充分利用自身的教育资源回馈社区，如面向社区开展多种形式的太极文化普及及太极拳等展示活动。三者在互动中发展全民健身运动，推动太极文化焕发出新的生机。

图7-22　看太极（来源：邯郸市委机关幼儿园）

图7-23　学太极（来源：邯郸市委机关幼儿园）

图7-24　体会太极礼仪（来源：邯郸市委机关幼儿园）

后　记

本书的撰写历经三年有余,是课题组所有成员的智慧结晶,是 2019 年度全国教育科学规划教育部重点课题研究成果的总结。其中,中共邯郸市委机关幼儿园刘静园长、邯郸市第二幼儿园胡艳萍园长为本课题提供场地和资源,参与课题实证研究。课题组成员刘晶、张冬梅、孙婧瑶、赵丹、郭军、谢俊霞老师积极参与本书的资料收集及教育实践工作。

本课题的研究,汇集历史学、文化学、教育学、心理学等领域,采用了文献分析、数据调查、人物访谈、行动研究等方法,是各学科融合与交汇的产物。在本书的撰写过程中,我们甄选和使用了网络公开的相关文献,参考和引用了有关专家学者的研究成果。本书为 2019 年度全国教育科学规划教育部重点课题资助项目。在此对所获帮助一并表示诚挚的感谢!

由于本人水平有限,时间紧促,撰写过程中难免出现纰漏,敬请谅解。我们热忱地希望广大研究者和读者对书中的内容和观点不吝指正,提出宝贵的建议,共同探讨 3~6 岁幼儿优秀传统文化浸润式教育问题。